中国农村反贫困金融制度变迁与未来战略

李伶俐 等 著

科学出版社

北京

内 容 简 介

在我国深入推进农村脱贫攻坚成果巩固提升同乡村振兴有效衔接和未来相对贫困治理的时空背景下，本书对学界金融反贫困相关理论进行了系统梳理，建立了农村反贫困金融制度的理论框架，考察了国外农村反贫困金融制度建设的基本经验，探究了我国农村反贫困金融制度变迁特征，检验了我国精准扶贫时期农村反贫困金融制度的有效性，据此探索了基于未来相对贫困治理的农村反贫困金融制度有效运行的机制和模式，提出了基于相对贫困治理的农村反贫困金融创新战略，旨在为各级政府部门和金融机构设计乡村振兴与共同富裕发展进程中风险可控与经营可持续的农村反贫困金融制度框架提供决策依据。

本书可作为高等学校、科研院所、政府部门等相关专业师生、研究人员、政策制定者的参考资料，也可供对反贫困金融、普惠金融和农村金融发展感兴趣的广大读者阅读。

图书在版编目（CIP）数据

中国农村反贫困金融制度变迁与未来战略 / 李伶俐等著. —北京：科学出版社，2024.12

ISBN 978-7-03-070969-1

Ⅰ. ①中… Ⅱ. ①李… Ⅲ. ①扶贫－农村金融－金融制度－研究－中国 Ⅳ. ①F832.35

中国版本图书馆 CIP 数据核字（2021）第 260753 号

责任编辑：李 嘉 / 责任校对：王晓茜
责任印制：张 伟 / 封面设计：有道设计

科学出版社 出版
北京东黄城根北街 16 号
邮政编码：100717
http://www.sciencep.com

固安县铭成印刷有限公司印刷
科学出版社发行 各地新华书店经销

*

2024 年 12 月第 一 版 开本：720 × 1000 1/16
2024 年 12 月第一次印刷 印张：15 3/4
字数：317 000

定价：176.00 元
（如有印装质量问题，我社负责调换）

前　言

《中国农村反贫困金融制度变迁与未来战略》是国家社会科学基金青年项目"农村扶贫金融制度构建与创新研究"（12CJY062）的系列研究成果之一，该项成果的出版得到了国家社会科学基金项目"贫困脆弱性视角下脱贫户返贫风险的测度、预警及阻断机制研究"（21BGL211）、重庆市教育委员会哲学社会科学重大理论研究阐释专项课题重大项目"重庆推动区域协调城乡融合发展促进乡村全面振兴研究"（24SKZDZX06）、西南大学应用经济学一流学科建设经费、西南大学创新研究 2035 先导计划（SWUPilotPlan026）的资助。

该项成果是党的十八大以来我国深入推进农村精准扶贫，并在 2020 年彻底打赢脱贫攻坚战后推动脱贫成果巩固提升同乡村振兴有效衔接的时空背景下，基于农村反贫困金融制度变迁的历史与理论逻辑，研究如何构建与创新新时代相对贫困治理的农村反贫困金融制度，以实现共同富裕目标。之所以要深入探究该问题，是因为反贫困不仅是我国在党的十九大以来确立的三大攻坚战之一，也是一个永续话题和世界级难题，尤其是多维贫困的治理不仅需要财政支持，更需要金融支持，即使是在我国 2020 年全面脱贫摘帽后，仍然面临着脱贫成果的长期巩固和相对贫困治理问题，在脱贫后阻断大规模返贫风险的任务依然十分艰巨。众所周知，无论是绝对贫困还是相对贫困治理，都需要建立与之相适应的反贫困金融制度。而在过去相当长的时期，我国反贫困金融服务与农村贫困群体的金融需求出现了较为严重的脱节，尤其是信贷与保险服务供给失衡，制约了脱贫产业培育和贫困农户自我"造血"功能的提升。而本书对农村反贫困金融制度变迁与未来战略的研究，是基于理论研究的现实需要展开的，不仅适应了脱贫成果巩固提升阶段的中国反贫困金融事业的发展需求，也瞄准了未来相对贫困治理的金融服务创新的客观需要。

1978 年改革开放以来，我国在延续计划经济时期"重化工业优先发展"的基础上，加快推进工业化和城镇化进程，并在农业农村推行家庭联产承包责任制，城乡经济制度也逐渐从计划经济向市场经济转型，政府对微观经济主体逐渐放权让利，释放了微观经济主体的经济活力，使得我国经济社会发展在改革开放 40 多年来取得了举世瞩目的巨大成就，粮食产量连续多年持续增长，困扰我国多年的温饱问题得到彻底解决，我国制造业也发展成为著名的"世界工厂"，城镇化水平超过 58%，国民经济保持了年均 9.5% 的增长，居民收入和生活水平得到显著提高,我国一跃成为世界第二大经济体和第一大进出口贸易大国,国际地位显著提升。

然而我国能否从一个经济大国发展成为经济强国,不仅取决于经济发展总量,而且取决于经济发展质量和技术创新能力,还取决于社会公平正义基础上贫困群体发展水平和文化软实力。尽管我国从 20 世纪 80 年代就开始持续推进反贫困工作,并通过开发式扶贫取得了显著的反贫困成效。但到党的十八大之前,贫困人口仍在不断地恢复性上升,且 70%以上的贫困人口集中分布在中西部农村地区。因此,党的十八大以来,以习近平同志为核心的党中央及时调整国家反贫困政策,深入推进农村精准扶贫战略,经过全党全国各族人民的艰苦奋斗,2020 年如期全面实现脱贫摘帽、全面建成小康社会。尽管如此,我国农村地区还存在大量低收入农户,脱贫成果还有待进一步巩固提升,尤其是在世界经济不景气、国内经济下行压力加大等多重因素叠加的当下,脱贫成果巩固提升的任务更加艰巨,少部分刚脱贫地区的大规模返贫风险隐患尚存。因此,在未来相当长的时间里,加强相对贫困治理与巩固提升脱贫攻坚成果,努力实现共同富裕,必然成为中国农村反贫困金融制度新的历史使命。对于低收入人口,实现收入增长的关键是通过外部"输血",来促进其自身的"造血"功能恢复和提升,从而逐渐摆脱对外部的依赖,最终走上独立发展的良性轨道。在当前地方政府财力不足、社会性反贫困资金没有保障的情况下,金融反贫困无疑成为我国相对贫困治理的重要途径。我国金融反贫困的重点和难点仍然在农村地区,要推进金融反贫困,就需要对农村反贫困金融制度进行顶层设计,只有构建灵活、富有效率和包容公平的农村反贫困金融制度,才能实现未来金融反贫困的根本目标。而如何达成此目标,正是本书需要解决的问题。

本书的意义不仅在于为我国构建某一阶段的农村反贫困金融制度提供坚实的理论基础,更在于在理论研究的基础上,结合未来相对贫困治理的农村金融需求,总结了农村反贫困金融制度建设的国际经验、国内演化特征,实证检验了精准扶贫时期中国农村反贫困金融制度运行的有效性,并结合我国的国情和区域差异,设计了未来农村相对贫困治理的金融支持机制与模式,提出了基于相对贫困治理的我国农村反贫困金融制度创新战略。本书提出的机制、模式与战略具有广泛的实用性、适应性,必然对政府农业农村部门、财政部门、金融部门设计相对贫困治理的农村金融产品、服务、制度和政策具有重要的决策参考价值。现将本书研究成果简要汇总如下。

1. 核心观点

(1)反贫困始终是世界经济发展中的一个永恒主题,不因绝对贫困的消除而消失,只不过不同的历史阶段反贫困任务有所差别,在绝对贫困消除后,相对贫困治理将会是一个永续性的任务。要实现综合性的相对贫困治理，金融将始终是重要的力量依靠。没有可持续的金融支持，相对贫困治理事业就不可能得到持续巩固提升。

（2）相对贫困治理中，既需要遵循市场机制主导下的金融运行规律，实现金融运行效率最优化，更需要基于社会公平目标，照顾低收入群体的基本金融获得性权利，增强金融的普惠性、包容性，让低收入群体拥有平等的权利和同等的机会获得金融支持，从而实现发展。

（3）脱贫地区经济主体融资约束一直是制约我国脱贫成果巩固提升的重要因素。破解低收入群体的融资约束，关键是要促进金融供需有效对接，着力从需求端培育有持久效益的脱贫产业和项目，从供给端着力构建结构健全、功能互补、运行高效、激励相容的农村反贫困金融制度。

（4）相对贫困治理中，农村反贫困金融制度建设的核心是围绕金融效率与公平兼顾的目标，建立金融机构与脱贫地区经济主体互利共赢的利益平衡机制，这一机制难以依靠市场自发实现，必须借助政府、市场、社会等多种手段和机制的协调，尤其需要建立激励相容的金融产品开发供给机制与多元化的风险分担机制。

（5）无论在何种反贫困阶段，提升金融反贫困效率都需要准确理解和把握金融反贫困的精准性。只有重点支持脱贫项目、脱贫产业、脱贫市场的培育，才能建立起带动低收入农户脱贫致富的长效机制，降低反贫困金融风险，提高金融效率，保障金融机构的财务可持续性。

2. 研究结论

本书运用历史分析、制度分析、比较分析和计量分析等研究方法，遵循理论建构、实证分析再到政策设计的研究逻辑，得到了如下研究结论。

（1）不同历史阶段的农村反贫困呼唤农村反贫困金融制度要不断创新，有效的农村反贫困金融制度需要具有包容普惠特征和市场金融、政府金融与社会金融机制协同运行。农村反贫困金融制度具体包括基于反贫困目标的金融组织、金融资源开发、金融产品交易、金融调控和金融监管等金融制度安排，可通过建档立卡精准识别反贫困对象，精准支持低收入农户发展生产和积累人力资本。但低收入农户金融需求额度小，缺乏抵押品，资金使用监管难度大，使得农村正规金融可能存在排斥供给现象。因此，客观上需要通过政府金融与市场金融协调配合的机制支持脱贫产业培育和可持续发展，以带动低收入农户就业从而使其间接实现增收致富。在对低收入农户的金融支持中，客观需要政府贴息等措施以降低金融机构风险，维护财务可持续性。可见，在农村反贫困金融制度运行中，市场机制和政府机制不可或缺，但由于二者既各有优势也都存在失灵的可能，因而需要构建市场机制、政府机制和社会机制协同运行的农村反贫困金融制度。创新农村反贫困金融制度是一个复杂的系统性过程，它涉及金融机构、低收入农户和金融资源的有机结合。这一过程不仅需要具备资本、人力、组织、技术和管理等内在要素，还需适应自然、技术、市场、经济、制度和政策等外部环境。

（2）国外农村反贫困金融制度建设，均高度重视政府机制、市场机制和社会机制的分工协作，并以反贫困对象和金融机构激励相容为根本目标。比较研究发现，美国、日本等发达国家和印度、孟加拉国等发展中国家反贫困金融制度的共同特征是，均通过立法手段保障金融机构发挥反贫困功能，通过政府正向激励加强对金融机构反贫困的引导，并通过宽松优惠的贷款条件支持农村反贫困，借助保险、担保和贴息制度来分散银行业金融机构反贫困信贷风险。基本经验是：农村反贫困金融制度构建需要建立清晰的反贫困目标和政策性金融、商业性金融及合作性金融协同运行的多层次反贫困金融组织体系，积极发挥市场机制、政府机制和社会机制的积极作用，并有健全的法律制度和保险制度保驾护航。可见，我国未来基于相对贫困治理目标健全农村反贫困金融制度，就需要健全反贫困金融法律体系，加强政府在反贫困金融资源配置中的基础性、引导性作用，充分发挥市场机制的决定性作用，健全保险、财政、担保、社会互助有机结合的反贫困金融风险分担机制。

（3）影响脱贫地区金融发展的约束因素十分复杂，农村反贫困金融制度需要适应脱贫地区和低收入农户金融需求特征而因地制宜地构建与创新。调查发现，样本脱贫农户仍然主要从事的是附加值较低的种植养殖业，家庭人均文化水平、固定资产价值、非农收入比重普遍较低，信贷需求虽然较普遍，但额度小、期限短，主要满足消费性用途，且实际发生借贷行为的比例不高，金融需求满足率低，民间借贷是主要的融资渠道，正规信贷约束严重。计量分析表明：家庭耕地面积越大、固定资产价值越少、年人均收入水平越低、农业生产和教育支出占比越高，脱贫农户越容易产生信贷需求。目前我国正规金融机构反贫困金融供给具有不稳定性、政策指引性，尤其是在相对贫困治理阶段稳定性更弱；而非正规金融组织在为脱贫农户提供资金时有一定的信息优势，因而会与脱贫农户建立较为紧密的借贷关系。在正规金融供给不足的现实背景下，非正规金融已成为脱贫农户融资的重要依赖。从金融反贫困的有效性来看，无论是市场机制主导的小额信贷项目，还是政府部门主办的反贫困信贷项目，短期反贫困效果都不够显著，还有待作长期观察和评估。

（4）在我国农村金融反贫困中，涌现出一批典型性的金融创新实践地方案例，这些地方积极探索政府机制与市场机制的有机结合，为我国新时期农村反贫困金融制度创新积累了宝贵的经验。通过对广东清远、湖南、重庆、甘黔桂、贵州赤水农村反贫困金融创新案例的比较研究发现，金融在各地反贫困的共性特征是：均极力帮助低收入农户解决资金短缺问题，均需要政府、银行、企业协同发力，均注重对低收入农户"造血"能力的培养，均特别注意遵循金融规律，通过重点支持特色产业培育来实现金融的反贫困目标。各地农村反贫困金融创新取得的基本经验是：农村反贫困金融创新离不开政府机制、市场机制和社会机制的有机结合；金融反贫困需要立足于增强低收入农户的"造血"功能；增强农村金融机构的财务可持续性与金融服务供给的可持续性，均离不开对特色产业项目的重点支持。由此给未来相对贫困治理带来的政策启示是，推进农村反贫困金融制度创新，需要遵循金融运行规律，兼顾社会公平与金融效率，发展多层次农村金融组织体系，建立信贷、担保、保险、财政协同的反贫困机制，提高低收入农户金融素养和意识，优化反贫困金融环境。

（5）实现农村金融反贫困的公平与效率目标，需要因地制宜地设计农村金融反贫困机制与模式，持续创新农村反贫困金融制度，并与不同历史阶段反贫困治理需求和目标相适应。农村反贫困金融制度结构健全、功能互补、运行高效和法治化，应成为今后我国相对贫困治理中农村反贫困金融制度建设的基本目标。为此，对接脱贫成果巩固提升与相对贫困治理需求，今后农村反贫困金融制度创新应围绕公共金融、市场金融、社会金融三大金融反贫困机制展开，建立起政府、市场与社会互助协同运行的反贫困金融机制，形成组织多元、功能各异、相互补充的反贫困金融服务组织体系，建立起政策性金融、商业性金融、混合型金融等分工合作的金融反贫困模式。其中，我国适宜开发的政策型金融反贫困模式包括政策性信贷支持基础设施反贫困模式、政策福利型小额信用贷款反贫困模式、分贷统还福利型小额信用贷款反贫困模式等；适宜推进的商业性金融反贫困模式包括商业性小额信用贷款反贫困模式、农村产权抵押商业信贷反贫困模式、有担保和保险介入的商业信贷反贫困模式、政府财政诱导的商业信贷反贫困模式及证券市场融资反贫困模式等；适宜推进的混合型金融反贫困模式包括互助合作金融与非正规金融反贫困模式、财政与社会反贫困基金＋信贷反贫困模式、财政反贫困资金担保＋银行信贷反贫困模式、财政反贫困资金股份化＋银行贷款＋产业联合反贫困模式，以及财政＋银行＋保险联合反贫困模式等。

3.　未来农村反贫困金融创新战略

（1）农村反贫困金融组织创新战略。其基本目标是"分工合理、资金充沛、科学管理、服务完善、安全运行、商业可持续性"。为此，应健全信贷、担保、保险等政策性金融组织，增强政策性金融反贫困功能；建立财政、信贷、担保、保险协同反贫困机制，增强商业金融机构反贫困的积极性、主动性和创造性；规范发展具有反贫困功能性质的微型金融组织；推广农村正规金融机构的乡村振兴事业部制，对反贫困金融实行专门机构、专门人员、专门核算、专门风险控制、专门补贴补偿、专门考核；鼓励和引导脱贫地区微型金融机构积极引入现代企业经营管理机制和制度模式，降低经营与破产风险，提高金融运行效率。

（2）农村反贫困金融资源开发战略。其基本目标是保障金融机构有足够的资金来源，增强其可持续反贫困能力。为此，应完善脱贫地区储蓄资源开发制度，建立金融机构储蓄资金用于本地区的硬约束及激励考核制度，在保证安全的前提下积极引导和鼓励脱贫地区新型金融机构开展储蓄业务；积极推行政策型金融机构金融债券融资制度，建立国有商业金融机构专项金融债制度，健全脱贫地区企业资本市场融资制度，鼓励符合条件的脱贫地区的企业优先上市融资；进一步健全政府脱贫产业基金制度，建立基金使用的申报、运行、考评和追责机制；积极动员企业和社会力量发展社会互助基金，探索引入反贫困彩票基金制度，帮助农村资金互助社解决后续资金来源缺失问题。

（3）农村反贫困金融产品创新战略。鼓励和引导金融机构适应脱贫地区多样化金融需求，因地制宜地推进金融产品开发与创新。基于反贫困金融价值链，创新功能互补的反贫困金融产品，丰富基础设施金融产品，提供多种金额不同、利率优惠、期限 20～30 年的基础建设贷款，适应低收入农户信贷需求，积极开发教育与技能培训、健康、住房改造、外出务工与创业等信贷产品；针对脱贫产业发展，鼓励金融机构积极开发项目和产业贷款，加快发展农业保险、融资担保等金融产品。完善金融产品创新的激励机制，激发基层银行创新金融产品的动力和活力。通过引入财政、担保、保险和信贷联合反贫困模式，健全脱贫地区金融产品创新风险补偿机制，为金融机构贷款提供风险保障。

（4）农村反贫困金融制度创新战略。其具体内容包括三个方面：第一，农村反贫困金融产品交易战略。建立灵活的反贫困金融产品定价机制，对脱贫农户小额贷款实行基准利率，对进入脱贫地区的城市下乡企业贷款实行优惠商业利率，对中长期贷款利率适当增加优惠空间，对采取质押、抵押和保证等不同担保方式的贷款实行差别化优惠利率；探索推行以收入为第一还款来源的信贷模式，建立有效管理条件下的信贷免责机制；完善反贫困保险产品定价机制，对不同类型的风险投保实行优惠和差别化定价。积极创新农村反贫困金融产品交易担保机制，包括完善农村产权资产评估与流转体系，切实推进农村产权抵押政策在脱贫地区落地，促进脱贫地区可抵押物多样化；健全脱贫地区担保中介机构体系，探索实行动产抵押、种养场地使用权和经营权抵押、经济林权质押、商标专用权质押、专利权质押、保险单订单质押、龙头企业为农户联保、农业专业合作社担保等多样化担保模式；适当降低低收入农户担保物要求，构建灵活多样的担保机制。第二，农村反贫困金融调控战略。主要从完善中国人民银行调控反贫困金融的运行机制和健全金融监管部门调控机制着手。中国人民银行应通过加大货币政策支持力度和实施倾斜的信贷政策，对农村金融反贫困进行定向调控，利用多种政策工具，积极推动反贫困信贷产品和服务方式创新，进一步完善信贷反贫困机制。国家金融监督管理总局、中国证券监督管理委员会等金融监管部门主要从行业角度对金融反贫困业务进行引导，以扩大反贫困信贷、担保、保险和证券覆盖面。第三，农村反贫困金融监管战略。加快构建农村反贫困金融风险监测与预警系统，完善金融反贫困数量、质量和风险暴露的专项统计监测机制；明确脱贫地区金融监管主体的权责和义务；建立脱贫地区金融运行危机救助基金池，处置金融机构面临的破产危机，探索反贫困信贷不良资产处置机制。

（5）农村金融反贫困法制化战略。加快制定相对贫困治理期间反贫困金融法律法规，明确反贫困金融的准公共金融性质，确立金融运行目标，促进金融在反贫困中发挥更大的作用，确保金融组织与反贫困对象激励相容。界定反贫困金融机构的类型和功能，明确区分市场主导、政府主导、社会互助机制主导的三种金融机构和功能定位。从法律上明确反贫困金融机构的权利、义务和与政府的关系，进一步健全反贫困金融机构维权诉讼和仲裁机制，拓宽金融诉讼渠道；建立第三方金融诉讼机制，维护金融消费者的合法权益，促进反贫困金融运行的法治化。

4. 本书主要创新

（1）将金融发展理论、普惠金融理论、反贫困理论和国内外农村反贫困金融发展的现实相结合，建立了农村反贫困金融制度建设的理论框架，这些内容包括农村反贫困金融制度结构与功能、农村反贫困金融制度建设中市场与政府机制的效应和失灵、农村反贫困金融制度创新的动力模型等，为我国相对贫困治理期间农村反贫困金融制度创新提供了重要的理论依据。

（2）运用历史分析和比较分析法，对国内外农村反贫困金融制度建设的典型案例和中国农村反贫困金融制度变迁历程进行了全面考察，总结了国内外农村反贫困金融制度创新的经验和政策启示，为因地制宜地推进我国农村反贫困金融制度未来创新提供了实践依据。

（3）运用问卷调查和统计计量分析法，掌握了我国脱贫农户金融需求与融资行为特征，以及金融机构金融供给行为特征，实证检验了中国农村反贫困信贷制度运行的有效性，为我国农村反贫困金融制度在未来进行创新提供了实证依据。

（4）基于系统分析法、逻辑分析法等，系统而全面地提出了未来我国农村反贫困金融制度构建与创新的目标，设计了促进我国农村相对贫困治理的金融支持机制，提出了市场机制、政府机制和社会互助机制主导下的各种农村金融反贫困模式，并为相对贫困治理的农村反贫困金融制度创新提供了十分有价值的战略思路。

最后需要指出的是，该项成果是集体智慧的结晶，是在国家社会科学基金项目研究报告《农村扶贫金融制度构建与创新研究》的基础上，结合现实农村脱贫成果巩固提升同乡村振兴有效衔接和未来农村相对贫困治理的需求背景修改而成的。全书由李伶俐主撰，王定祥、黄莉、王小华、田庆刚、文江雪、周灿、刘小华、曾鑫、李虹、苏婉茹等共同著述，并经过王璇、胡建、王淳、辉黄耀东、唐铖、吴炜华、杨森、瞿巾巾、杨双双等结合现实与未来需要进一步修改著述，是在继承前人理论成就的基础上完成的，有可能蕴含着一些新的思想火花。此外，在分析研究中，必然存在诸多不足，而正是这些不足为我们下一步的努力指明了方向。

　　该项目成果的出版得到了全国哲学社会科学工作办公室、重庆市社会科学规划办公室、西南大学社会科学处、西南大学经济管理学院、西南大学普惠金融与农业农村发展研究中心、西南大学智能金融与数字经济研究院的大力支持，在此深表谢意！此外，本书研究成果还得到重庆大学冉光和教授的悉心指导，在此向冉老师表示深深的敬意和衷心的感谢！还要特别感谢五位课题评审专家对研究成果的充分肯定与鼓励，以及提出的宝贵建议。特别需要指出的是，本书中可能存在的缺点将由作者负责，也恳请学术同行批评指正！

李伶俐

2023 年 9 月

于重庆北碚

目　　录

第1章　新时代中国农村反贫困金融制度的历史使命

自从 2020 年中国宣布取得全面脱贫攻坚战胜利、全面消除绝对贫困之后，中国农村反贫困金融制度进入新的发展阶段。增强金融普惠性，全面加强、创新和改进农村低收入农户的金融服务，加强相对贫困治理，促进脱贫成果巩固同乡村振兴有机衔接，缩小城乡收入差距，助力实现共同富裕，则成为新时代中国农村反贫困金融制度的历史使命。本章将对脱贫地区低收入农户的金融需求特征和新时代中国农村反贫困金融制度的新使命内涵进行调查和逻辑演绎分析。

1.1　精准扶贫后脱贫地区低收入农户金融需求特征调查

新时代农村反贫困金融制度创新与构建客观上需要建立在精准扶贫后脱贫地区低收入农户现有金融需求的基础之上。同时，评价既有农村反贫困金融制度运行情况和实际效果，也需要调查了解我国脱贫地区低收入农户金融需求及满足情况。为此，课题组于 2021 年对精准扶贫后我国脱贫地区低收入农户的金融需求与金融行为特征进行了问卷调查。

1.1.1　脱贫地区低收入农户金融需求调查方案设计

1. 样本选择

为了使样本数据尽可能真实地反映全国脱贫地区融资状况和脱贫地区低收入农户金融需求行为特征，课题组于 2021 年 2 月在西南地区原国家级贫困县选择了部分脱贫地区的低收入农户，对其进行了预调查，以检验问卷调查表设计的有效性，并通过预调查所反映的问题修改和完善问卷调查表，使问卷调查中的问题及答案选项尽可能与实际情况相吻合，避免过大的调查误差出现。2021 年 6 月和 12 月，课题组正式选取青海、四川、云南、广西、贵州、重庆、湖北、河南 8 个省区市作为调查样本区域，总共抽取 106 个村、1065 户，最终获取了 1030 户农户的有效样本，有效样本率为 96.71%。

2. 调查内容设计

本书设计的脱贫地区金融需求特征调查问卷主要分为"低收入农户篇"和"村

级干部篇"，目的在于深入了解低收入农户金融需求特征，并就我国金融支持脱贫成果巩固提升同乡村振兴有效衔接等存在的问题进行研究。其中，脱贫地区低收入农户问卷共九个部分，分别为家庭基本信息调查、脱贫基本情况调查、脱贫产业质量调查、经济状况调查、社会保障状况调查、资产情况调查、环境情况调查、金融情况调查和村民整体评价。村级干部问卷则主要涉及村干部基本情况、村基本情况、村基础设施情况、村环境情况和村金融情况等内容。

1.1.2　脱贫地区低收入农户的基本经济特征

通过对 1030 户脱贫地区低收入农户的调查发现，脱贫地区低收入农户的经济特征主要表现在以下几个方面（表 1-1）。

表 1-1　样本低收入农户的基本经济特征

项目	选项	户数/户	所占比例	累计比例
户主受教育程度	小学及以下	535	51.94%	51.94%
	初中	390	37.86%	89.80%
	高中	69	6.70%	96.50%
	大专及以上	36	3.50%	100.00%
家庭年总收入	1 万元及以下	61	5.92%	5.92%
	1 万～3 万元（含 3 万元）	311	30.19%	36.11%
	3 万～8 万元（含 8 万元）	609	59.13%	95.24%
	8 万元以上	49	4.76%	100.00%
家庭主要收入来源	生产经营性收入	526	51.07%	51.07%
	外出务工	408	39.61%	90.68%
	政府部门补贴	84	8.16%	98.84%
	其他	12	1.16%	100.00%
非农业收入占家庭总收入的比例	10%及以下	275	26.70%	26.70%
	10%～30%（含 30%）	345	33.50%	60.20%
	30%～50%（含 50%）	288	27.96%	88.16%
	50%～70%（含 70%）	119	11.55%	99.71%
	70%以上	3	0.29%	100.00%
从事农业生产类型	种植业	621	60.29%	60.29%
	养殖业	305	29.61%	89.90%
	种养业均有	75	7.28%	97.18%
	其他	29	2.82%	100.00%

续表

项目	选项	户数/户	所占比例	累计比例
家庭固定资产价值	1 万元及以下	157	15.24%	15.24%
	1 万~3 万元（含 3 万元）	551	53.50%	68.74%
	3 万~5 万元（含 5 万元）	179	17.38%	86.12%
	5 万元以上	143	13.88%	100.00%

资料来源：经课题组问卷调查数据计算整理而得

（1）户主受教育程度普遍较低。在脱贫地区低收入农户中，户主为小学及以下文化水平的农户数为 535 户，占有效样本总数的 51.94%；户主为初中文化水平的农户数为 390 户，占有效样本总数的 37.86%，户主为初中及以下文化水平的农户数的累计比例达到 89.80%。户主为高中文化水平的农户数只有 69 户，仅占有效样本总数的 6.70%；户主为大专及以上文化水平的农户数为 36 户，占有效样本总数的 3.50%。可见，我国脱贫地区低收入农户的户主文化水平普遍在初中及以下，受教育程度普遍较低。

（2）农户家庭收入普遍不高。在脱贫地区 1030 户样本农户中，家庭年总收入在 1 万元及以下的农户数为 61 户，占有效样本农户数的 5.92%；家庭年总收入在 1 万~3 万元的农户数为 311 户，占有效样本农户数的 30.19%；家庭年总收入在 3 万~8 万元的农户数为 609 户，占有效样本农户数的 59.13%；家庭年总收入在 8 万元以上的农户数为 49 户，占有效样本农户数的 4.76%。根据调研数据计算，家庭年人均纯收入在 5000 元以下的家庭约占 80%，且大部分为脱贫时间较晚的农户。

（3）农业收入和务工收入是家庭主要的收入来源。在 1030 户低收入农户中，生产经营性收入是家庭主要收入来源的农户数达到 526 户，占有效样本农户数的 51.07%；外出务工收入成为家庭主要收入来源的农户数为 408 户，占有效样本农户数的 39.61%；而通过政府部门补贴和其他途径（如社会捐助）作为主要收入来源的农户占比较小，分别仅占有效样本农户数的 8.16% 和 1.16%。非农业收入占家庭收入的比重在 50% 以下的农户数占有效样本农户数的比例达到 88.16%。可见，农业收入仍是脱贫地区低收入农户最主要的收入来源，脱贫地区低收入农户收入来源较为单一，农业投资回报率较低，脱贫地区低收入农户家庭的务工收入还有很大的提升空间。

（4）低收入农户主要从事种植业农业生产活动。在 1030 户低收入农户中，从事种植业生产的低收入农户数为 621 户，占有效样本农户数的比重为 60.29%。从事养殖业的低收入农户数为 305 户，占有效样本农户数的比重为 29.61%。这说明我国脱贫地区低收入农户的农业生产以传统种植业为主，生产方式单一，投资回收期较长，受自然灾害影响大，农产品附加值低以及不具备较强的市场竞争优势。

（5）低收入农户家庭固定资产价值普遍较低。在 1030 户有效样本低收入农户中，家庭固定资产价值在 3 万元及以下的低收入农户数有 708 户，累计占比为 68.74%；家庭固定资产价值在 3 万~5 万元、5 万元以上的低收入农户数分别为 179 户和 143 户，两者分别占有效样本总数的 17.38% 和 13.88%。这表明我国低收入农户在信贷融资中资产抵押能力严重不足，难以满足金融机构的贷款条件。

1.1.3 脱贫地区低收入农户的金融需求特征

脱贫地区低收入农户的金融需求主要是信贷需求、担保需求和保险需求。课题组主要调查的是脱贫地区信贷需求，故这里仅以信贷需求为例对调查结果进行分析，见表 1-2。调查发现，脱贫地区低收入农户家庭收入来源主要是传统种植养殖业，农业生产规模小、管理水平低、比较效益不高导致收入水平普遍较低，消费剩余少，加之农业生产在很大程度上受自然条件的制约，使得脱贫地区低收入农户收入获取的稳定性和保障性不高，导致低收入农户家庭储蓄能力不足。于是，对信贷形成了以下几个方面的需求特征。

表 1-2 样本低收入农户信贷需求特征

项目	选项	户数/户	所占比例	累计比例
是否有贷款需求	有	558	54.17%	54.17%
	无	472	45.83%	100.00%
有贷款需求的农户是否向正规或非正规金融机构提交过贷款申请	是	490	87.81%	87.81%
	否	68	12.19%	100.00%
贷款需求量	5000 元及以下	40	7.17%	7.17%
	5000~10 000 元（含 10 000 元）	108	19.35%	26.52%
	10 000~50 000 元（含 50 000 元）	230	41.22%	67.74%
	50 000 元以上	180	32.26%	100.00%
贷款需求期限	6 个月及以内	27	4.84%	4.84%
	6 个月~1 年（含 1 年）	255	45.70%	50.54%
	1~3 年（含 3 年）	214	38.35%	88.89%
	3~5 年（含 5 年）	38	6.81%	95.70%
	5 年以上	24	4.30%	100.00%

项目	选项	户数/户	所占比例	累计比例
贷款需求用途（多选）	生产性用途	274	49.10%	49.10%
	消费性用途	324	58.06%	107.16%
	其他用途	60	10.75%	117.91%
实际贷款途径（多选）（423 户成功获得贷款农户）	亲戚朋友借款	249	58.87%	58.87%
	金融机构贷款	201	47.52%	106.39%
	非正规金融组织借款	80	18.91%	125.30%

资料来源：经课题组问卷调查获得的数据计算而得

（1）低收入农户信贷需求不够旺盛。在 1030 户有效样本低收入农户中，回答有信贷需求的低收入农户数为 558 户，占有效样本农户数的 54.17%；回答没有信贷需求的低收入农户数为 472 户，占有效样本农户数的 45.83%。这表明脱贫地区低收入农户的信贷需求并不旺盛。

（2）提交贷款申请的低收入农户数较少。在回答有信贷需求的 558 户样本低收入农户中，实际向正规或非正规金融机构提出过贷款申请的样本低收入农户数有 490 户，贷款申请率为 87.81%，但仅占 1030 户调查样本农户总数的 47.57%。显然，若将提交贷款申请作为判断低收入农户是否有有效信贷需求的主要标志，可以发现，脱贫地区低收入农户有效信贷需求总体不高。

（3）低收入农户信贷需求额度小。脱贫地区低收入农户农业生产规模较小，考虑到自身的还贷能力，多数低收入农户在负债方面十分保守，一般"不轻易贷"，即使贷款，信贷需求额度一般较小。调查数据表明，信贷需求额度在 5000 元及以下、5000～10 000 元、10 000～50 000 元、50 000 元以上的低收入农户分别为40 户、108 户、230 户、180 户，占有信贷需求低收入农户总数的比重分别为 7.17%、19.35%、41.22% 和 32.26%。这说明我国大多数低收入农户信贷需求额度维持在50 000 元及以下。

（4）低收入农户信贷需求以中短期为主。调查显示，信贷需求期限在 6 个月～1 年、1～3 年的样本低收入农户数分别为 255 户和 214 户，占有信贷需求低收入农户总数的比重分别为 45.70% 和 38.35%，合计达到 84.05%；信贷需求期限在 6 个月及以内和 3 年以上的低收入农户占比均较低，分别只有 4.84%、11.11%。盖房、子女上学、大病支出等消费性支出占款时间较长，使得脱贫地区低收入农户对信贷期限的选择更加倾向中短期。

（5）低收入农户贷款以消费性用途为主、生产性用途为辅。在脱贫地区有信贷需求的 558 户低收入农户中，计划将贷款用于消费性支出的农户数达 324 户，占样本农户总数的 58.06%，而计划用于生产性支出的低收入农户数为 274 户，占有效样本农户数的 49.10%；而计划用于其他用途（如务工、创业）的低收入农户比例只有 10.75%。在消费性支出用途中，盖房、子女上学、看病、购买大件消费品等支出用途所占比例分别为 18.68%、28.52%、21.79% 和 6.12%，婚丧嫁娶、解决生活困难支出、偿还借款等支出用途占 15.54%。在生产性用途中，用于购买农用资料（如种子、化肥等）的比例最大，达到 32.76%，购买农机具次之，所占比例为 24.15%。这表明低收入农户的信贷资金以满足消费需求为主。

（6）低收入农户实际贷款发生率较低。在 490 户提交信贷申请的低收入农户中，真正发生借贷行为、成功获得贷款的低收入农户只有 423 户，占申请贷款样本低收入农户的比例为 86.33%，占 1030 户有效样本农户总数的 41.07%。在成功获得借款的 423 户低收入农户中，有 249 户获得的是亲戚朋友借款，占比为 58.87%；有 201 户获得的是金融机构贷款，占比为 47.52%；有 80 户获得的是非正规金融组织借款，占比为 18.91%。这不仅反映了低收入农户参与正规金融市场融资的比例较低，也揭示了正规金融机构融资门槛较高、手续麻烦、贷款到达低收入农户手中的时间较长的现实。因此，为了解决资金短缺问题，低收入农户将不得不选择向亲戚朋友借款，甚至是向民间非正规金融组织借款。

1.2 精准扶贫后脱贫地区低收入农户金融服务现实格局

党的十九大报告中首次提出实施乡村振兴战略，报告强调"农业农村农民问题是关系国计民生的根本性问题，必须始终把解决好'三农'问题作为全党工作重中之重"[①]，而乡村振兴战略正是破解我国"三农"（农业、农村和农民）问题的金钥匙，为农业农村现代化建设指明了方向。金融作为经济发展的核心，同样在全面推进乡村振兴的过程中起到强有力的支撑作用。在乡村产业振兴背景之下，未来农村金融需求将得到有效增长，金融需求变化也将出现新的特征。然而，课题组在对脱贫地区农户的走访调查中发现农村金融供需矛盾仍旧突出，农村地区经济主体难以获得必需的信贷资金，并且金融抑制现象在脱贫地区表现得更为明显，这在一定程度上对脱贫地区经济持续健康发展形成了一定的制约。

调查发现，尽管农村金融机构支持乡村产业振兴的意愿增大，但与乡村产业振兴逐步释放出的巨大需求相比，农村金融服务尚显不足。通过对调查数据的分析可以发现，我国脱贫地区金融供需缺口具体表现为总量上的供不应求和结构上的品种单一。随着脱贫攻坚任务的完成，我国当前和今后一段时间广大基层的重点工作内容是持续巩固脱贫攻坚成果，实现脱贫攻坚与乡村振兴有效衔接，因此

---

① 引自 2017 年 10 月 28 日《人民日报》第 1 版的文章：《决胜全面建成小康社会 夺取新时代中国特色社会主义伟大胜利》。

未来农村资金需求总量将不断增长；与此同时，农业和农村资金却大量流失，供需缺口呈现不断扩大的趋势，农村地区贷款难的问题进一步加剧。此外，以农村信用社为主体的农村金融机构，由于不能提供多样化的金融产品和金融业务，难以满足农村经济发展对金融的多样化需求，从而形成结构性供需缺口。通过对调查数据的分析，我们发现造成脱贫地区低收入农户金融供需缺口的原因主要有以下几点。

（1）农村金融机构物理网点严重萎缩。目前脱贫地区不少乡镇银行机构物理网点遭到撤销、撤并，导致农村金融体系服务末端不健全，农业农村金融服务功能弱化、简化。金融机构选择缩减网点的原因不外乎两个方面：一是出于成本控制、风险防控等因素的考虑，农村金融机构选择将经营重心转向大城市、大行业、大企业、大客户、大项目；二是随着金融科技在金融领域的不断渗透，农村金融机构更加倾向于通过线上提供服务，从而节约大量人力成本。但是金融机构却忽略了农户的实际需求行为特征，例如以年龄较大的人群为主的低收入农户出行不便、不能熟练掌握智能化线上操作，因此线下的金融服务对于他们来说仍不可或缺。显然，农村金融机构服务网点的减少，对于满足脱贫地区低收入农户的金融需求产生了抑制效应。

（2）缺乏对低收入农户的针对性金融服务。目前农村金融机构对包括低收入农户在内的小农主体的服务方式比较单一，手段也较为落后，同质化经营程度较高，且大多数金融机构均提供"大一统化"的金融产品。究其原因在于农村金融机构针对脱贫地区农户的信贷产品多数停留在上级机构统一创新、统一授权、统一销售产品的层面。上级金融产品创新部门由于没有长期接触农村市场，对市场的实际情况了解不够深入透彻，认可的信贷标准与农村实际脱节较为严重，不能因地制宜地针对脱贫地区低收入农户的金融需求特征创新农村金融服务，从而导致农村金融资产配置效率低下，农村金融机构金融服务供给与脱贫地区低收入农户的金融需求之间难以形成有效的均衡关系。

（3）低收入农户需求额度小而服务成本高。通过对脱贫地区低收入农户的走访调查，我们发现该类农户的贷款用途以消费性用途为主、生产性用途为辅，呈现出低收入农户贷款额度小、频次高、地区分散等特点。对于农村金融机构来说，农户的借贷金额小、频率高，就形成不了规模经济，金融机构与农户之间发生借贷的成本相比城市要高，得不到合理回报。同时，脱贫地区低收入农户业务单笔数额小，但经营成本却大得多。因此，农村金融业务普遍呈现出交易成本高、风险大、盈利低的特征。由于大多数农村金融机构进行小额信贷的利润越来越低，农村金融机构服务脱贫地区低收入农户的意愿也有所降低。

（4）脱贫地区存在严重的信息不对称现象。在乡村产业振兴过程中，我国脱贫地区低收入农户信贷面临的信息约束条件将导致信贷获得性差、信贷配给额度有限等问题。虽然在我国信息化、数字化发展过程中，金融现代化程度显著提升，但是金融机构与低收入农户依旧存在着信息不对称的问题。由于脱贫地区低收入农户农业生产规模普遍较小，缺乏大企业正规的会计核算制度和完善的信息披露机制，导致金融机构无法准确获取和掌握需求主体的财务信息，从而造成融资供需双方的对接困难。因此，金融机构在对脱贫地区低收入农户放贷时更多的是考察其人品、社会关系等软信息，并充分依靠客户经理的个人经验，这与城市的风控模式大相径庭。目前，金融机构信贷人员投放的贷款，仍普遍实行"谁发放、谁收回"的终身责任追究制，所以金融机构为规避风险，金融干部员工为规避问责，宁愿不向脱贫地区的低收入农户发放贷款。

（5）脱贫地区低收入农户缺少有效抵押资产。现阶段，脱贫地区能够达到金融机构信用放款条件的低收入农户并不多，因此大多数农户需要提供抵押品来获取金融服务。农村资产成为抵押物的基本条件是产权边界必须清晰，并且没有法律纠纷，受益处置人明确、处置变现比较容易、价值比较稳定、市场需求量较大。调查发现，脱贫地区低收入农户的家庭固定资产多为农村自建房、农地等，这类固定资产的价值评估以及变现处置相对困难，银行、担保等金融机构对其的认可度较低，因此很难成为金融机构可以接受的有效抵押物，脱贫地区低收入农户抵押融资担保十分困难。同样，价格标的清晰的生物资产也难以成为金融机构认可的农业资产，具体原因：一方面，生物资产的标的价格不稳定，一旦发生疫情灾害，抵押物价值将毁灭性地减少；另一方面，缺乏生物资产处置场所，一旦发生不良贷款，涉农金融机构难以处置抵押物。因此，生物资产较难形成金融机构认可的有效抵押物。

1.3 精准扶贫后中国农村反贫困金融制度的新使命

中国是拥有 14 亿多人口、世界上最大的发展中国家。党的十八大以来，在以习近平同志为核心的党中央领导下，中国组织实施了人类历史上规模空前、力度最大、惠及人口最多的脱贫攻坚战。2021 年 2 月 25 日，习近平总书记在全国脱贫攻坚总结表彰大会上庄严宣告："脱贫攻坚战取得了全面胜利，现行标准下 9899万农村贫困人口全部脱贫，832 个贫困县全部摘帽，12.8 万个贫困村全部出列，区域性整体贫困得到解决，完成了消除绝对贫困的艰巨任务。"[①]脱贫摘帽不是终点，而是新生活、新奋斗的起点。2020 年脱贫攻坚任务如期完成后，中央经济工作会议要求巩固拓展脱贫攻坚成果，坚决防止发生规模性返贫现象，要做好脱贫

---

① 《全国脱贫攻坚总结表彰大会隆重举行 习近平向全国脱贫攻坚楷模荣誉称号获得者等颁奖并发表重要讲话》，https://www.gov.cn/xinwen/2021-02/25/content_5588866.htm#1，2021 年 2 月 25 日。

攻坚同乡村振兴的有效衔接。同时，我们也应该清醒地认识到，绝对贫困的消除并不意味着反贫困任务的全面结束，未来我们还将继续面临相对贫困治理的重大难题，未来农村地区发展需要更大规模的金融服务供给，因此有必要基于乡村振兴战略背景因地制宜建立提高低收入农户发展能力的农村反贫困金融制度，激发农村主体的经营活力。

1.3.1　强化相对贫困治理

贫困问题是人类社会的顽疾，是世界许多国家经济社会发展过程中都要面临的共同挑战。贫困是一个相对概念，分为绝对贫困与相对贫困两种类型。绝对贫困是只停留在物质层面上的贫困，可以被理解为物质上的匮乏，是指缺乏为维持生存而绝对必需的物品的状态。相对贫困是指除了生存之外无法满足在当地条件下被认为是最基本的其他生活需求的状态，是个相对概念。总体来说，绝对贫困解决生存问题，相对贫困解决发展问题。在 2020 年如期完成脱贫攻坚战，全面建成小康社会之后，我国的绝对贫困得以消除。但反贫困始终是世界经济发展中的一个永恒主题，不因绝对贫困的消除而退出，只不过不同的历史阶段反贫困任务有所差别，在绝对贫困消除后，未来我国还将长期面临复杂的相对贫困治理问题。目前中国的收入分配结构仍然是以中低收入人群为主，有相当大一部分群体还在生存线附近徘徊，同时表明脱贫攻坚结束之后，我国将面临十分艰巨的相对贫困治理工作。况且，部分脱贫地区扶贫产业培育的周期短、培育质量不高，其经济效益与持续带动当地农户就业增收的效果不稳定，是实现稳定可持续脱贫的重要障碍。可见，农村脱贫成果的巩固提升仍将持续一段时间，并做好从消除绝对贫困向相对贫困治理工作思路的转变。众所周知，要实现农村减贫致富，需要采用科学有效的支持手段。目前，可以利用的支持手段主要有三种：一是以政府财政为主导的政策性支持；二是通过慈善机构和社会互助为补充的社会性支持；三是借助融资与保险为支撑的金融支持。由于政府财政资金极为有限，财政扶贫资金主要用于农村基础设施项目建设和促进脱贫产业发展，难以完全覆盖到所有领域，只能起到基础支撑作用；而社会互助资金规模较小，又缺乏稳定的资金来源，只能起补充性作用。因此，要实现相对贫困治理的任务目标，就不得不借助金融机制持续加以推进。今后我国农村反贫困金融制度的根本任务是强化相对贫困的治理。

1.3.2　巩固提升脱贫成果

摆脱贫困是中华民族千百年来的夙愿，也是中国共产党矢志不渝的奋斗目标。回望 2020 年，中国共产党领导中国人民打赢脱贫攻坚战，谱写了全面建成小康社会的时代华章。随着脱贫攻坚收官之战的全面胜利，脱贫工作也将跨入新的阶段、承担新的任务，工作的重心将由"扶贫、脱贫"向"防致贫、防返贫"转变，巩固和提升现有的脱贫成果，防止贫困现象再次出现。从当前的情况来看，我国农村地区脱贫的基础还不稳固，农村地区的规模性返贫风险存在。规模性返贫是指某一类型人群中较高比例人口同时返贫或某一区域同时出现较大数量返贫人口。一般认为，造成脱贫地区规模性返贫的原因错综复杂，主要有自然禀赋劣势构成的区域性规模返贫、主体能力劣势形成的群体性规模返贫、市场发展劣势导致的联动性规模返贫、政策供给劣势形成的差序性规模返贫以及风险多元劣势造成的溢出性规模返贫。

2022 年的中央一号文件提出，坚决守住不发生规模性返贫底线，并作出完善监测帮扶机制、促进脱贫人口持续增收、加大对乡村振兴重点帮扶县和易地搬迁集中安置区支持力度、推动脱贫地区帮扶政策落地见效等具体安排。从实际情况来看，一方面，就是要做好"脱贫不稳定户""边缘易致贫户"的帮扶工作，如部分脱贫人口因年老、重大疾病、身体残疾、未成年等原因而不能参加有偿劳动，无法获得较为稳定的工资收入或劳务报酬。由于这类群体在脱贫人口中所占的比重较大，因此必须始终将这类低收入或无收入群体纳入国家帮扶的范围内，将脱贫不脱政策落到实处。另一方面，对于具有相应劳动能力的脱贫农户来说，其享受的政策补贴通常是阶段性的或一次性的，因此，要组织好这类人群的就业，提升其"自我造血"的能力。但由于脱贫人口的文化素养普遍较低，劳动技能呈现单一性，在外出就业中通常处于劣势地位，因此我国更多的是发展壮大扶贫产业，把产业就业帮扶作为着力点，促进脱贫人口持续稳定增收。无论是持续帮扶还是产业就业帮扶，都需要大量金融资源的投入，金融需求仅仅依靠政府的财政支出是难以得到满足的，因此必须采取有效的政策引导资本流向农村脱贫地区，从这个层面上来说，建立行之有效的反贫困金融制度是至关重要的。

1.3.3　推动实现乡村振兴

党的十九大报告首次提出实施乡村振兴战略，并将其作为建设现代化经济体系的六项主要任务之一进行专门部署，为中国新时代农业农村发展指明了方向、明确了重点。乡村振兴战略聚焦于产业兴旺、生态宜居、乡风文明、治理有效、生活富裕五个方面，其中产业兴旺又是乡村振兴的重要基础，是解决农村一切问题的前提，实现产业兴旺必须重视产业融合发展，推进农村一二三产业融合是促进农村供给侧结构性改革的重点。推动特色支柱产业培育和乡村产业融合是一项复杂的系统性工程，需要强有力的金融支持。我国在 2018 年和 2019 年的中央一号文件均要求金融机构明确在乡村振兴战略中的职责地位、强化金融服务方式创新、加大对乡村振兴的中长期信贷支持方面发挥重要作用。在党中央乡村振兴战略部署和各项政策的指引下，各地金融机构也在积极介入乡村振兴进程。当前，已经有不少金融机构组建了乡村振兴业务部门，主要负责农村惠农助农业务的开展。但是，面对乡村振兴中产业经营主体规模小、利润低、风险大而金融需求品种多、频次高的现状，金融支持呈现出业务种类少、门槛条件高、支持效率低、内在动力不足、协同性不强的问题，没有与当前的金融需求形成有效对接。实际上，当前农村金融服务中无论是机构数量和融资水平，还是服务质量和金融环境，均与乡村振兴的金融需求不相适应。究其原因主要是农户缺乏标准抵押品、信息高度不对称、经营成本和风险高等，导致涉农金融机构对农村金融服务的积极性大打折扣，致使农村金融服务不全面、不充分的问题较为突出，进而影响到乡村支柱产业、特色产业的快速发展。因此，在当前中央高度重视农村发展、积极推进巩固脱贫成果与乡村振兴的有机衔接的现实背景下，有必要基于中国农村实施乡村振兴战略中金融支持不足的客观现实，研究农村金融机制与产品创新，加快我国农村反贫困金融体制改革，从而借助金融的力量促进农村经济持续健康发展。

1.3.4　促进社会共同富裕

解放和发展生产力，消除贫困，实现共同富裕，是社会主义的本质要求，是中国共产党百年来始终牢固坚持并为之不懈奋斗的初心使命和崇高理想。中国共产党自成立之日起，经历了制度变革推动反贫困、救济式反贫困、体制改革反贫困、开发式反贫困、攻坚式反贫困和精准扶贫等多个阶段，全面打赢了脱贫攻坚战，彻底消除了绝对贫困，创造了人类反贫困斗争史上的奇迹。但是，绝对贫困的顺利消除绝不是我国反贫困工作的终点，实现脱贫地区的可持续发展、帮助脱贫人口实现自我发展，从而不断巩固反贫成果、实现共同富裕才是我国反贫困战略的根本目标。经过脱贫攻坚战，脱贫地区居民收入和福利水平大幅提高，"两不愁三保障"全面实现，教育、医疗、住房、饮水等条件也得到明显改善。进入新发展阶段，我国经济社会发展持续向好，但同时也面临诸多发展挑战，其中农村仍然是我国发展的薄弱环节，农村落后于城市的发展格局并未发生明显变化，城乡区域差距现象仍旧显著。当前，中国城乡区域差距主要包括城乡居民收入差距、城乡教育差距、城乡医疗差距、城乡消费差距、就业差距、政府公共投入差距六个方面。用城乡居民收入水平来对比，能明显感受到城乡区域差距。以2021年为例，全国城镇居民人均可支配收入为47 412元，农村居民人均可支配收入为 18 931 元,也就是说一个城镇居民的收入等于 2.5 个农村居民的收入[①]。此外,城市垄断优质教育资源、农村居民医保覆盖率低、农村基础设施建设不完善和农村居民就业机会较少等问题也在很大程度上加剧了城乡区域差距。倘若这些问题未能得到根本解决,不仅影响农民群众的获得感、幸福感,最终也会阻碍经济社会的可持续发展,共同富裕的目标也就难以实现。从某种程度上来说,未来我国农村反贫困金融制度的一个根本任务就是缩小城乡区域差距,从而推动城乡居民走向共同富裕的新征程。

1.4　本 章 小 结

本章主要基于我国巩固拓展脱贫攻坚成果同乡村振兴有效衔接期间农村反贫困金融体系不够完善的客观事实,通过对多个脱贫地区的走访调查,深入剖析了我国脱贫地区低收入农户的基本经济特征以及金融需求特征,并对脱贫地区低收入农户金融供需服务格局进行分析,从而为后续章节探讨中国农村反贫困金融制度的未来战略选择提供方向。此外,本章还对中国农村反贫困金融制度的新使命进行了深刻解读。在打赢脱贫攻坚战、全面建成小康社会的现实背景之下,我国将继续推进相对贫困的治理,持续巩固拓展脱贫成果,接续奋斗实施乡村振兴,不断增进人民福祉,更好满足人民群众对美好生活的新期待,带领全体中国人民早日实现共同富裕,在此阶段中农村反贫困金融制度将大有可为。

[①] 《2021 年居民收入和消费支出情况》, https://www.gov.cn/xinwen/2022-01/17/content_5668748.htm[2022-01-17]。

第2章　农村反贫困金融制度建设的理论基础
与研究综述

理论的创新之所以能取得突破，主要来源于对前人理论的吸收、扬弃和对实践规律的深刻思考与总结。本章以理论沿革和机制探索为出发点，结合前人的理论研究成果，在深入考察中国农村反贫困进程的客观实践基础上展开研究。为此，在进入系统的理论研究之前，需要先对相关理论成果及其对本章的潜在影响进行梳理和分析，明确农村反贫困金融制度变迁与未来战略的理论依据。基于设定的研究目标和内容结构，可供本章借鉴的理论资源主要有：农村金融发展理论、微型金融与普惠金融理论、制度创新与金融创新理论、经济发展中的反贫困理论。此外，在梳理相关理论的基础之上，本章还从"反贫困金融制度建设"这一视角对国内外已有研究进行梳理，与其相关的主要有农村反贫困金融组织、农村反贫困金融服务、农村反贫困金融制度构建和相对贫困治理的金融制度创新四个方向。

2.1　农村反贫困金融制度建设的理论基础

2.1.1　农村金融发展理论

中华人民共和国成立以来，农村贫困问题一直是制约中国经济发展、社会稳定和城乡二元经济结构破解的棘手难题。在过去反贫困战略中，金融发挥了极其重要的作用。尽管当前我国绝对贫困已经消除，但仍然面临相对贫困治理问题，同样需要农村金融发展并借助其资本要素配置予以解决，因而研究农村反贫困金融制度必须借鉴现代农村金融发展理论。在发展经济学中，关于农村金融发展理论的文献十分丰富。下面系统回顾农村金融发展理论的演变过程，以及对我国农村反贫困金融制度变迁与未来战略的理论借鉴价值。西方经济学家围绕农村金融发展的理论研究，先后提出了农村金融管制论、农村金融市场论和农村金融不完全竞争市场论等三种理论。

1. 农村金融管制论

农村金融管制论又称农业信贷补贴论（subsidized credit paradigm），是在

20 世纪 80 年代之前形成的主流农村金融发展理论。该理论的主要观点是，资金是农村经济发展的根本要素，发展中国家农村经济发展缓慢的根本原因在于资金要素不足，而农村资金不足的根源又来自两个方面：一是农村居民尤其是贫困群体储蓄能力低下，使得来自农村内部的资金严重缺乏；二是投资高风险性、低收益性等农业产业特性，决定了农业难以成为商业银行信贷支持的重点对象，制约了农村资金依靠市场机制内生性地服务于农业农村地区。因此，要促进农业生产和农村发展，有必要从农村外部引入政策性资金，成立非营利性的政策性金融机构进行资金分配，缓解农村内在的资金困境。

根据这一理论，发展中国家广泛设立了以贫困群体为目标的专项贷款，同时，如果要缩小农业产业与其他产业间的结构性收入差距，就需要农业融资利率在一定程度上低于其他产业的融资利率，且此类低息的政策性资金主要通过银行、信用合作社等金融组织大量注入农村。在这一理论的影响下，许多国家纷纷成立了非营利性的农业政策性银行，为农业发放低息甚至是无息专项贷款，在一定程度上促进了农业农村经济的发展。

然而，随着理论指导实践的逐步深入，许多亚洲国家的经验表明，这一理论的弊端逐步凸显。首先，如果存在储蓄的机会和激励机制，大多数贫困者都会进行储蓄，这有悖于该理论当初的假设前提。其次，实践证明低息贷款政策在实践中很难促进农业生产和扶持穷人发展，这源于贷款具有多用途性，导致低息贷款难以仅仅用于特色农业项目，且低息贷款的受益人很难保证仅仅集中于贫困农户，而操作中大量的低息资金往往转移给了使用大笔贷款的较富裕的农户手中，从而使得贷款服务对象错位严重。另外，政策性农村信贷机构缺乏有效的监督机制，导致借款者资金投资的动力与偿还的压力不足，从而使得资金的使用效率和回收率低下。

尽管农村金融管制论存在诸多弊端，但为农村地区提供农业政策性的信贷融资仍然存在合理性和必要性。部分广泛实行了农业政策性金融的发展中国家仍然在一定程度上为农业农村经济发展提供了必要的资金支持，帮助农户尤其是贫困农户创建新的谋生途径，促进了农业的增长。然而，实践也证明，农村金融管制论指导下的金融发展政策，仅仅依靠单纯的农村信贷补贴政策，缺乏一种可持续发展的市场金融机制，不仅会损害农村金融持续发展的能力，也在一定程度上成为政策性信贷机构经营活力衰减的根源，最终导致农业信贷补贴政策代价高昂，且收效甚微。因此，农村反贫困金融制度的构建与未来战略必须借鉴其理论核心，充分依靠和发挥政策性金融的反贫困潜能的同时，寻求与市场机制的有效结合，构建一个富有效率并兼顾金融公平的农村反贫困金融体系，这是农村反贫困金融制度永久保持生命力的关键所在。

2. 农村金融市场论

农村金融市场论又称农村金融系统论（rural financial systems paradigm），在20世纪80年代以后逐渐取代农村金融管制论成为主流农村金融发展理论，主张以市场机制为主导，这意味着农村金融理论核心和实践范式发生了重要转换。该理论强调金融市场机制的重要性，反对政府和政策性金融对市场的扭曲，主张农村信贷市场利率自由化。且该理论在某种程度上站在农村金融管制论的对立面，认为政府应该对补贴信贷活动所带来的缺陷负责，政策性金融机构将严重扭曲信贷资金配置效率；而市场机制主导的利率自由化，能够有效补偿农村金融组织的经营成本，充分激发农村金融组织的供给活力。

在理论构架上，该理论的前提条件相悖于农村金融管制论：首先，肯定农村居民甚至贫困居民都是有储蓄能力的，只要提供相应的存款机会，即使是贫困农户也会有存款意愿和存款能力，因此没有必要从外部向农村注入资金。其次，政府的低息贷款政策严重削弱了农户存款的积极性，抑制了农村金融发展；同时，农村经济主体过于依赖具有优惠性的政策性金融资金的扶持，缺乏足够的偿还压力是导致其难以可持续发展的重要原因。最后，农村储蓄资金拥有较高的机会成本和风险费用，故非正规金融的高利率融资信贷存在其合理性。

基于以上前提条件，该理论的具体主张包括：一是农村内生金融中介是农村金融机构的主体部分，储蓄动员是农村内生金融中介形成的关键诱因；二是为实现储蓄动员、平衡农村资金供求，保证金融机构财务可持续性，借贷利率必须由市场决定；三是应当通过金融机构盈利成果、经营自立性和可持续性，来判断农村金融运行质量和成败；四是没必要为特定的利益集团和农业项目提供专项贷款制度；五是非正规金融业态有其合理性，应将正规金融与非正规金融有效结合起来发展，不应当一味地排斥和取消。

可见，农村金融市场论主张依赖市场机制作用，强烈排斥政府对农村金融的干预和控制，强调了市场机制对农村金融发展的重要性，认为市场化的融资利率能够在一定程度上弥补农村金融中介的经营成本，在有效动员储蓄的同时，也有助于降低金融机构对政府的依赖，从而增强金融机构自主经营能力和可持续发展活力。在该理论的影响下，发达国家甚至发展中国家的农村商业性金融机构得到快速发展，推进了农村金融市场化与自由化进程。

然而，鉴于我国农村金融市场的发展程度和农户在市场竞争中的劣势地位，通过市场化利率这一路径使农户充分获得正规金融机构的贷款还需要进行长时间的探索实践。现实情况却是，市场化的利率可能会在一定程度上改善农户融资困境，但高成本的压力和担保品的缺乏仍会使农户难以筹集到生产发展所需要的资金。这不仅可能使低收入农户难以获得商业性信贷资金，而且也可能加剧商业性金融机构对金融公平的忽视，最终可能使农村金融反贫困陷入恶性循环。所以，在相对贫困治理阶段，提高金融反贫困的有效性仍然需要政策性金融的介入，以维护低收入农户平等获得贷款的权益，采取必要的政策措施，建立适当的反贫困金融制度，来管理反贫困项目信贷计划是非常有必要的。另外，市场化的利率和信贷配置机制能够保证脱贫地区经济效益明显的经济主体获得必要的金融资源，以此激发脱贫地区经济主体对低收入农户的就业带动能力，增加低收入农户的收入，从而降低脱贫农户的贫困脆弱性。因此，农村金融市场论对于农村金融反贫困问题的研究仍然具有重要的现实指导意义。

3. 农村金融不完全竞争市场论

20 世纪 90 年代中后期，东南亚国家和部分地区发生了大规模的金融危机，市场机制主导金融发展的缺陷日益暴露，农村金融发展理论随之发生了新的变化，不少学者意识到只有在一些社会性的、非市场要素支持下，才能降低金融的潜在风险、培育高效以及稳定的金融市场。于是，Stiglitz（1990）的农村金融不完全竞争市场论应运而生。该理论致力于建立一个结合有效性和完整性的农村金融市场，不仅没有忽视市场机制的重要性，而且认识到了政府在弥补农村金融市场缺陷中起着不可或缺的作用，认为合理的政府干预对于稳定农村金融市场是十分必要的，这成为政府干预农村金融的重要理论依据，但并不是农村金融管制论的自然延伸。

农村金融不完全竞争市场论是基于市场机制下金融危机的客观存在而发展起来的。Stiglitz（1990）概括了农村金融市场失效的主要原因是，公共品监控不到位、市场竞争不完全、市场制度不完善、金融机构破产的外部性、监控和选择贷款的外部性、竞争性市场帕累托无效和投资者信息匮乏等。因此，该理论认为，发展中国家的农村金融市场并不是一个完全竞争市场，其市场存在严重的信息不对称，作为放款者的金融机构根本无法全面掌握借款人的所有情况。如果单纯依靠市场机制，则难以孵化出一个适应农村经济发展需要的金融系统，加之存在市场失效因素，政府在金融市场中的维护作用就显得十分重要。但是，政府不能取代市场，而应对市场缺陷进行有效弥补。政府可以采取间接控制的方式，并制定规章制度确立管理规范和监管标准。其具体措施包括：首先，在农村金融市场发育到一定程度之前，相比利率自由化，在不损害金融机构储蓄动员能力的基础上，由政府从外部供给必要的政策性资金，以降低商业金融经营风险；其次，政府应提倡并牵头组织借款人联保小组以及借款人互助合作等范式的政策性金融机构，确保金融组织最基本的资金来源和利润范围；再次，在农村金融市场中使用担保融资、使用权抵押担保和互助基金等信用约束办法，在一定程度上可以改善信息的不对称性；最后，非正规金融市场的融资效率普遍较低，政府有必要进行引导。

　　综上可见，农村借款人的组织化程度和模式等非市场要素对解决农村融资约束问题十分重要。随后，Besley 和 Coate（1995）、Ghatak（2000）、Laffont 和 N'Guessan（1999）等的实证研究证实，农户的小组贷款能够有效提高农村信贷市场配置效率；Ghatak（2000）、van Tassel（1999）、Ghatak 和 Guinnane（1999）等通过模型推演，发现农户小组贷款模式能有效解决农村信贷中的逆向选择和道德风险问题。

　　显然，金融反贫困是一项旨在兼顾金融效率与公平的系统性工程，单纯依靠政府或是市场机制不仅不利于提高金融反贫困的有效性，反而会加剧农村金融市场资源配置失衡的现象。基于这一两难困境，农村金融不完全竞争市场论在弥补农村金融管制论和农村金融市场论缺陷的基础上，主张在市场发挥资源配置基础性作用的同时，必须由政府介入进行适当干预，通过行政力量引导金融资源参与反贫困服务，克服单纯依靠市场机制下的信息不对称等失灵现象，在一定程度上能降低融资成本，有利于提高金融反贫困的有效性。因此，农村金融不完全竞争市场论进一步明确了市场和政府在农村金融反贫困过程中的地位和作用。在金融反贫困过程中，往往需要两者互相取长补短、协同配合，只有这样才能产生良好的反贫效果。所以，该理论对我国农村金融反贫困的问题研究无疑具有极为重要的理论指导意义。

2.1.2　微型金融与普惠金融理论

　　长期以来，贫困问题一直是世界各国亟待攻克的艰巨任务，但各国政府在着力攻克贫困难题时，往往对财政手段形成过度依赖，涉及金融反贫困的实践则比较滞后，且多停留在理论阶段。自孟加拉国格莱珉银行（Grameen Bank，GB）的小额信贷实践获得巨大成功之后，各国政府和学术界才开始关注金融在反贫困过程中的现实效用，并逐渐催生了与反贫困有高度关联的微型金融理论和普惠金融理论。

1. 微型金融理论

　　进入 20 世纪 90 年代中期，"微型金融"概念从小额信贷[①]中剥离出来，其

---

　　① 小额信贷是专门为低收入农户提供的额度较小的信贷业务，以反贫困、促发展为根本宗旨。近年来，各国都将小额信贷作为支持低收入者发展生产经营、改善经济状况的主要资金融通方式，而发放小额信贷的金融机构大体包括非政府组织、正规金融机构、社区合作银行、乡村银行、批发基金（是指由风险判断和承担能力较强的投资机构以有限合伙的形式出资形成且不上市的基金主体）等五种类型。非政府组织是非营利性的自愿公民组织；正规金融机构主要是商业银行和金融公司；社区合作银行是完全由社员管理、自助式、不以营利为目的的合作组织；乡村银行是国际社区资助基金会开创的一种提供小额信贷的组织形式（石俊志，2007）。

含义不再仅仅局限于信贷，而同时将储蓄、保险、汇兑等其他一系列服务都纳入金融服务的范畴，随着对这一概念的外延不断拓展，微型金融理论逐渐成形。且各国学者从多维度对微型金融减缓贫困的方法与途径进行了深入的研究，形成了诸多理论观点和主张，其中的核心思想是强调金融组织对低收入人群和小微企业持续提供小额金融服务，以满足低收入者及贫困群体的小微金融需求（Hardy et al.，2003；Panigyrakis et al.，2002），这对发展中国家推进金融扶贫产生了深远的影响。

在孟加拉国由诺贝尔和平奖获得者穆罕默德·尤努斯（Muhammad Yunus）教授于 1983 年发起的，致力于解决乡村贫困问题而针对贫困人群并为其提供金融服务的格莱珉乡村银行，成为微型金融实践的开端。随后，微型金融在许多发展中国家逐渐兴起并迅速发展。孟加拉国格莱珉银行的微型金融是亚洲最流行并被广泛复制的模式，成功率极高，尤其是在宽覆盖面和高偿还率方面具有突出的表现。除此之外，印度尼西亚人民银行（Bank Rakyat Indonesia，BRI）是印度尼西亚主要的国有商业银行之一，成立于 1895 年，拥有独立的利润中心和商业化的微型金融运作模式，是世界上最具营利性的微型金融组织之一。Bakhtiari（2006）对孟加拉国的格莱珉银行、印度尼西亚人民银行等微型金融反贫困实验进行了考察，指出微型金融主要通过帮助穷人构筑资产、发展企业、管理风险、平滑消费等途径来增强穷人的创收能力，提高穷人的生活品质；同时也能提高金融资源配置效率，改善金融市场竞争环境，推进技术更新换代，促进经济增长和逐步减少贫困（Imai et al.，2010，2012）。

到 20 世纪 90 年代前期，微型金融理论逐渐被分离为机构主义（institutionalism）和福利主义（welfarism）两大"阵营"。前者更加注重信贷机构的可持续发展，Gonzalez-Vega（1994）深入剖析了几个不发达国家农村金融机构的倒闭案例，认为倒闭的主要原因是可持续性盈利模式的缺失，而资金良性循环是金融机构可持续发展的基础。后者则更侧重于微型金融的反贫困效果，Morduch（2000）认为，微型金融机构并不一定能自给自足地实现资金的良性循环。但是随着信贷模式的多样化和金融产品创新的发展，两大"阵营"在 20 世纪 90 年代后期开始融合，微型金融探索开始追求双赢目标，从而使微型金融的研究和实践得到快速发展（Fernando，2007）。

随着微型金融在全世界范围内取得巨大成功，国内理论界对微型金融的发展产生了极大关注。目前对微型金融理论和实践的研究，较多地集中在总结国外经验及对中国微型金融发展现状、微型金融机构运行机制的探析和可持续发展建议的提出，以及对我国实践尝试的经验总结和模式机制的创新方面。

在理论方面，围绕微型金融发展的反贫困效果，杜晓山和孙若梅（2000）认为我国发展微型金融应从乡村银行模式开始，以追求金融服务的完整性来实现机构自身的持续发展，应坚持效率原则来平衡公共部门和金融机构的共同利益。杜晓山（2005）根据微型金融服务的宗旨、目标、资金来源和组织机构，结合国内政策和农村地区的实际情况，将其分为三大类型：以国际机构捐助或软贷款为资金来源构建的半商业形式的微型金融实验项目；以政府财政力量主导运作的政策性小额信贷扶贫项目；以金融机构和地方政府监督开展的农户小额信用贷款和联保贷款。汤敏（2007）则通过对我国的微型信贷进行研究，从服务对象、贷款方式、资金来源等角度，将微型信贷形式划分为扶贫型和农户型两种。总之，国内学者普遍认为微型金融是一种特殊的金融工具，同时兼具反贫困和金融服务双重功能，是金融体系不断完善和深化的重要组成部分，是农村金融体系发展的必要环节，更是推动贫困地区经济发展的有力助手。

在实践方面，1993 年中国社会科学院农村发展研究所将孟加拉国乡村银行的小额信贷范式引入中国，在河北省易县、河南省南召县和虞城县以及陕西省丹凤县等地建立扶贫经济合作社，尝试推广孟加拉国乡村银行小额信贷模式。1995 年联合国开发计划署和中国国际经济技术交流中心在中国 17 个省的 48 个县市推行以下岗职工为对象的城市小额信贷项目。自 20 世纪 90 年代以来，在我国政府政策引导下，微型金融逐步与农村扶贫工作相结合，取得了显著成效，并改善了农村金融市场竞争环境，微型金融已成为农村反贫困金融制度的重要组成部分。但是，就现阶段我国面临的相对贫困治理任务而言，现有的微型金融发展还远远无法满足广大农村地区发展的金融需求。因此，创新微型金融制度，增强金融反贫困功能，是缓解我国农村相对贫困问题和巩固脱贫攻坚成果的关键。中国微型金融发展历程和反贫困的实践也表明，微型金融理论必然会对我国农村反贫困金融制度构建与创新提供重要的理论指导。

2. 普惠金融理论

"普惠金融"概念最早是在 2005 年联合国"国际小额信贷年"中提出的。普惠金融又称为包容性金融，在 2006 年联合国出版的《建设普惠金融体系》一书中，将普惠金融定义为以小额信贷为核心，让所有的人尤其是弱势群体都有同等机会享有平等的金融权利，让金融服务惠及所有贫困群体，使他们都能分享到经济增长与金融发展所带来的收入和福利改善。可见，普惠金融的核心要义是为社会所有群体提供普遍金融服务的金融制度安排，包括那些被传统金融忽视的城乡贫困群体、小微企业和农村地区，或者说普惠金融是一种强调人权意义和社会公平意义的金融制度安排。

近年来，普惠金融的概念逐渐替代微型金融，呈现出微型金融向包容性金融转化和创新的态势，使金融服务的内涵和外延进一步扩大，更加重视金融服务的深度和广度。这一替代也意味着微型金融已不再是金融体系的边缘部分，而是把被边缘化的微型金融纳入正规金融体系之中，成为国家金融体系和金融基础设施的必要组成部分（Leyshon and Thrift，1993，1994）。同时，普惠金融是小额信贷及微型金融的进一步深化发展，提倡将零散的微型金融甚至是非正规金融整合成一个具有内在协调能力的有机系统，并将这个有机系统融入整体金融市场发展之中（Seibel，2001；梁骞和朱博文，2014）。

普惠金融替代微型金融，丰富了金融服务的内涵和外延，可以从下列文献中找到有力证据。2006年尤努斯教授提出，信贷权属于最基本的人权，每个人都有获得信贷和其他金融服务的权利；只有每个人都有同等机会获得信贷支持，才能确保他们都有机会发展生产，才能实现共同富裕目标。Lyman等（2006）提出，应当利用农村银行的代理点为贫困人口提供金融服务，将金融服务迅速覆盖到偏远地区，确保更多的贫困人口能够便捷地享受金融服务。Graham等（1997）、Ivatury（2009）研究指出，应该采取先进的技术手段构建为全民服务的普惠金融系统，实施金融深化政策，使用新技术提供金融服务，能够有效降低金融机构扶贫的经营成本，从而以更优惠的价格满足贫困人口的金融需求。

从国内研究来看，焦瑾璞（2010）认为，普惠金融体系是对现有金融制度缺陷的弥补，应该从多维度建立普惠金融体系，并运用技术革新和政策支持，共同促进金融体系向贫困以及偏远地区覆盖，提供具有区域特色、价格合理、种类丰富的金融产品，普惠金融体系能够为包括贫困群体在内的所有社会人员提供公平和全面的金融服务，这实质上是一种金融公平的体现。杜晓山（2006）从政策角度对普惠金融进行了深入剖析，认为从本质上看小额信贷是普惠金融理念的实践核心，当前我国农村金融改革的重点是建立适应或满足农村金融需求的可持续性和普惠性金融体系，将包括落后地区的金融服务融入整个农村金融体系之中，侧重惠及容易被排斥在传统金融服务之外的贫困群体。此外，何广文（2011）和吴晓灵（2010）等均提出，尽管普惠金融以小额信贷为核心，但又不仅仅局限于小额信贷。只有将正规或非正规金融机构都纳入普惠金融体系之中，才能真正实现金融服务民生的战略发展目标。同时，吴晓灵（2010）还提出，普惠金融体系构建还应该引入财税政策，利用财政诱导机制吸引金融机构将金融资源投向农业农村，以支持农业农村经济快速发展。

在上述研究的基础上，2013年11月12日，党的十八届三中全会通过的《中共中央关于全面深化改革若干重大问题的决定》明确提出"发展普惠金融"，这不仅是我国农村金融发展进程中的一次重要转型，更是普惠金融理念在政策行动上的一次重要飞跃。在我国农村反贫困工作从精准扶贫转为脱贫成果巩固提升的关键时期，普惠金融立足于为低收入人群中那些具有发展潜力、有能力的人提供金融服务，帮助其发展生产、增加收入，以降低返贫风险和缓解相对贫困，其理论内涵正是符合我国深化农村金融改革、提高农村经济发展水平的应有之义，不仅为我国相对贫困治理提供了新的思路和理论依据，还为反贫困金融工具的创新提供了理论支撑，也构成了我国农村反贫困金融制度的重要组成部分。

2.1.3　制度创新与金融创新理论

"创新"的概念及其理论内涵最早由约瑟夫·熊彼特在 1911 年出版的《经济发展理论》一书中提出和阐释。他认为创新是"建立一种新的生产函数"，即要把一种从来没有过的关于生产要素和生产条件的"新组合"引入生产体系中。这种"新组合"包括产品创新、技术创新、市场创新、资源配置创新和组织创新，因此"创新"不是一个技术概念，而是一个经济概念。在熊彼特看来，"企业家"的职能就是实现"创新"，引进"新组合"；所谓"经济发展"，就是不断创新的结果。下面着重综述与本书有关的制度创新理论和金融创新理论。

1. 制度创新理论

在熊彼特的创新理论指导下，结合人们现有的生产和生活环境条件，通过调整旧有的要素，创设新的、更能有效激励人们行为规范的制度和体系，以实现社会持续发展的制度创新理论便应运而生。相较于熊彼特单纯从技术与经济相结合的视角，探讨技术创新在经济发展过程中的作用而言，Davis（戴维斯）和 North（诺思）在 1971 年出版的《制度变革和美国经济增长》一书中，基于熊彼特的创新理论，在剖析制度变迁深层次原因基础上，构建了制度创新模型，极大地丰富和发展了熊彼特创新学说。制度创新是指创建一种新的制度，使创新者在现存制度下能获得潜在的追加利益。这种新的制度，可能是某种创新团体或特定组织行为的变化，或者是这一特定组织与其所处环境现有关系的变化，或者是在这一组织环境中当事人行为及内在规则的变化。制度创新之所以会出现，是因为人们通过技术手段，能预期到创新净收益会大于创新成本，而在现有制度框架下这些收益是难以实现的，唯有通过创新者主动改变现有制度中阻碍发展的因素，才能获得潜在的未来收益。后来诺思（1994）又丰富和发展了制度创新的理论内涵，将产权理论、国家理论和意识形态理论纳入制度创新理论之中。

总体而言，西方制度创新理论历经了两个发展阶段。第一阶段主要研究制度创新的动力机制。制度创新的动力来自当事人对利益的追求，此时的制度创新属于需求诱致型。第二阶段主要研究以制度供给、制度设计为重点的制度创新。20 世纪 90 年代以来，制度设计问题逐渐成为西方制度创新理论研究的核心话题。制度创新理论中的制度设计分为以激励为中心和以选择为中心两种模式。Banks（1995）在《制度设计：一个代理理论的透视》一文中，运用委托代理关系来考察制度设计问题，认为通过合约安排实现激励效率的过程，实质上是在委托人与代理人之间设计一个最小化的代理费用，使双方均能受益，这也是制度设计者面临的首要任务。然而，也有学者并不认同以激励为中心的制度设计理念，而是主张以选择的方式来改进制度。如 Brennan（1996）通过"筛选装置"来解释制度设计问题。其理论主张是，即使所有人存在不同程度的无赖，但仍然可以在人群中识别出无赖程度更低的人，然后将其放到更有利于事件发展的位置上去，也就是拟定一个能从人群中挑选出德行较高的人的"筛选装置"，就是选择型制度设计的主要内容。Pettit（1996）在《制度设计与理性选择》一文中也陈述了相似的观点，认为在引入奖惩措施之前，应该优先设计筛选程序，并需要坚守三个原则来规范制度设计：一是设计奖惩措施和"筛选装置"之前，要充分考虑筛选的可能性；二是实施奖惩措施，确保人们获得良好的行为和动机；三是构建奖惩措施，应对偶尔出现的失误。

国内对制度创新理论的引介始于 20 世纪 80 年代末。随后出现了运用制度创新理论研究中国改革进程的热潮。林毅夫（1994）通过有限理性假设，借用"需求-供给"这一经典的理论模型框架，将制度创新方式划分为诱致性制度创新和强制性制度创新，他认为前者是指个人或一群人为了得到获利机会，自发组织和实行的对现有制度的变更、替代或者是新制度安排；而后者是由政府命令法律强制引入和实行的。当自上而下的改革面临阻碍时，杨瑞龙（1998）通过分析制度创新的构成主体，把具有独立利益目标的地方政府引入分析体系中，提出了中间扩散型的制度变迁方式的理论假说，并阐述了我国在向市场经济过渡的进程中，制度创新方式会呈现供给主导型创新、中间扩散型创新和需求诱致型制度创新三个阶段。史晋川和沈国兵（2002）借鉴制度创新中的均衡价格，将制度创新的路径划分为供给主导型、准需求诱致型和需求诱致型三种类型。制度创新的均衡价格，是指制度创新者通过制度变革获得的预期收益与制度受用者愿意支付的成本相等时的价格。如果经济利益的社会成本大于制度创新的均衡价格，也就是超过了制度受用者愿意支付的最低费用时，则制度供给者发现无利可图，就不愿意自我创新制度，此时制度就成了公共产品的一部分，只能依靠政府主导供给。

在创新体系中，制度创新居于基础地位，组织、管理与技术创新都离不开制度创新。农村是我国经济社会发展的薄弱环节，而长期以来农村的贫困问题更是影响农村经济发展的桎梏，因此，要健全金融反贫困的体制与机制，需要从制度上不断完善农村金融服务，只有这样才能推动我国农村反贫困事业和地区经济发展取得重大突破。而在农村金融制度变革中，改变既有反贫困金融体制的束缚，以创造新的反贫困金融工具和反贫困金融技术，从而获得既有金融体制下的金融工具和技术所无法实现的潜在反贫效果，仍属于广泛意义上的金融制度创新。可见，制度创新理论对于促进我国农村反贫困金融制度创新无疑有着深刻的理论和现实指导意义。

2. 金融创新理论

到了 20 世纪 70 年代，金融市场和金融服务需求的不断扩张与金融管制的冲突，引发了一些学者将创新理论与金融理论相融合，以期解释金融进一步发展的机制和影响因素，于是，金融创新的研究和实践开始快速展开。到 20 世纪 90 年代，金融创新成为金融研究的一个重要领域，金融创新理论体系基本形成。其中，许多西方经济学家对金融创新现象进行了大量的理论研究，提出了诸多的理论和观点，比较有代表性的有 Silber（1983）的约束诱导型金融创新理论、Kane（1984）的规避型金融创新理论、Hicks（1969）和 Niehans（1983）的交易成本理论等。

美国金融学家西尔伯（Silber）在 1983 年开创性地提出了约束诱导型金融创新理论，阐述了金融创新的动力因素。他认为金融创新的最初目的是金融组织为追求利润最大化而想要减轻或消除政策制度对其产生的金融抑制而采取的自我保护的行为。同时，西尔伯从微观经济学视角分析企业行为入手，认为金融企业在市场拓展中的金融工具和金融产品的创新，有利于金融企业自身获得更多的潜在利润，认为与之相关的市场创新和由宏观经济环境变化而引起的金融制度创新会阻碍企业的发展。但事实上，西尔伯认为的金融企业的孤立创新偏离了实际的发展事实，金融创新应该是金融企业在金融市场和金融领域内各种综合要素重新组合的反映。

规避型金融创新理论是由美国经济学家凯恩（Kane）于 1984 年提出的。规避就是对各种规章制度的约束条款实行回避。而规避型创新就是指为回避各种约束条款而进行的创新行为，也就是当外在的金融市场力量和市场机制与内在的金融企业行为相排斥时，而采取的回避各种金融控制所产生的金融创新。为此，凯恩还提出了一个重新拟定规章制度的范式，认为制定金融制度的程序和被管制人规避的行为是相互依存和相互适应的，只有通过如此互动过程，才能制定出相对成熟和切实可行的新规章制度。

Hicks（1969）和 Niehans（1983）提出了命题为"金融创新的支配因素是降低交易成本"的金融创新研究，也就是交易成本创新理论，认为金融系统所提供的产品或服务可以归纳为三种标准：第一种服务由现有货币对未来货币的兑换组成；第二种服务将借贷双方组织在一起；第三种服务代表顾客付款的交易执行。从根源上说，交易成本理论认为，金融组织内部经济结构变化所引起的交易成本下降是金融创新的源泉。

制度学派的金融创新理论则认为，作为制度创新的一部分，金融制度创新是一种与经济制度息息相关的制度变革，两者互相影响、互为因果。基于这种观点，在金融体系内，任何由制度改革而引发的变动和更新都可被视为金融创新，其中政府行为的变化是引起金融制度变化的主要推动力。

到了 20 世纪 80 年代，从市场视角综合分析金融创新成为研究的热点动向，具有代表性的有金融不完全市场理论、金融创新一般均衡模型等。德赛（Desai）和洛（Low）认为金融创新是不完全市场中的组合与分解过程，并在结合定位理论的基础上提出了金融创新的特征需求理论。同时，Allen 和 Gale（1991）试图在一般均衡理论的框架下，通过将创新过程模型化来说明金融创新，基于此思想，他们建立了金融创新理论的风险分担模型，提出了诸多与风险分担相关的金融创新理论。

随着西方不断掀起金融创新的浪潮，金融创新的理念在我国也得到逐步推行。国内学者对金融创新的理论内涵也有丰富的观点，这对我国金融制度的不断进步和完善形成了诸多建设性意见。陈岱孙和厉以宁（1991）认为，金融创新就是在金融领域内实现各种金融要素新的组合，是为了追逐新的利润机会而形成的市场更新，广泛来说就是指金融体系和金融市场上出现的一系列新事物，包括新的金融工具、新的融资模式、新的金融市场、新的支付清算方式、新的金融组织形式以及管理方法等内容。黄达（2003）也持类似的观点，认为金融创新就是要改变传统金融业务形成的束缚，在金融技术、金融工具、融资方式、金融机构与金融市场等方面进行的创新。陈野华（2001）也指出，金融创新分为市场创新与制度创新，是金融发展的一种表现，它具体表现为对金融要素进行新的组合，以实现金融上层建筑的量的扩张。其中，市场创新先于制度创新，而制度创新又使得市场创新的成果不断地合法化和规范化。

金融创新不仅是金融理论需要研究的问题，也是金融监管体制设计与改革中必须涉及的实践问题，特别是对于经济转型国家，更要利用金融创新推动金融发展，但金融创新也会带来金融风险，需要建立富有弹性的金融监管体制。换言之，金融监管既要防止金融风险，又要激励金融创新，释放金融创新的效能，促进金融可持续发展。目前我国经济正处于向高质量转型升级阶段，金融创新正处在方兴未艾的时期，就推进农村金融反贫困而言，金融创新已成为改善落后地区融资困境、促进落后地区经济转型升级的切入点。因而农村反贫困金融制度创新，必然与金融创新理论有着深刻的逻辑联系，且客观上需要吸收金融创新理论营养，展开新的制度性探索。

2.1.4　经济发展中的反贫困理论

从英国学者布斯和朗特里开始研究工业社会的贫困问题算起，对贫困的认识在理论上已历经了 100 多年的历史。随着社会形势的不断演变，学界对贫困的认识从最初狭义的经济水平、生活状态、收入情况等角度，逐步发展到社交、情感，以及贫困者的自然、生理、经济、社会和文化等整个生存状态。随后，伴随着"贫困"产生了与之相对的"反贫困"这一术语，最初是由 Myrdal（1968）从贫困治理的政策层面提出的，后来逐渐被广泛引入学术研究中。他认为反贫困是一个同时兼具经济理论与政策实践双重含义的概念，就其本身而言，反贫困至少包含三层含义：一是从制度化和规范化的角度去保障贫困人口的基本生活水平，确保其能够正常地生存下去；二是从体制上和政策上缩小贫富差距，通过收入再分配以降低贫困人口在发展中遭遇的社会恶性竞争；三是旨在帮助贫困人口提高生存和发展能力，引导社会改变对贫困人口的社会排斥或歧视现象，保证其就业、迁徙、居住、医疗和受教育等应有的公民权利及维护其人格尊严，推动贫困群体融入主流社会。伴随对反贫困认识的不断深入，对于反贫困内涵的理解已具有较强的层次性，即减少贫困、减缓贫困、贫困扶持和消除贫困，逐一递进。减少贫困强调的是减少贫困人口的数量和减少造成贫困发生的因素；而减缓贫困强调的是减缓贫困的程度和范围；贫困扶持主要指从政策实践的角度制定和落实反贫困任务；消除贫困则强调彻底根除和消灭贫困，是反贫困的终极目标。总的来说，要达到反贫困的最终目标绝非易事，就历史发展规律而言，绝对贫困总是伴随着甚至会引发相对贫困的大量滋生，脱贫与返贫总是处于不断交替的过程中。因此，在国际社会的反贫困会议或会谈中，更多的是使用"减缓贫困"这一概念，而慎用"消除贫困"。现有的经典反贫困理论观点大致有以下三类。

1. 福利经济学反贫困理论

福利经济学反贫困理论以福利经济学为基础，研究如何通过再分配政策进行资源配置，以提高反贫困效率，在平衡收入分配的同时，以集体选择来增进社会福利，强调的是政府及其财政再分配制度对反贫困的重要作用。阿马蒂亚·森是其代表人物之一，他认为贫困可以用潜在能力的被剥夺来进行识别，提高人的潜在能力也就会增强人的生产力和反贫困的能力，而性别歧视、收入的不平等、医疗保健以及公共教育设施的缺乏、高生育率、高失业率乃至家庭内部收入分配的不均等外在因素都会严重弱化甚至剥夺人的潜在能力。因此，他提出了政治自由、社会机会、经济条件、透明性担保以及防护性保障五个方面的工具性自由（森，2012）。这对后来发展中国家反贫困政策的制定和实施产生了重要的影响。

2. 发展经济学反贫困理论

发展经济学反贫困理论是以发展经济学为基础，强调经济增长对反贫困的重要影响，通过促进资本形成、促进结构转换等方法来减缓贫困，代表理论包括 Nurkse（1953）的贫困恶性循环理论、Nelson（1956）的低水平均衡陷阱理论、Leibenstein（1957）的临界最小努力理论、Myrdal（1957）的循环积累因果关系理论、Lewis（1954）的二元经济结构理论、Chenery（1971）的"发展型式"理论等。这里着重介绍贫困恶性循环理论和低水平均衡陷阱理论。

纳克斯（Nurkse）在《不发达国家的资本形成问题》中最早提出了著名的贫困恶性循环理论（Nurkse，1953）。他认为发展中国家之所以长期存在贫困问题，是因为在这些国家的经济中始终存在着若干个互相联系、互相作用的一系列恶性循环体系。其中，最主要的就是"贫困的恶性循环"。

美国经济学家纳尔逊（Nelson）在纳克斯的贫困恶性循环理论的基础上，进一步提出了低水平均衡陷阱理论（Nelson，1956）。该理论认为，一旦真实国民人均收入低于其理论阈值，国民收入的增长就会被人口的快速增长所抵消，使人均收入维持在生存收入水平线上，且可以恒定不变。但如果人均收入大于其理论阈值，且国民收入增速超过人口增速时，人均国民收入就会相应增加，直到人均国民收入增速下降到与人口增长相等的均衡水平，那么在一个最低人均收入增长与人口增长率相等的人均收入水平之间，就存在"低水平均衡陷阱"。因此，发展中国家有必要进行大规模资本投资，以提高国民人均收入水平，使投资和产出增长超过人口增长，只有这样才能走出"低水平均衡陷阱"（巴德汉和尤迪，2002）。

3. 马克思主义经济学反贫困理论

最初的马克思主义经济学反贫困理论，侧重从资本主义的根本制度和资本积累的一般规律上挖掘贫困的根源，提出资本主义私有制是贫困最深层次的根源，认为要实现使无产阶级摆脱贫困的最终目标，只有通过暴力革命在政治上推翻资产阶级的剥削统治，建立社会主义制度，而后通过一系列改革措施才能实现无产阶级的脱贫。

国内学者在反贫困探索中结合我国发展的实际需要，主要从扶贫的层面来理解反贫困，并且更加重视通过制定政策制度等来实现反贫困目标，丰富和发展了马克思主义经济学的反贫困理论。例如，林卡和范晓光（2006）通过分析中国贫困类型的变迁，运用历史分析和制度分析相结合的方法，总结了贫困群体的特征和国家反贫困的战略演化，并解释了导致这一进程的制度根源。同时，还从经验总结、政策层面和理论分析的角度对中国反贫困实践进行了详细的评估和总结。陈标平和胡传明（2009）归纳了多年来中国农村反贫困模式的内在演进规律，并以此为依据将其划分为五个阶段：单一性救济式扶贫阶段、区域性救济式扶贫阶段、全国性经济开发式扶贫阶段、参与性综合开发式扶贫阶段及多元性可持续发展式扶贫阶段。王曙光（2011）从系统性制度设计视角，基于贫困的性质与根源对贫困类型进行了新的划分，提出了反贫困的系统性制度框架，认为区域性贫困已成为我国反贫困的焦点，需要建立多元化的扶贫主体和多样化的扶贫模式。廖富洲（2011）认为中国特色反贫困实践的基本特点是政府主导、开发扶贫、社会参与、国际合作，同时存在着市场作用发挥不够、人力资本投资匮乏、对贫困人口自我能力培养不够、对反贫困质量重视程度不高等问题。因此，要完善我国的反贫困政策，必须推动政府机制与市场机制反贫困措施的有机结合，调动贫困人口脱贫积极性，加快贫困地区教育事业发展，积极探索贫困人口增强发展能力的有效形式，提高贫困农民的组织化程度。

当前，在充分肯定中国反贫困取得巨大成就的同时，必须正确应对存在的现实问题，尤其是在城乡二元经济结构依然较为突出的现实背景下，农村相对贫困问题已成为农村经济社会发展的重要制约因素，农村反贫困任务需要持续推进。因此，从金融的角度为农村地区低收入群体提供资金和智力支持，同时以农村反贫困金融制度创新为切入点，就当代中国反贫困理论与实践创新问题进行深入的分析和探讨，必定对推进农村阻断返贫风险和相对贫困治理大有裨益。

2.2　农村反贫困金融制度建设的研究综述

2.2.1　关于农村反贫困金融组织的研究

金融反贫困是反贫困事业的有机组成部分，通过向贫困农户和扶贫项目提供广泛且大量的资金支持，激发贫困农户的内生发展动力，以实现稳定脱贫和可持续发展（中国农村扶贫金融体系建设调研组，2016）。20 世纪 80 年代中期以来，为了顺应扶贫开发新任务，我国加强了农村金融组织体系建设，通过发展多元化的金融组织，优化农村金融结构，促进农村金融积极反贫困。我国大体形成了由政策型金融（中国农业发展银行为代表）、商业型金融（中国农业银行为代表）、合作型金融（农村信用社为代表）、微型金融（小贷公司为代表）和非正规金融（民间金融为代表）构成的农村扶贫金融组织体系，是农村贫困群体融资的重要支持系统，是国家金融组织体系不可分割的重要组成部分（丁志国等，2011）。

随着我国城乡经济发展差距不断扩大，农村正规金融机构不断从农村撤离营业网点，即使是未被撤并的农村金融网点，其贷款决定权也普遍被弱化，变成了纯粹的"农村吸储窗口"，金融机构脱农化倾向日益加重。农村金融机构无法满足农村金融服务需要，大量金融资本离开农业和农村，使农村出现了一方面非农收入形成的储蓄资源不断增长，另一方面农村生产资本又严重短缺的现象。因此，大型商业银行应在服务"三农"过程中扮演重要角色，并承担相应义务，在股份制改造和商业化运作过程中应将服务"三农"作为核心，并通过金融创新在农村扶贫开发中发挥作用（肖彬，2009）。Kloeppinger-Todd 和 Sharma（2010）指出，农村商业银行在开展金融服务时，农村居民过度的分散化，使得交易成本上升，而农业自身的弱质性和高风险性，使得信贷成本过高。因此开展农村适应性和业务微型化，才是农村商业银行发展的基础。祝晓平（2003）提出，农村商业银行既要保证机构的持续运行，又要保证支农资金的有效运用；既要能够抵御农业产业风险，又要避免经营的道德风险；既要保留金融创新空间，又要设法降低交易费用。张海峰（2010）认为，商业银行在参与普惠金融体系建设和扶贫服务的过程中，与其他组织相比具有资金来源丰富和网络布局完善的优势。尤其是在服务中小企业方面，基于良好的资金来源和银行财务状况，农村商业银行能够提供较低的贷款利率和担保条件（Berger and Udell，1995）。苏志鑫（2008）认为，农村金融供给不足，贫困农户资金需求难以满足，一些贫困农户的生活或生产性的资金需求只能求助于小额信贷。但小额信贷对贫困群体的覆盖率仍然偏低，部分贫困群体缺乏“有贷有还”的信用意识，加之小额信贷盈利水平低、监管成本过高、信息不对称严重导致监管困难，也无法调动金融机构参与扶贫的积极性（李朋，2014）。

在农村合作性、互助性金融组织方面，Llanto（2004）通过对菲律宾农村信用社的财务和会计状况的调查研究发现，信用社在菲律宾金融系统中有重要的作用，政府应该参与干预，鼓励和援助信用社的发展。然而，我国农村信用社经过60多年的发展，逐渐偏离其满足农户金融需求和为农村金融服务的宗旨，持续向城镇领域拓展市场空间（苏存和李杨，2001；王定祥等，2010）。随着农村经济的发展，农村金融需求日益增多，而正规金融供给不足越发严重（周立，2005），为了满足贫困农户的金融需求，农村地区开始了自发性的“合作型反贫困”的金融创新。其中基于社区或村组建立的农村资金互助社在运作过程中体现了较强的信息优势和成本优势，在满足贫困农户金融需求的同时又能实现财务上的可持续（何广文，2007）。曹洪民（2007）也认为，扶贫互助社是农村扶贫金融制度创新的结果，有利于改善现阶段农村金融抑制、提高农村资本转化率，对农村金融发展意义重大。高杨和薛兴利（2013）对山东省农村资金互助社的调查发现，农村资金互助社总体发展较快，初步显现出良好的扶贫效益。Papias 和 Ganesan（2009）通过对卢旺达的研究发现，农村合作金融虽然实现了自身的可持续发展，同时也为农村贫困人群提供了金融服务，是农村正规金融的有效补充，但其业务发展的背后却积累了大量的不良贷款。

在农村微型金融机构方面，随着普惠金融日益深入人心和国家大力倡导，以解决农村金融发展滞后，以及广大农民特别是贫困农户难以获得金融服务问题而兴起的微型金融机构成为农村金融发展的趋势。2006年以来，有关农村微型金融创新的实践探索不断涌现，并成为农村金融研究的热点。Stiglitz（1990）对孟加拉国的乡村银行研究发现，小组联保的借贷模式能够有效利用借款者间的内部信息，降低信息不对称程度，同时较高的社会成本使得贷款得以有效利用和清偿。Bakhtiari（2006）对孟加拉国、印度尼西亚、泰国、印度以及菲律宾的微型金融反贫困实践研究表明，微型金融主要通过为穷人提供资金、管理风险、平滑消费、发展微型企业、构筑资产等途径提高其创收能力和生活水平。Swain 和 Floro（2008）认为，建立微型金融风险应对机制，不仅可以降低微型金融脆弱性，而且有助于增强其反贫困效果。但微型金融机构即使将服务对象定位为贫困群体，也很难阻止富人挤占扶贫金融资源，这使得微型金融服务无法实现对贫困群体全面深度覆盖（Dewan and Somanathan，2004）。近年来，随着市场竞争加剧，微型金融机构逐利目标增强，使之逐步偏离了原先只针对弱势群体和小微企业的服务范围，服务对象日益向非贫困群体倾斜。程恩江和 Ahmed（2008）的调研发现，中国贫困地区试验的小额信贷项目不能自动瞄准贫困人口，许多贫困农户被排除在小额信贷服务之外。

从农村非正规金融和民间金融组织来看，由于农村贫困人群的借贷金额小，农村正规金融机构参与交易的成本高，一些贫困农户即使拥有能盈利的投资机会，也无法从正规金融部门筹集到资金，使得绝大多数发展中国家的贫困人群只能从非正规金融机构获得信贷配给（Ray et al.，2002；Djankov et al.，2008）。在中国大部分农村地区，非正规金融在信息甄别、成本降低、帕累托改进和与民营经济对接等方面具有显著的比较优势，已成为贫困农户生产生活融资来源的主要渠道（邵传林，2011；苏静等，2013；米运生等，2013）。高艳（2007）、张兵和张宁（2012）、刘西川等（2014）认为，农村非正规金融的盛行是为了弥补农村正规金融的不足，非正规金融和正规金融之间存在功能上的互补关系，非正规金融服务门槛低于正规金融，能弥补正规金融服务的不足，增加农村金融参与率，有效提高农户信贷可得性。高远东和张卫国（2014）的经验研究表明，中国农村非正规金融发展对农村贫困广度、贫困深度和贫困强度都存在显著的抑制作用。

总的来看，通过对上述文献进行梳理可知，要促进金融在反贫困过程中发挥积极作用，首先需要建立与反贫困需求相适应的金融服务体系，而资金互助社和小额信贷机构已逐渐成为各国开展反贫困实践的重要载体，我国也因此发展了农村小额信贷和资金互助金融组织。然而，结合中国具体国情和不同阶段的反贫困事业发展需要，农村反贫困金融体系还需要采取有效的制度创新措施，促进反贫困金融组织为低收入群体开展金融服务，防止其出现服务对象的偏离。因此加强金融机构反贫困功能及其监管建设将是本书关注的重点内容之一。

2.2.2　关于农村反贫困金融服务的研究

农村反贫困金融服务的种类十分丰富，主要包括贷款、保险、证券化融资等，但国际上针对贫困农户提供的金融服务以小额信贷服务为主，对小额信贷服务的研究绝大多始于 20 世纪 70～80 年代。20 世纪 80 年代前主流的农村金融管制论认为，由于农村贫困居民储蓄能力较弱，农业的弱质性不可能被商业金融所青睐，因此需要借助政策性金融机制，从农村外部注入资金，通过建立政府主导的金融机构来配置金融资源。20 世纪 80 年代后，主流的农村金融市场论认为，政府信贷补贴政策抑制了农村金融市场的发展，主张依靠市场机制自发调节农村金融资源的配置，促进农村金融市场发展（von Pischke et al., 1984；Adams, 2002）。然而，我国农村反贫困金融起步相对较晚，农村金融机构商业化改革始于 20 世纪 90 年代中后期，而我国农村小农经济特征使得农村金融长期被边缘化，广大农户难以享受到优质的金融服务。2012 年党的十八大以来，随着农业现代化加快发展，农村地区具有一定偿付能力的新型农业经营主体逐渐增多，对金融服务的需求大幅增加，但是金融服务供给滞后，无论是新型农业经营主体还是贫困农户都存在融资约束。因此，建立与农业现代化和农村反贫困新需求相适应的现代农村金融制度，成为理论界的研究热点。而针对贫困农户金融需求，积极发展微型金融组织，提供小额信贷不失为一种较好的选择。

国内外关于小额信贷的研究成果颇丰。Basu（1997）指出，20 世纪 80 年代以来商业化转型后的农村正规金融不愿向农村低收入者和贫困农户放贷。Bendig 等（2009）通过对加纳农村家庭的调查数据分析证明，贫困家庭几乎不大可能从正规金融机构获得贷款，甚至包括刚在农村建立的家庭作坊或微型企业，他们更倾向于向非正规机构借款（Osei-Assibey et al., 2012）。然而非正规金融因利率高、投机性强、风险大而具有较大的局限性，短期来看可能会对农村金融市场秩序造成干扰，从而不利于农户信贷市场健康发展。于是，小额信贷创始人尤努斯教授在1980 年提出了信贷是人类生存和发展的基本权利，强调应建立起为穷人服务的普惠性金融体系。陈军和曹远征（2008）的研究发现，农村低收入农户和穷人往往被传统正规金融机构排斥在信贷服务之外，微型金融机构的产生使得这种状况发生了根本性的转变。杜晓山（2008）、王修华（2009）、王曙光和王东宾（2011）认为，我国要破解农村金融排斥，突破农村系统性负投资和双重二元金融结构，就应加快建立面向农村弱势群体的普惠性金融体系。发端于孟加拉国，专门为农村贫困群体和低收入群体发放小额信贷的微型金融组织在世界各地应运而生，引发了一场农村金融的革命性变革（Robinson, 2001；阮红新等，2003）。随着普惠理念的提出，学界开始关注小额信贷的研究。小额信贷实质上是对普惠金融理念的实践，普惠金融是对小额信贷实践的理论总结与深化（李明贤和叶慧敏，2012）。周孟亮和李明贤（2009）从静态和动态角度分析了小额信贷公司扶贫与财务可持续之间的作用原理，发现在短期内小额信贷对盈利的追求会损害扶贫功能的发挥，但从长期动态的角度看，二者是能够协调的。张正平等（2016）基于国内外 499 家小额信贷机构的面板数据，对小额信贷机构扶贫减困和财务持续的关系进行了实证检验和比较分析，发现两大目标在国外表现为相互促进，在国内则表现为扶贫目标对财务可持续目标有负向影响，而这些影响因素主要包括运营效率、风控能力、机构规模、覆盖广度等。

目前，小额信贷仍处于快速发展阶段，即便如此仍无法满足农村金融需求。从全球来看，小额信贷的增长率高达 30%，然而每年提供的信贷资金仅能满足农村 1/5 的金融需求（Fuior and Mirzac，2009），而金融供求不平衡的状况在我国同样表现得十分明显。孙若梅（2006）研究发现，我国农村非正规金融主要用于满足农户的非生产性需求，小额信贷则主要满足贫困农户的生产性资金需求，因此在一定程度上弥补了农村正规金融供给不足的问题。但也有学者认为，即便是微型金融服务也无法覆盖极端贫困人群，因为贷款供给方对贫困人群具有歧视性，其为了获得更多的商业利润，不愿意为极端贫困人群提供小额信贷服务。因此，极端贫困者仍会遭到微型金融的排斥，最终很难获得小额信贷支持（Dewan and Somanathan，2004；隋艳颖和马晓河，2011）。而富裕农户有较强的金融需求，使得农村有较高的小额信贷需求（刘西川等，2007），但是，对于穷人而言，小额信贷的需求是缺乏弹性的，长期以来由于中国农村金融制度的不完善，小额信贷资金来源有限，使得农村小额信贷的供给不足，农村贷款需求不能得到有效满足（巴曙松和栾雪剑，2009）。周孟亮等（2012）的研究也证实了"资金不足使得有具有扶贫使命的公益性小额信贷供给不足"的观点，并指出由于小额贷款覆盖面狭窄，虽然逐利性的商业性小额信贷有较多的资金来源，却无法承担扶贫重任的缺陷，这也加剧了我国以扶贫为目的的小额信贷供求失衡状况。

虽然经过多年发展，小额信贷已逐步形成竞争化、多样化的发展局面，但作为新型金融服务，我国的小额信贷仍面临着供求失衡、资金来源不足、产品定价高、风险控制不足、法律监管缺失等问题（王景富，2002；巴曙松等，2012），这些问题会使小额信贷可持续发展能力受限。在资金来源方面，D'Espallier 等（2013）和 Angelucci 等（2015）均研究发现，世界上大约有 23% 的小额信贷机构没有政府补助金，由于缺乏资金来源，这些机构在开展信贷业务时往往会出现偏离目标客户、上调贷款利率以及减少贫困人群市场份额等方式弥补资金短缺等现象。在风险与利益上，Swain 和 Floro（2008）发现，建立风险应对机制可降低微型金融的脆弱性；从宏观的角度看，小额信贷仍然面临较高的系统性风险，在市场经济日益发达和经济全球化背景下，农村微型金融毫不例外地会受到国内外经济环境变化和政策导向等方面的影响（周才云，2013）。Fernando（2007）的研究指出，小额信贷面临较大的系统性风险，然而大多数小额信贷机构不够重视，有的甚至在追求高增长的目标下忽视信用风险，与正规金融机构相比，大量的小额贷款机构经营收益难以抵消成本，如果要保持财务的持续性，则需要大量的政府救助和捐赠（梁骞和朱博文，2014）。在产品定价和利率水平上，茅于轼（2007）认为小额信贷应实行高利率，否则利息收入不能覆盖经营成本，最终影响小额信贷机构的可持续发展；而姚仕萍和王万山（2012）认为低利率的扶贫资金使得部分借款者把贷款当成救济款，由于利率低，农村有权势者往往会设法套取大量扶贫贷款和贴息贷款，导致贫困户无法得到必要的扶贫贷款，并主张实行地区差别化利率政策。梁巧慧和胡金焱（2015）认为，小额信贷机构承担着拓展金融服务对象、削减贫困、促进经济社会发展的历史使命。但由于小额信贷机构客户数量众多且服务对象收入水平低，一旦机构无法持续经营，就会使贫困户融资更加困难。此外，作为连接正规金融与贫困人群之间的中介，小额信贷机构也会很容易地通过社会债务链条将其经营风险传递至正规金融部门，因此加强小额信贷机构监管是十分必要的（Hardy et al.，2003）。一般认为，小额信贷机构的资金来源对于采用何种监管方式具有决定性作用（Christen et al.，2003）。对存款类小型金融机构而言，采用审慎监管原则，可以防止小额信贷机构储户利益受损。对于非存款类小型金融机构则应采取非审慎监管原则，因为这类金融机构不存在保护小额存款人利益的需要，只是作为一种金融商业活动，在双方平等的基础上互惠互利。李东荣（2011）认为，我国应在区分审慎监管和非审慎监管原则的基础上，完善小额信贷审慎监管和非审慎监管的管理政策，并鼓励市场竞争环境下的商业化运作模式。

　　就小额信贷的减贫效果来看。Pitt 和 Khandker（1998）认为，小额信贷能有效提高借款者的消费和福利水平，尤其针对女性借款者而言，这种效果更为明显。Imai 等（2010）通过对印度贫困家庭数据的研究发现，用于满足农户生产性需求的小额信贷，无论是用于农业还是非农业的投资，都能够有效缓解家庭的贫困状况。程恩江和刘西川（2010）的研究发现，小额信贷有效缓解了农户面临的正规信贷约束。但也有研究表明，小额信贷对扶助最贫困者可能是无效的。Navajas 等（2000）通过对玻利维亚小额信贷的研究表明，小额信贷客户的收入绝大多数位于贫困线附近，而这些客户还不是最贫困群体。Weiss 和 Montgomery（2005）通过对亚洲和拉丁美洲的调查研究发现，作为扶贫有效手段的小额信贷在这两个地区并没能有效地发挥减贫作用。同样，Field 等（2013）认为传统小额信贷的分期偿付模式，限制了借款者的投资选择尤其是投资高收益项目的机会，从而削弱了小额信贷的减贫作用。Banerjee 等（2015）研究表明，小额信贷对借款者健康、教育和女性地位的效用不大。Angelucci 等（2015）指出，小额信贷并不是一个简单的双赢模式。国内学者林万龙和杨丛丛（2012）对仪陇贫困村互助资金试点的实证研究显示，即便在信贷供给充足、贫困甄别严格的前提下，由于缺乏对贷款的有效需求，扶贫型小额信贷仅能为贫困农户获取贷款提供一个平台，并未从根本上解决贫困农户发展的问题。刘西川等（2014）基于 2013 年浙江的农户调查数据，研究了农户信贷市场中正规部门与非正规部门的替代与互补关系，证明非正规金融部门的比较优势能够对正规金融部门产生互补效应，而这种互补关系在富裕群体中表现得更为明显。但是，胡金焱和袁力（2016）基于微观调查数据研究发现，小额信贷能促进农民收入增长，并在相对贫困地区更为显著。

因此，为了发挥小额信贷机构的减贫作用，需要建立有利于非营利小额信贷机构的激励机制，鼓励其发展扶贫项目（Aubert et al.，2009）。杜晓山（2004，2007）、岳意定（2008）、王定祥等（2010）主张通过放宽市场准入限制、坚持市场化运作、创新贷款运营模式、实行灵活的利率政策等，来激励小额信贷机构发展。与此同时，Mata（2012）提出在小额信贷机构中增加汇款服务，丰富金融服务产品，也能够有效促进农村金融发展。

2.2.3　关于农村反贫困金融制度构建的研究

金融是反贫困事业的核心要素和有效手段，而在赋予金融反贫困功能的同时需要做出相应的制度安排（金运和韩喜平，2014）。自第二次世界大战结束到20 世纪 70 年代末期，农业信贷补贴理论一直占据农村扶贫金融理论的核心地位。该理论主张"供给领先型"的农村金融反贫困模式，认为农村贫困居民没有储蓄能力，资金普遍不足，同时农业生产具有高风险性，使其不可能成为商业金融的服务对象，因此要促进农村脱贫和农业发展，就需要引入外部资金，建立政策性金融机构，填补农村金融服务缺口。然而 von Pischke 等（1984）、King 和 Levine（1993）的研究认为，政府为农村提供低息或无息的农业补贴是低效的，不仅没有通过金融市场促进农村经济的发展，反而抑制了农业的增长。Stiglitz 和 Weiss（1981）也从信息不对称和政府失灵的角度论证了农业信贷补贴论的缺陷。因此，在 20 世纪 80 年代后期，农村金融市场论逐渐成为农村金融理论的主流，强调市场机制在农村金融发展中的重要作用，认为利率市场化能够自发调节农村信贷供给，满足农村金融需求。因此，在之后的农村金融制度尤其是农村反贫困金融制度发展中，市场机制也逐渐被引入。与农村金融市场论相呼应的还有 Hayek（1945，1948）的局部知识论，该理念从知识论的角度出发，认为农村金融市场中的信息不对称问题不应成为政府参与金融干预的理由，并指出竞争才是减少不完全信息和信息不对称的关键，因此农村反贫困金融制度也需要依靠市场机制加以解决。

目前国际农村反贫困金融制度正在逐步转型之中，由原来的政府主导转变为市场机制主导。朱喜和李子奈（2006）的研究发现，我国长期在政府主导下的农村金融与农村居民收入水平和投资水平之间存在长期矛盾，同时短期也没有对农村经济增长产生良好的促进作用。徐忠和程恩江（2004）、李勇等（2005）认为，我国农村金融没有发挥其应有的金融支持作用，主要原因在于政府过度的管制（如利率管制等）使得农村金融市场缺乏活力，无法适应农村真正的金融需求，提出应该建立以商业性金融为主导的竞争性农村金融市场。然而，农村金融反贫困具有明显的外部效应，单纯的市场主导无法克服市场失灵，因而需要政府进行修补

（邓晶，2007；焦瑾璞，2007；周立和周向阳，2009）。Llanto（2004）认为，市场主导可能会使政府对农村正规金融的投入不够重视，使得农村扶贫金融短缺现象更为严重。王昊（2015）也指出，引导商业金融扶贫，需要探索政策性扶贫贴息贷款新方式，将其变为扶贫小额贴息贷款，由中央财政贴息，地方财政担保和进行风险补偿。总之，农村反贫困金融制度建设既需要政府从外部促进农村金融深化，同时也要鼓励内生金融规范有序发展，使贫困地区外生与内生金融相互补充和共同发展（王定祥等，2010）。

近年来，国家已将金融手段视为十分重要的反贫困手段而积极采用，对于如何合理协调政府干预与市场调节之间关系，相应成为学术界的热点话题。谢平和徐忠（2006）、黄承伟等（2009）指出，财政扶贫和金融扶贫均有"公共服务"的特性，区别在于资金的"无偿"与"有偿"，应通过发挥财政的直接扶贫和杠杆导向作用，撬动金融扶贫。王鸾凤等（2012）通过对湖北的研究发现，农村金融扶贫信贷投放量不断增多，信贷结构不断优化，金融创新能力逐步增强，但服务主体单一、金融排斥现象仍然较严重，认为金融扶贫作用有限是不健全的产权制度、保险制度、信用制度以及激励约束机制缺失所致。张永亮和肖毅敏（2014）的研究表明，我国农村扶贫金融体系还没有完全建立起来，信贷服务还不能满足贫困地区日益增长的信贷需求，扶贫效果并不明显，主要体现在商业银行信贷投放受限、金融业务种类和结构单一、农村金融制度改革滞后。为此，需要从三个方面完善金融支持农村扶贫开发的体制机制：一是制定或修订金融支持扶贫的相关法规制度；二是健全扶贫金融运行机制，提高对农村小微企业的金融服务水平；三是成立扶贫专门信贷机构，积极探索和扩大农村产权等用益物权抵质押贷款业务。

上述丰富而深刻的研究，为本书提供了重要的理论借鉴。但是，在研究中需要充分考虑中国小农经济占主导地位的农村经营环境条件、低收入农户融资约束的特殊成因以及脱贫攻坚成果巩固与乡村振兴有机衔接的现实需要。传统金融反贫困把"金融"理解成"借贷"，把"金融扶贫"理解为"扶贫贷款"，这种理解是片面的，有必要进一步丰富金融反贫困的内涵，并健全农村反贫困金融制度，提升金融反贫困的作用。本书将基于农业现代化和脱贫成果巩固提升的现实背景，借鉴前人研究成果，对相对贫困治理中我国农村反贫困金融制度创新进行理论与实证研究，并以有效满足低收入农户金融需求和促进金融反贫困可持续发展为目标，对金融反贫困机制、模式与制度创新进行全新探索。

2.2.4　关于相对贫困治理的金融制度创新的研究

虽然长期以来，解决绝对贫困是我国反贫困的主要任务目标，但在 2020 年我国打赢脱贫攻坚战、消除绝对贫困之后，缓解相对贫困、巩固脱贫攻坚成果则成了我国未来反贫困工作的重心。学术界也围绕着相对贫困治理展开了大量的研究，其中关于相对贫困治理中的金融制度创新研究主要集中在以下几个方面。

第一，注重有效市场与有为政府相结合，激发低收入农户内生动力。一方面，传统依靠财政手段进行帮扶缺乏效率，无法发挥低收入农户的内生潜力。传统福利企业和公益慈善组织之类的贫困治理是一种"授之以鱼"的方式，缺乏后劲。因此，唐任伍等（2020）认为可以借鉴尤努斯通过社会企业（social business）进行贫困治理的方式，实现贫困治理可持续发展，社会性商业理念的推广和实践可以为相对贫困的长效治理提供新的思路。另一方面，王韧等（2021）认为进入相对贫困治理阶段，产业扶贫仍然是实现减贫脱贫的核心之策，也是促进脱贫攻坚与乡村振兴战略的有机衔接点。进一步强化对数量众多的低收入群体产业发展的金融支持，通过培育内生动力机制提升其发展能力，是相对贫困治理中金融反贫困的根本任务。

第二，借鉴精准扶贫经验，强调低收入农户精准识别，减少资金错配。构建精准识别低收入人口群体的行动机制是建立健全长效机制的逻辑起点。因此，金融机构要积极响应政府的金融反贫困政策，充分利用自身的金融资源，通过大数据以"全覆盖"形式对低收入农户进行甄别，并针对不同的低收入农户进行分类扶贫资金补贴，提高金融资源分配的公平性，并对低收入农户进行动态追踪管理，降低金融机构坏账风险，提高金融反贫困质量（谭江华，2021；曾福生，2021；唐文浩和张震，2022）。

第三，强调发挥科技力量，借助金融科技的发展推动普惠金融深入。刘魏（2021）、李昭楠等（2021）和吴本健等（2022）均通过实证检验证明数字普惠金融能有效缓解相对贫困。因此，金融机构要大力发展数字普惠金融以缓解相对贫困和巩固脱贫攻坚成果，要利用数字技术或金融科技的发展来缓解金融机构与低收入农户之间的信息不对称，增强金融服务的可及性、可得性和普惠性。

第四，金融与公益项目相结合，助推反贫困事业发展。曹少杰等（2020）认为，金融可以通过参与公益项目来达到相对贫困治理的目的。金融机构参与公益项目主要有三种途径：一是"金融机构＋扶贫公益项目"模式，金融机构可以直接设立扶贫项目参与反贫困活动，或者是通过设立资助计划间接地参与公益项目。二是金融机构开发带有公益元素的金融产品来助推反贫困事业发展。三是金融机构与村镇银行联合构建一种互助形式的社区微金融系统，村民自愿出资入股，然后银行按照1∶1的资金配置组成一个资金池，银行可以为其托管。

第五，培育和创新农村合作金融，推动农村合作金融发展。合作金融作为我国农村金融体系的重要组成部分，可以最大限度地降低信息不对称风险，提升风险自控能力，降低交易成本。且农村合作金融是内生于弱势群体内部的金融模式，通过发挥组织和凝聚村民的作用，不仅可以提高农户参与意识，提升农户金融素养，而且对于激发基层活力，增强农户组织合作能力，促进乡村治理模式转变和乡村社会进步具有重要意义。因此，培育和创新农村合作金融，充分挖掘其促进农民增收、优化乡村治理、助力乡村振兴的多元化功能，是相对贫困治理阶段对金融反贫困提出的又一新的需求（王韧等，2021）。

总的来看，既有文献表明，金融在相对贫困治理过程中发挥着重要作用，相对贫困治理路径应在吸收借鉴绝对贫困治理经验的基础上进行创新和发展。因此本书将在对已有文献进行梳理的基础之上，从金融治理绝对贫困的经验切入，结合国内外对金融参与相对贫困治理的相关研究，探求符合我国实际情况的农村反贫困金融制度和长效机制。

2.3　本　章　小　结

农村金融理论受到现代金融发展理论及政策主张的影响，是研究农村地区金融发展应该依靠政府管制还是市场自主调节的理论探索。随着不同理论的实践推进，各自的优势和弊端日益凸显，逐步形成了更符合发展中国家农村金融的不完全竞争理论，强调要构建依靠政府和市场双管齐下的农村金融市场机制。而微型金融和普惠金融提倡对低收入人群与弱势群体提供小额信贷和其他金融服务，旨在通过建立特殊的金融制度提高这类人群的生存能力和收入水平，后者较前者更重视将全方位、系统性的有效金融服务延伸至农村地区和贫困群体。不难看出，以上理论都是对现存制度认识的不断深化，也是对金融市场和金融服务需求不断扩张的规律性总结。而通过制度创新与金融创新，建立不完全竞争的农村金融市场以及微型金融和普惠金融制度，最根本的任务之一就是要解决经济发展中的贫困问题，这正是强调兼具经济理论与政策实践双重要义的反贫困理论的题中之义，也就是通过金融制度的创新助力农村反贫任务，从而推进农村地区经济持续快速发展。

在我国，低收入农户受自身因素和外在环境的制约，作为金融反贫困的主要对象难以得到正规金融出于自身盈利需求的金融服务供给。基于此，根据农村金融不完全竞争市场论的核心思想，需要政府财政和行政力量的介入来降低金融机构盈利标准，保障财务可持续的最低水平，同时帮助低收入农户改善生产和加强人力资本积累，并将政策型金融与商业型金融相整合，通过激活低收入农户的"造血"功能，扩大对低收入农户的有效金融供给。此外，低收入农户的金融需求表现为生产性需求和消费性需求，有需求金额小、费率低、用途广泛等特点，借鉴普惠金融理论，应在农村地区建立一个具有内在协调性的金融服务系统，以满足低收入农户的生产和消费需求。总之，金融反贫困的具体任务是以金融手段解决经济发展中的贫困问题，不论是福利经济学、发展经济学还是马克思主义经济学中的反贫困理论都重视市场和政府的协同作用，不论是农村金融理论、普惠金融理论还是制度创新理论，都认为反贫困问题的解决是农村经济发展的核心。因此，结合当前我国农村金融发展的现实背景和相对贫困治理的现实需求，建立起"政府＋市场＋社会"联合反贫困金融机制，才能从根本上将技术、资本、人才、组织和管理等反贫困要素重新整合，从而逐步实现共同富裕目标。

此外，本章还从农村反贫困金融组织、农村反贫困金融服务、农村反贫困金融制度构建和相对贫困治理的金融制度创新等四个角度对国内外文献进行述评。通过对文献的梳理发现，随着反贫困实践的深入，市场机制在反贫困工作开展中的重要性越来越高。其中，金融作为反贫困的重要手段，也受到学者的广泛关注，尤其是随着我国脱贫攻坚战的顺利收官，反贫困工作重心由消除绝对贫困转变为脱贫成果巩固和相对贫困治理，金融反贫困功能越来越受到重视。因此，如何构建一个立足相对贫困治理的金融反贫困长效机制是当前急需解决的问题。而要想实现金融治理相对贫困，在赋予金融反贫困功能的同时需要做出相应的制度安排，在制度安排过程中需要充分考虑中国小农经济占主导地位的农村经营环境条件、低收入农户融资约束的特殊成因以及脱贫攻坚成果巩固同乡村振兴有机衔接的现实需要。

第3章 农村反贫困金融制度变迁的理论框架

理论来源于实践并依赖实践,科学的理论能够透过现象抓住事物的本质和必然联系,进而对实践进行有效的指导。农村反贫困金融制度变迁,作为推动农村反贫困工作的重要支撑,相对于其他金融制度来说有其特殊的内涵和运行机制。本章将立足于中国农村反贫困的事实特征和时空背景,在有效界定农村反贫困金融制度变迁理论内涵的基础上,分析农村反贫困金融制度变迁的实践基础,并从功能性和反贫困金融价值链两个方面来剖析农村反贫困金融制度结构框架,然后分析农村反贫困金融制度对低收入农户融资的作用机理,以及农村反贫困金融制度创新的要素与动力机制,以便为指导后续的实证与政策研究提供坚实的理论依据。

3.1 农村反贫困金融制度的理论内涵

3.1.1 贫困的内涵、标准与成因

贫困是人类社会从古至今面临的世界性难题。贫困是一个动态发展的过程,人们最早认识贫困单纯是基于生存法则从生物学的角度出发,将其视为维持体能所需的最低数量的生活必需品,这就是绝对贫困的认知。随着社会经济发展和人们对贫困问题的认识加深,学者又从经济学的角度将贫困的定义局限在较为狭窄的收入概念以及物质生活的维持上,而后又将生产、心理等因素加入贫困的认识中。随着经济社会达到一定阶段,不同国家的专家学者又在贫困的内涵中增添了相对贫困的概念和说法。相对贫困指的是一个人或家庭拥有的资源只能维持生活所必需的最低要求,没有达到社会平均水平的一种生活状态,或者相对于某个特定群体或标准,存在不足的现象。相对贫困具有三个特征:第一,是一种由社会做出的主观判断;第二,具有历史动态性;第三,具有长期性。相对贫困的实质是不平等,由于不平等是社会常态,因而相对贫困将成为贫困的主要形式并长期存在。可见,贫困是一个既具有社会性又具有历史性的综合性范畴。

1. 贫困的内涵

随着时间、空间以及人们认知程度的变化,人们对于贫困的理解和界定在不同时期大不相同。两千多年前,中国古代的先哲将"贫""穷""困"释义为财物匮乏的境况。《说文解字》中"贫"本义作"财分少也"。《庄子·杂篇·让王》言,

"无财谓之贫"，"贫"即为钱财缺乏和不足。"穷"是形声字，其本义为身居洞穴，身体被迫弯曲，后引申为物质上困顿。《广雅·释诂四》中认为，"穷，贫也"。唐代孔颖达注疏《左传·昭公十四年》说："大体贫、穷相类，细言穷困于贫。"《荀子·大略》曰："多有之者富，少有之者贫，至无有者穷。"在中国古人看来，"贫"与"穷"含义大体相同，都是指缺乏财物，但"贫"与"穷"有量或程度方面的差别，"穷"更甚于"贫"（赵曦，2009）。"困"是一个会意字，本义表示废弃的房屋。《说文解字》说："困，故庐也。"《尚书大传》提到"居而无食谓之困"，即居家没有食物是为"困"。可见，如同"穷"一样，"困"的程度也甚于"贫"。总体而言，从上述释义可以发现，贫困即为财物极为匮乏。

英国古典政治经济学家斯密（2011）也是从财物或财富的多寡来解释贫困的，他指出："一个人是贫是富，就看他在什么程度上享有人生的必需品、便利品和娱乐品。"后来的法国空想社会主义者查尔斯·傅立叶把贫困视为制度的产物，认为是资本主义制度反理性原则的集中表现。恩格斯在《共产主义原理》中总结道，"现今的一切贫困灾难，完全是由已不适合于时间条件的社会制度造成的"，而且，"用建立新社会制度的办法来彻底铲除这一切贫困的手段已经具备"。英国社会领袖 P. Townsend（P. 汤森）系统地调查了相对贫困状况，在 1979 年发布的《家庭幸福和生活标准》中，最早用"相对剥夺"（relative deprivation）定义和度量了贫困。他认为"当个体（此处的个体可以指单独的人，也可以将家庭或者社会组织等看成一个整体来作为个体）缺乏社会生活中常见的资源如食物、衣物、住所和相互之间的社交活动时，会导致个体无法达到一般的社会生活水平，被排斥在正常社会交往活动或生活状态之外"，从而处于相对贫困状态。

事实上，引起贫困的因素十分复杂，使得后来的学者从不同的维度对贫困的内涵进行了界定。例如，森（2004）从能力角度出发，将贫困定义为"能力不足而不是收入低下"。而联合国开发计划署（1997）也认为，贫困实质上是人们所必需的最基本的机会和选择权被排斥而引发的，这些机会和选择权恰恰才能使人们享受到更加体面的生活、自由和尊重。Bourguignon 和 Chakravarty（2003）、Alkire 和 Foster（2011a，2011b）更是直接提出了多维贫困概念，包括能力贫困、收入贫困、经济贫困、智力贫困、体力贫困等。联合国开发计划署在《1997 年人类发展报告》中提出了"人文贫困"，涵盖了收入、寿命、教育、卫生和生活条件等多重因素，主张从社会、政治、经济、文化诸多方面来综合衡量贫困问题。同样地，国内对贫困的理解也经历了一个由收入贫困向多维贫困转化的过程。例如，赵冬缓和兰徐民（1994）、汪三贵（1994）等将贫困定义为"个人或家庭获得的合法收入不能维持其基本的生存需求"。童星和林闽钢（1994）认为，贫困是社会、经济和文化落后的总称。程丹峰（2000）则从生存和发展状态的角度指出，贫困是指人们不能维持个人生理和社会文化可以接受的生活水准，这起因于缺乏获得基本的物质生活条件、参与基本的社会活动的机会及必要的自然、经济和制度环境。叶普万（2004）、刘家强等（2005）、王小林和 Alkire（2009）分别从经济、能力和权利等角度提出了贫困的含义。从中国的实际情况来看，大多数穷人在描述贫困成因时，更倾向于选择教育、健康、住房、权利等的缺失，而不是局限于收入或消费。可见，从多维角度认识农村贫困问题更符合我国实际（邹薇和方迎风，2011；高艳云，2012）。

通过文献梳理发现，虽然由于研究视角的不同，人们对贫困内涵的界定依然没有达成共识，但是理论界已认识到制度和要素贫困是导致权利贫困、能力贫困、文化贫困和收入贫困的根源。因此，要深刻理解贫困的含义：第一，需要基于历史的维度考察，贫困是一个不断演化的概念。不同历史阶段贫困的诱因不同，对贫困的界定也有差异；第二，贫困本身是一个复杂的社会问题，涉及经济与非经济等诸多因素，覆盖经济、政治、宗教、文化、制度等诸多领域，因而贫困概念具有不确定性；第三，贫困问题是一个国家或地区经济发展和社会进步状态的投射。它会随着时空转换以及人们认识的变化和标准的提升而变化。综合各种文献观点可以发现，虽然对贫困的界定各有不同，但是目前普遍认可贫困是个人消费结构受到严重限制的一种状态，而富裕的消费结构基本上不受限制（张全红和张建华，2010；宋志辉，2011）。或者更直接地讲，贫困是人们可支配的资源量低于贫困线的生活水平，这种生活水准和状态是个人生理和社会文化所无法接受的。2020 年全面实现小康社会后，我国扶贫工作的重心转向解决相对贫困问题。相对贫困的内涵不仅指人的收入水平相对较低，还包括社会资源的不公平分配，以及人的能力受限。因此，相对贫困内涵可以归纳为三个方面：第一，能满足生存需要但不能满足社会生活的需要；第二，生活水平低于社会生活的平均水平，在某些方面遭受不公正的对待，但是却无力表达自己的声音，也缺乏安全感；第三，谋生能力较弱，无法有效地参与社会再生产以及缺乏对风险的抵抗能力。

2. 贫困标准

贫困标准即贫困线，是收入或消费额的临界线，指衡量和判断一个国家或地区在特定条件下的贫困人口而制定的量化标准，在此线以下的个人或家庭被确定为穷人或贫困家庭。目前国际上没有统一的贫困标准，不同的组织机构、各国政府及贫困研究者会从各自的角度出发，制定或选择不同的贫困标准（徐映梅和张提，2016）。童星和林闽钢（1994）根据农户的生活状况将农户的不同生活层次分为特困线（活命线）、温饱线（贫穷线）、发展线（脱贫线）、小康线和富裕线，并使用前三条线代替单一的"贫困线、脱贫线"。王小林（2012）将贫困标准分为三类：收入标准、人类发展指数（human development index，HDI）、多维贫困指数（multidimensional poverty index，MPI）。徐映梅和张提（2016）指出，我国过去的贫困标准是基于收入而提出的绝对贫困标准，世界银行制定的贫困标准是基于消费而提出的绝对贫困标准，经济合作与发展组织（Organisation for Economic Co-operation and Development，OECD）制定的贫困标准也是基于收入而提出的相对贫困标准。综合文献来看，大部分学者都侧重于从收入的角度划分贫困标准，认为贫困标准是维持最低生活水准的所得线，可以量化为货币形式，收入水平位于贫困线以下的人群即为贫困人口。目前国内外有代表意义的贫困标准有以下四种。

（1）世界银行的贫困标准。1990 年世界银行对 33 个国家的贫困线和平均消费水平的关系研究发现，最贫困的 6 个非洲、亚洲贫困国家和地区的贫困线大多数在每人每天 1 美元左右。据此，世界银行将每人每天消费 1 美元确定为国际贫困标准。2008 年世界银行对 75 个国家的贫困线数据进行研究发现，15 个最不发达国家贫困线的平均数为 1.25 美元/天，于是 2008 年世界银行将国际贫困标准提高到每人每天消费 1.25 美元。2015 年 10 月 4 日，世界银行宣布，按照购买力平价计算，将国际贫困标准线上调至人均消费 1.9 美元/天。

（2）OECD 贫困标准。1976 年 OECD 对成员国进行大规模调查后提出了相对贫困标准，将一个国家或地区社会中位收入或平均收入的 50%作为该国或地区的贫困线，该指标会随着社会收入水平的变动而变动，不需要像绝对贫困标准那样进行定期调整，因而适用性强。

（3）中国农村贫困标准。1984 年国家统计局确定了农村贫困线为在一定的时间、空间和社会发展阶段的条件下，维持人们的基本生存所必须消费的物品和服务的最低费用，并用最低食品消费金额除以确定的食品支出比重来计算。按照国际上一般认可的恩格尔定律方法，将贫困人口食品支出比重确定为 60%，并选择农民人均纯收入作为贫困线标识指标。以 1984 年农村贫困线为基础，1985 年、1990 年、1994 年和 1997 年的农村贫困线分别由国家统计局根据全国农村住户调查分户资料测算制定；1998 年我国改用"马丁法"制定了高低两条农村贫困线，即绝对贫困线和低收入贫困线。1985 年，中国确定人均年纯收入 200 元作为贫困线，此后根据物价指数，逐年进行微调。2007 年的绝对贫困线标准为人均纯收入 785 元以下，低收入贫困线标准为人均纯收入 1067 元；2008 年我国上调扶贫标准，即绝对贫困线由 2007 年人均年收入 785 元提高至 1067 元；标准上调后，绝对贫困线和低收入贫困线这两条线合二为一，对农村低收入人口全面实施扶贫政策。2009 年贫困线提高到年人均收入 1196 元。2011 年国务院确定我国农村贫困标准为"以 2010 年不变价格计算的每人每年 2300 元"，每年还将根据物价指数、生活指数等动态调整。2014 年国家统计局将贫困线标准与物价上涨挂钩，以农村居民消费价格指数进行调整，将贫困标准提升为年人均纯收入 2736 元，2015 年进一步提高到年人均纯收入 2980 元，2016 年达到年人均纯收入 3000 元的水平。图 3-1 显示了我国改革开放以来贫困标准的变化情况

（图中只展示有变化的年份），由图可知，2007 年以后，我国贫困标准出现了跳跃式上升，2016 年几乎是 2007 年的近 4 倍，与世界银行 2015 年贫困标准（每人每天 1.9 美元）接近。

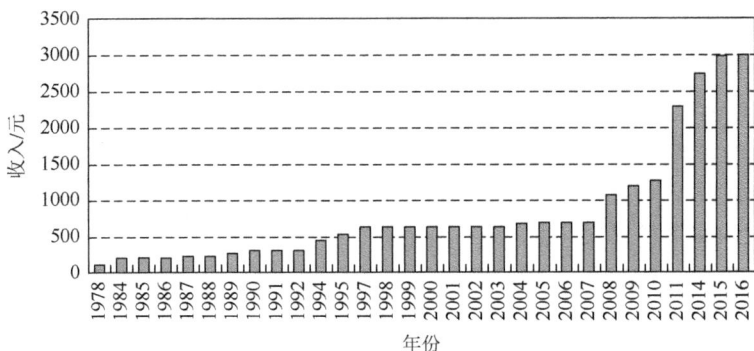

图 3-1　　1978～2016 年我国贫困线变化情况

资料来源：《中国农村贫困监测报告 2016》。1978～2007 年的贫困线是绝对贫困线；2008～2011 年的贫困线为绝对贫困线和低收入贫困线合并后的贫困标准；2014～2016 年的贫困线为在 2011 年贫困线基础上依据物价指数做出的相应调整

（4）相对贫困识别标准线。现存文献已经从收入分布均值（或中位数）的比例角度，为相对贫困标准估计提供了许多经验借鉴与参考，在政策实践上，OECD 国家通常使用收入分布中位数的 50%～60% 作为相对贫困的识别标准。希腊政府则采用收入均值的 50% 作为识别并帮扶相对贫困家庭的依据。就中国的相对贫困研究而言，陈宗胜等（2013）提出可以使用收入分布均值的 40%～50% 作为识别标准，以此计算农村相对贫困规模的变动趋势。孙久文和夏添（2019）则建议首先使用收入分布中位数的 40% 作为贫困标准的起点，然后再逐步将标准提高到 60% 的比例。正确认识贫困标准，对于加强我国贫困监测、脱贫攻坚与阻断返贫风险具有重要意义。

3. 贫困的成因

长期以来，我国农村贫困问题是众多因素综合作用的结果，贫困与致贫原因互为条件，构成一种"贫困综合征"。综合分析，可将农村贫困的成因归为以下几种。

（1）环境因素。形成贫困的一个最重要因素是自然条件、地理位置、生态环境等资源禀赋因素。第一，自然条件。我国大多数原贫困地区①分布在中西部地区，

―――――――――――

① 现为脱贫地区，但仍可称为落后地区或相对贫困地区，因为理论研究属于一般规律性研究，实际上目前已经通过精准扶贫而摆脱绝对贫困的地区仍然存在大量低收入人口，脱贫成果有待巩固提升，因此从当前的时空来看本书也将原贫困地区称为相对贫困地区。

尤以西南和西北地区为甚。这些地区自然条件较差，或山区丘陵或干旱少水或沙尘肆虐或高寒阴冷，耕地资源贫瘠，土地利用率较低，不利于发展农业生产。同时这些地区自然灾害频发，巨大的自然灾害等不可控因素往往使得农业生产颗粒无收，更加剧了贫困状况。第二，地理位置。贫困发生率高的地区大多地处老、少、边、穷、高寒山区，交通不便，远离市中心和大市场，使得这些地区的农民几乎与世隔绝，与市场缺乏互联互通（在互联网技术普及后得到较大程度改善），乡镇远离县城，县城远离省城，生产成本和交易成本非常高，一些具有开发价值的矿产资源和自然资源由于交通、电力通信、水资源以及技术、人才、资金等多方面条件限制而得不到有效开发与利用，资源优势无法转化为经济优势，形成这些地区资源的"两面性"，即"富饶"与"贫乏"并存，进而使其经济掉入"低收入陷阱"。第三，生态环境。随着工业化进程的加快，工业生产对自然资源的需求加剧，由此导致乱砍滥伐、资源掠夺现象十分严重，同时部分农村地区天然成了工矿产业的廉价排污基地，农村生态与耕地环境遭到严重破坏，农业生产受到较大影响，农户健康也受到巨大威胁，进一步加剧了落后地区致贫返贫风险。

（2）经济因素。导致贫困的经济因素主要有以下三个方面：首先，经济基础薄弱。我国不少农村地区基础设施落后，特别是水电、能源、交通、信息等远不能满足当地农业生产发展的需要，农产品商品化程度低，农村资源难以得到有效利用，农副产品经常难以运出而失去竞争力。虽然手机的普及极大地改善了农村通信条件，但计算机和网络技术的推广普及率不高，导致技术和市场信息不够充分，从而使得农副产品难以紧跟市场需求。同时部分地区由于自然条件限制，基本是靠天吃饭，而这些地方的水利设施匮乏或年久失修，极大地制约了农业生产，农业产量极不稳定。从电力来看，一些地区农业用电价格往往比城市电价高，高电价使得农业生产成本大大提高，也对农民生活质量产生了不利影响。其次，产业结构单一。在我国落后地区，农业天然成为支柱产业，二三产业甚少。在农业内部，粮食生产占主体地位，其他经济类作物和林业、牧业、渔业所占比例很低，不能形成多元化农业收入，粮食生产一旦遭受自然灾害，致贫返贫将愈演愈烈。最后，市场发育程度低。贫困地区市场规模小、市场透明度低，且市场秩序较为混乱。不发达的市场使得许多农产品滞销，低农产品价格与高交易成本矛盾突出，从而低收入农户致富之路进一步受阻。

（3）历史因素。中华人民共和国成立以来，国家以"重化工业优先发展战略"发展国民经济，使得大量财政资金投向工业和城市，农村资金被抽离到工业领域和城市地区，农村地区基础设施建设历史欠账较多，国家财政投入不足，同时税收负担较重，金融资金流失严重，导致落后地区"失血"较多，加重了农民的负担，使得原本就贫困的农户更加贫困。

（4）制度因素。从制度层面看，一是过去贫困地区财政支出结构不合理、部分政府官员不作为等严重阻碍了这些地区公共产品供给和经济发展。二是过去贫困地区集体经济组织作用虚化，农业生产大都是"单打独斗"，农村社队难以给贫困农民提供全方位服务。单个农户家庭交易成本高，在市场竞争中处于弱势地位。三是农村内生金融抑制，金融资金外流严重，导致贫困地区金融需求得不到满足。四是农村社会保障缺失严重。在我国广大农村地区，社会保障制度除了社会救济外，社会养老保险、社会失业保险、社会医疗保险在较长时间内处于缺失状态（张立承，2006）。由于过去贫困地区经济保障脆弱，大部分贫困户得不到社会保障支持。一旦发生风险，经济基础十分薄弱的低收入农户家庭很难抵御，农民贫困和返贫风险极易发生。

（5）内在因素。内在因素是指低收入农户家庭人口素质等自身因素。这主要包括三个方面：一是因病致贫返贫。例如，家庭成员疾病缠身、大病突发，往往将导致农户家庭支出不堪重负，这不仅会影响其就业和收入，而且会使其看病支出增加而致贫或再次返贫。二是受教育年限短、技术文化素质低、思想观念落后。这不仅是影响低收入农户就业的重要因素，也是导致贫困的重要根源。由于历史的原因，长期以来贫困地区优质教育资源稀缺，教育设施落后，使得贫困地区人口接受教育的水平和程度相对较低，驾驭市场的生产经营致富能力极其薄弱（方黎明和张秀兰，2007）。同时，贫困地区往往受小农意识、急功近利等意识影响，"读书无用论"盛行，导致适龄学生辍学现象时有发生，原有青壮年文盲尚未扫除，新的文盲群体又逐渐形成，这对贫困地区反贫困构成严重威胁。正如著名反贫困专家缪尔达尔（1991）提出"不发达国家民众巨大的贫困至少部分是由于他们的宿命论、麻木和对于改变观念和制度、维护现代技术、改善卫生条件等努力的冷漠"。而这一切最终会因为收入低下而导致贫困愈演愈烈，陷入缪尔达尔的贫困循环积累因果关系之中。三是永久丧失劳动能力。例如，一些五保户[①]、孤寡老人户、残疾户等贫困家庭，由于缺乏青壮年劳动力，且自身基本丧失劳动能力，无法通过就业和发展生产获取收入，从而长期陷入贫困。

3.1.2　反贫困与农村反贫困金融的内涵及关系

1. 反贫困的内涵

缪尔达尔在1968年出版的《亚洲的戏剧》和1970年出版的《世界贫困的挑战》中，最早从政策层面提出了反贫困概念，对后来的学术研究和概念使用产生了重要影响。综观既有文献和政策实践，反贫困（anti-poverty）的内涵主要有四

---

① 五保包括保吃、保穿、保医、保住、保葬。

种表述：一是减少贫困，强调反贫困的数量；二是减缓贫困，强调反贫困的效果；三是扶贫，主要从政策实践角度研究和落实反贫困计划；四是消除贫困，强调反贫困的目标。当今世界，在绝对贫困存在的同时，相对贫困还在大量滋生，脱贫与返贫仍在各国交替进行，消除贫困是人类社会一个长远的战略目标。可见，上述几种表述反映了反贫困具有阶段性、时序性、过程性和永恒性。减少贫困因素、减缓贫困程度直至消灭贫困，正好反映了贫困人口脱贫的逻辑顺序和渐进过程（黄承伟，2002）。

因此，反贫困是一个兼有经济与政策含义的综合性概念，至少具有三层含义：一是从制度角度（如最低生活保障制度）保障贫困人口的基本生活水平，维持基本的生存权利；二是从体制和政策角度缩小贫富差距，促进社会公平，维护社会和谐稳定；三是提高贫困人口生存与发展能力，保证其拥有就业、医疗、教育等应有的权利，充分体现对贫困者的人文关怀，维护贫困人口的人格尊严（王俊文，2010）。

从政策层面来看，反贫困制度与政策体系至少应体现三个关联渐进的目标：其一，以财政性贫困救助托底，保障贫困人口最低生活需要，实现生存权目标，这是反贫困的基本底线；其二，通过财政专项投资，创造反贫困的基础性条件，减少普遍性致贫因素，培育基础产业，减缓贫困程度，实现反贫困目标；其三，以金融、科技等促进反贫困，助推贫困地区发展产业，帮助有劳动能力的低收入农户发展生产，提高家庭人力资本水平，增强低收入农户"造血"功能。该目标毫无例外地指向消除贫困，而消除贫困是反贫困的终极目标（王丽华，2012）。

2. 精准扶贫的内涵

改革开放以来，我国反贫困政策大致经历了开发式扶贫、攻坚式扶贫、巩固式扶贫、精准扶贫、脱贫成果巩固提升与相对贫困治理等阶段。党的十八大以来，我国农村扶贫开发进入以全面建成小康社会为目标的精准扶贫阶段。精准扶贫是指对贫困户和贫困村进行精准识别、精准帮扶、精准管理和精准考核，引导各类扶贫资源的优化配置，实现扶贫到村到户，逐步构建扶贫工作长效机制，促进低收入农户快速脱贫致富。可见，精准扶贫是针对不同贫困区域环境和不同低收入农户状况，运用合规有效的程序，对扶贫对象实施精准识别、精确帮扶、精确管理的治贫方式。其基本方略包括"六个精准"和"五个一批"："六个精准"是指扶贫对象、项目安排、资金使用、措施到户、因村派人和脱贫成效的精准；"五个一批"是指发展生产脱贫一批、易地扶贫搬迁脱贫一批、生态补偿脱贫一批、发展教育脱贫一批、社会保障兜底一批。推进精准扶贫、加大帮扶力度是缓解贫困、实现共同富裕的内在要求，也是我国实现全面建成小康社会目标和现代化建设的一场攻坚战。在 2020 年农村精准脱贫攻坚战结束后，我国扶贫工作进入脱贫成果巩固提升同乡村振兴有机衔接和相对贫困治理的新阶段。

3. 农村反贫困金融的内涵

国外普惠金融的成功实践使得我国越来越意识到金融反贫困的重大作用。2011 年国务院印发了《中国农村扶贫开发纲要（2011—2020 年）》，继续完善国家扶贫贴息贷款政策，积极推动贫困地区金融产品和服务方式创新。于是，越来越多的专家学者将注意力转移到金融扶贫开发研究上。如杜晓山和宁爱照（2013）指出，金融扶贫强调对贫困对象的金融服务供给，包括政策性金融、商业性金融和合作性金融等金融供给，尤其通过小额信贷工具扶持低收入农户生产经营，帮助其增加收入、摆脱贫困。李善民（2014）认为，金融扶贫是政策性金融、商业性金融和合作性金融共同参与扶贫的一种活动，重点满足贫困地区和低收入农户生产性资金需要，推动扶贫由"输血"型向"造血"型转变。郭庆平（2014）认为，金融扶贫需要建立有中国特色的普惠金融体系，实现普惠金融的目标要求。周孟亮和彭雅婷（2015）研究表明，金融扶贫以"造血"的形式改变了以往财政支农的"输血"形式，着重提高被扶贫对象的主观能动性，体现了"授之以渔"的观念，在指导思想上与当前国家发展普惠金融的主流理念相符合。孙涌（2015）则认为，与财政性扶贫救济不同，金融扶贫以偿还为前提条件，遵循市场原则，以较低的资金成本扶持贫困户脱贫致富，并实现金融机构自身财务可持续。从整体上看，已有的文献都一致认为，扶贫金融是中国扶贫模式的巨大转变，更加注重透过金融服务挖掘贫困人口自力更生的能力。

我国相对贫困人口主要分布在农村地区，故本书重点关注农村金融反贫困问题。农村金融反贫困具有准公共产品属性，要以市场机制、政府机制和社会机制为基础，通过信贷、担保、保险、基金等金融手段向农村落后地区和相对贫困人口投放金融产品，重点解决农村落后地区和低收入农户发展的资金要素和风险问题，借助金融杠杆助力落后地区产业开发，充分发挥低收入农户主观能动性，实现反贫困模式由"输血"型向"造血"型转变，使农村低收入群体进入良性发展轨道，最终实现持久脱贫致富。

4. 反贫困与农村反贫困金融的关系

在我国各阶段反贫困战略推进中，金融手段作为反贫困的措施早已成为理论界和决策层的共识。金融机制主要为农村扶贫开发提供两个核心要素：资金和风险分担。其中资金要素在扶贫开发中发挥先导性作用，在市场经济条件下，只有借助资金要素，才能集聚其他潜在扶贫要素投入贫困地区的社会再生产过程，促进贫困地区经济发展。2014 年 3 月，中国人民银行、财政部、中国银行业监督管理委员会、中国证券监督管理委员会、中国保险监督管理委员会、国务院扶贫开发领导小组办公室和共青团中央等七部门联合印发了《关于全面做好扶贫开发金融服务工作的指导意见》（银发〔2014〕65 号），成为我国第一个扶贫金融指导性文件，明确指出了金融扶贫的总体目标、重点工作以及保障政策措施等，是对国际普惠金融理念在中国的推广和普及，同时也为我国反贫困工作提供了一条有效的途径。反贫困是一项系统性工程，农村金融反贫困已成为反贫困工作的重要组成部分，是长期以来有效解决我国农村贫困问题的重要手段。

3.1.3　农村反贫困金融制度的内涵界定

中华人民共和国成立以来，贫困是我国最突出的国情之一，也是发展社会主义市场经济、实现全面建成小康社会建设目标迫切需要解决的重要问题之一。反贫困是一项系统而复杂的社会性工程，改革开放以来，我国扶贫开发取得了举世瞩目的伟大成就。但近年来世界经济不景气和国内经济下行压力加大等多种因素叠加，对农村脱贫产业的稳固性和可持续性构成了巨大挑战，使得我国相对贫困治理任务仍然十分艰巨，因此有必要建立起长效的贫困治理机制。张新伟（1999）认为，计划式扶贫制度解决不了中国的贫困问题，市场化反贫困制度创新才是消除贫困的有效手段。于洋和戴蓬军（2004）指出，反贫困制度不仅包括物质生产领域的经济体制及运行机制变革，还包括扶贫组织体系、贫困人口自身生产、精神生产和生态生产等领域的体制及运行机制变革。反贫困就是要使物质再生产、精神再生产、贫困人口自身再生产和生态再生产相协调，物质资本、人力资本、生态资本相适应，实现贫困地区经济良性可持续发展。金运和韩喜平（2014）则从扶贫金融角度出发，认为扶贫金融制度安排应基于信贷对象的特征对金融供给进行调整和改进。同时，要更加注重信贷市场层次性和金融扶贫的衔接路径，处理好微观与宏观金融市场的关系，确保以农户为导向的微型金融和以项目为导向的政策金融同步推进。

综合已有文献研究，农村反贫困金融制度是指农村金融组织以农村反贫困项目或反贫困对象为服务标的，通过借助信贷、保险、基金和证券等金融工具，开发和配置农村金融资源，以促进农村脱贫致富和经济发展为目标，而逐步形成的金融体制及其运行机制的总和。具体说来，农村反贫困金融制度是一个综合性范畴，包括以反贫困为目的的农村金融组织制度、金融资源开发制度、金融产品创新与交易制度、金融调控制度和金融监管制度五个方面。农村反贫困金融制度发挥作用的基本路径是，农村金融组织在金融调控与监管机制引导下，借助信贷、担保、保险、基金、证券等金融手段，基于致贫原因、农户特征、贫困状况等方面综合权衡，协调开发和配置金融资源，提供精准化、差异化、个性化的金融服务，以信贷为工具缓解生产发展中的资金问题，以保险为手段分担生产发展中的风险问题，系统而全面地促进农村经济发展，最终达到反贫困的预期目标。

3.1.4　农村反贫困金融制度建设与变迁的内涵

新制度经济学认为，制度的使命是要减少交易费用，降低无序状态，促成有序的交易。交易效率低下和分工不足是贫困地区长期陷入贫困的根本原因。因此，反贫困制度创新就是对原有反贫困制度进行改进，或建立新的反贫困制度，旨在降低贫困地区交易费用，提高交易效率与分工水平（张新伟，1999）。随着我国农村反贫困开发由过去着重解决温饱问题向现在的共同致富目标演进，国家已有的反贫困金融制度已无法适应脱贫成果巩固提升的需要，且许多新的返贫因素不断涌现，迫切要求建立一套符合现实国情的农村反贫困金融制度。农村反贫困金融制度的优劣与反贫困金融制度运行效果休戚相关，这迫切需要对原有农村反贫困金融制度进行改进和创新。如果原有的某些制度缺失，还需要构建新的农村反贫困金融制度。所以，农村反贫困金融制度构建专指对缺失的反贫困金融制度进行建设，以弥补原有制度安排的缺失或缺位，保障反贫困金融政策有效实施和执行，减少政策实施过程中的不确定性，促进农村反贫困金融制度形成激励兼容机制，使反贫困金融拥有基础性的制度条件。完整的农村反贫困金融制度构建包括农村反贫困金融组织制度、反贫困金融资源开发制度、反贫困金融产品交易制度、反贫困金融调控制度和反贫困金融监管制度等五个方面。

农村反贫困金融制度创新则是指对既有的反贫困金融制度安排的不合理部分进行改进，或者建立新的反贫困金融制度，以适应新的反贫困金融需求。可见，构建与创新农村反贫困金融制度具有一定的一致性。如果按农村反贫困金融产品类型来划分，农村反贫困金融制度创新包括以下五个方面的内容。一是反贫困信贷制度创新。信贷是农村金融反贫困的主要手段，在反贫困工作中充当核心角色。通过反贫困信贷流程再造，降低抵押物要求，推行银团贷款，创新信贷产品，设计财政、担保、保险等联合分担信贷风险的贷款制度创新，可以有效缓解农村贫困地区资金匮乏问题，活跃贫困地区金融市场（Gonzalez-Vega，2003）。二是反贫困担保制度创新。已有的农村担保不完善且担保抵押物界定困难，低收入农户往往因为缺乏抵押物而失去贷款的机会，通过降低担保物要求和联合担保等创新，可以有效解决担保缺位的问题。三是反贫困保险制度创新。保险是农村反贫困金融中化解信用风险和生产经营风险的重要手段，反贫困保险制度创新是反贫困信贷有效运行的根本保障，可以从巨灾保险、农业保险、反贫困信贷保险等方面进行综合考虑。四是反贫困证券制度创新。赋予证券市场的反贫困功能，促进证券市场在效率与公平兼顾下为贫困地区提供有效的直接融资服务，是反贫困证券制度创新的重要原则和基本要求。五是反贫困基金制度创新。基金反贫困有较大的潜力，通过基金担保、反贫困基金信贷化、反贫困彩票基金等制度创新，可以充分发挥社会金融机制在农村反贫困中的重要作用。

农村反贫困金融制度建设虽然是一个动态的历史变迁范畴，但实际上既包括农村反贫困金融制度的构建，也包括农村反贫困金融制度创新的内容，因为在制度建设与变迁史中，制度构建与创新总是相互交织在一起的，因而本书研究的农村反贫困金融制度变迁涵盖了历史演化视角下的制度构建与创新。

3.2　农村反贫困金融制度建设的事实基础

从本质上来看，农村反贫困金融制度建设是由供求关系决定的。在还没有完全摆脱贫困的国家，只要有低收入农户、低收入者和弱势群体存在，他们就会对反贫困金融产生合理的需求，同时，金融机构在追求自身发展中也会积极履行社会责任，成为反贫困金融的供给方。因此，为保障反贫困金融市场的有序高效运行，客观需要构建完善的农村反贫困金融制度。

3.2.1　农户结构分层及其金融行为特征

1. 农户结构分层

根据发展中国家农村居民人均纯收入状况和国际划分贫困的常用标准，借鉴何广文等（2005）、张杰（2007）、王定祥等（2011a）、孙久文和夏添（2019）的做法，从总体上可以将农村农户群体划分为以下三个层次。

1）富裕型农户

富裕型农户是指在收入或财富上已达到或超过小康水平的农户，其收入除了满足一般性生活消费之外，还有部分结余。如根据当前我国的实际情况，可将年人均纯收入在 6000 元[①]以上的农户认定为富裕型农户。该类农户的非农收入较多，文化素质、市场理念和投资能力较强，是农村比较成熟的一类市场主体，能够参与市场竞争，创造和积累财富，因而又称为市场型农户。同时，由于其自我资本积累并不能满足扩大再生产的需要，常常需要借款经营。借款的用途主要是生产性经营活动，除了农业生产外，还可能投资于非农业生产领域。而且其经营活动一般是以市场为导向的专业化、规模化、技能型生产，经济效益显著，经营风险

---

① 该标准是基于 2015 年我国贫困标准综合评估得到的，年人均纯收入 3000 元以下的为贫困户，3000～6000 元的为中等收入户，6000 元以上的为高收入户。另外，根据 OECD 国家标准，结合孙久文和夏添（2019）等的做法，考虑中国实际，使用收入分布中位数的 40% 作为低收入型农户的识别标准。

相对较小，经济再生产能力和还款能力较强，且基本属于农村金融机构的优质客户，因而他们往往会成为商业金融机构主动服务的对象。

2）维持型农户

维持型农户是指收入或财富位于富裕型与贫困型之间的农户，又称相对贫困型农户，他们是在收入或财富上已基本解决了温饱问题，正在向小康水平迈进的农户。这类农户仍属于低收入者，主要从传统农业生产经营中获得收入，因而面临的风险较大，常常需要负债来维持生产、平滑消费（张杰，2007）。根据当前我国的实际情况，可将年人均纯收入在 3000～6000 元的农户认定为维持型农户。这类农户一般从事小规模种植业、养殖业生产，兼做非农务工。他们不仅有较强的生产经营能力，也有一定的负债观念和意识，且大多数农户诚信意识较强，一旦获得借款，就会谨慎使用，努力生产，并按期偿还。由于他们可以选择的其他获取收入的途径不多，因而并不能得到商业金融机构的青睐。为了获取信贷资金，他们可能不得不接受更高的利率，选择向非正规金融借款，而正规商业金融机构一般都愿意为其提供小额信贷服务。

3）贫困型农户

贫困型农户是指尚未解决基本温饱问题的农户，称为绝对贫困型农户。根据 2015 年我国贫困标准综合评估，将年人均纯收入在 3000 元以下的农户认定为绝对贫困型农户。这类农户曾经挣扎在贫困线上，生产能力很低，较少获得非农收入，并且由于禀赋缺陷，或由于劳动力不足，或由于文化素质低，市场经济意识淡薄，驾驭市场和获取收入的能力不足，导致资金使用效益也较低下，商业性金融机构基本上都不愿意为其提供金融服务。同时，家庭风险资产持有比例小，抵押融资能力薄弱，被金融排斥得尤为严重（Cardak and Wilkins，2009）。

从国内外实际来看，贫困型农户在致贫原因、贫困程度、贫困持续性等方面表现出很大的差异，在参照童星和林闽钢（1994）、刘庆丰（2011）、王定祥等（2011a）等学者对贫困分类的基础上，根据绝对贫困可能持续的时间长短，可将绝对贫困型农户划分为以下两个层次。

第一，持久性贫困型农户，又称内生贫困型农户，主要是指家庭主要劳动力因年龄过大或因先天不足、重大疾病、意外事故等因素而永久失去劳动能力，仅靠个人或家庭努力难以维持其最基本生存需求的农户。如在我国农村，这类农户主要指农村五保户、特困救济户等，家庭人口具有老龄化（年满 60 周岁以上）、残疾化、小龄化（年龄小于 18 周岁）特征，持久丧失了劳动能力。这类农户一般由政府通过实施最低生活保障制度、养老保险制度等一系列社会保障措施来进行政策兜底，实行财政性"输血"式救济，以帮助其维持基本的生活水准。

第二，暂时性贫困型农户，又称外生贫困型农户，是指非农就业不稳定、农业收入波动巨大、缺乏工作机会和工作技能、缺少再生产所需要的资金和要素等，导致家庭收入较低，但其家庭成员具有劳动能力，经过外部力量的扶助，能够实现自我脱贫的农户；或者家庭成员患有重大疾病、遭遇意外事故或其他一些不利因素，使得家庭一次性开支过大，暂时性陷入收入较低的行列，但家庭主要劳动力并未失去劳动能力，经过外部力量的扶助，能够实现自我脱贫的农户。在过去中国绝对贫困型农户中，这类农户占比在 75% 左右（Duclos，2009），该类农户由于没有丧失劳动能力，只要在外界帮助下切实解决好其资金等生产要素问题，就可以通过内部自身发展实现脱贫致富。对于此类贫困型农户，可实施的扶贫措施较多，如通过银行等金融机构对其提供贷款，帮助其解决再生产过程中的资金短缺问题；对贫困农户进行教育和专业技术培训，帮助其实现创业和就业减贫等。

2. 农户金融行为特征

不同类型的农户在金融偏好、风险厌恶、信用条件、收入获取能力、偿债能力等方面客观存在差异，因而其面临的融资难易度、融资价格和融资渠道选择也必然会存在显著的差异。

第一，富裕型农户金融行为特征。富裕型农户的收入和财富水平达到或超过了小康标准，他们的文化素质、市场意识和市场驾驭能力普遍比较高，大多数属于农村精英类农户，其生产经营活动一般具有市场导向的技能化、专业化和规模化特征，是促进农村经济发展的核心经济主体，对信贷、保险等金融有效需求较大。由于他们具有较强的经济再生产能力，因而还款能力较强，同时家庭资产规模较大，基本能满足商业金融的信用要求，属于商业金融机构争夺的优质客户群。但是这类农户的资产大多数属于农业资产，在农村产权抵押融资的法律制度、市场交易机制不健全的情况下，他们依然面临着缺乏商业金融机构需要的有效抵押品而难以获得正规商业信贷的情况，因此也有可能从非正规金融部门获得贷款。

第二，维持型农户金融行为特征。维持型农户的生产和收入水平较高，温饱问题得到解决，有一定的市场经济意识，具有较为保守的家庭负债观念，比较能信守承诺，对其发放小额贷款较安全，贷款回收率较高，一般在 90% 以上（王定祥等，2011a）。由于其已经摆脱相对贫困最低标准，还款意愿高，信用状况良好，部分正规商业性金融机构愿意贷款给该类农户。如果商业金融机构提供的金融服务不足，他们往往也会将融资选择转向民间借贷。

第三，贫困型农户金融行为特征。贫困型农户由于收入水平和偿债能力较弱，融资用途渠道少，对负债持排斥态度的家庭较多，一般不轻言贷款。但是，他们陷入资金紧缺的风险比较高，一旦发生疾病或面临子女受教育等情况，就会产生较大的信贷需求。但因其经济再生产能力极低、贷款风险较大，正规金融机构往往不愿意介入，因而他们的信贷需求一般只能通过扶贫贷款、民间借贷、小额信用贷款、财政救济等途径来得到满足。

综上所述，富裕型、维持型、贫困型农户的金融行为主要有如下两个方面的差异。一是融资需求不同。富裕型农户主要侧重于生产性需求，表现在专业化、规模化生产金融需求方面；维持型农户的金融需求也侧重于生产端，主要用于小规模种养业和创业需求；贫困型农户的金融需求则更多表现在生产和消费方面，如生活开支和日常生产小规模借贷，也包括教育和健康等人力资本贷款。二是获取信贷方式不同。富裕型农户满足自身资金需求的方式包括自有资本、商业性信贷和民间借贷；维持型农户也有一定量的自有资本和少量的商业性贷款，但主要依赖于信用社贷款和民间贷款；贫困型农户自有资本严重不足，除了依赖民间借贷和正规扶贫小额借贷外，最主要是财政扶贫资金。其区别可归纳为表 3-1。

表 3-1　农户金融需求特征和融资行为选择

农户类型		经济特征	金融需求特征	融资行为选择
富裕型农户		财富和收入在小康以上，市场意识强、经济再生产能力高、金融意识和偿还能力强	专业化、规模化农业生产和工商业金融需求，属于生产性金融需求	自有资本、商业性信贷、民间借贷
低收入型农户	维持型农户（相对贫困型）	财富和收入介于小康与绝对贫困之间，市场意识、经济再生产能力、金融意识和偿还能力较强	小规模种养业生产性金融需求、创业型金融需求	自有资本、民间小额贷款、商业小额信贷、少量商业大额贷款
	贫困型农户（绝对贫困型）	财富和收入在绝对贫困线下，缺乏市场意识、经济再生产能力弱、偿还能力低，家庭负债谨慎	生活开支、日常生产小规模借贷、健康和教育借贷	民间小额借贷、商业小额借贷、正规扶贫小额借贷、财政扶贫资金

资料来源：根据王定祥等（2011a）提供的资料重新整理而得

3.2.2　低收入型农户对农村反贫困金融的需求特质

由于低收入型农户生产具有典型的小农经济特征，集生产与消费于一体，受其家庭经济活动、收入水平、金融能力、资金用途等方面的制约，对金融需求可能具有抑制性，贷款十分谨慎，往往导致有效金融需求不足；但是由于收入水平低，家庭陷入流动性风险的概率高，一旦发生疾病、面临孩子升学等重大事件，就会产生较大的融资需求，这对农村反贫困金融提出了客观需要。具体来看，低收入型农户一旦产生金融需求，一般具有以下四个方面的特征。

（1）信贷需求额度小，缺乏抵押品。张杰（2003）认为，低收入型农户对信贷的总体需求可能会比较大，但由于低收入型农户数量多，再加上其小农经济特征，分摊到每一家农户上的数额比较小。同时对于低收入型农户，能作为贷款抵押品的固定资产主要有房屋和土地，而大部分低收入型农户房屋的价值比较低，往往是土木结构的砖瓦房、旧房，甚至没有房产证，而且基本只有一套农房，流通比较困难。尽管土地和宅基地使用权目前可以向银行抵押，但由于这些抵押物处置变现难，银行不愿意接受，因而低收入型农户在向金融机构申请贷款时，一般很难找到合适的抵押品。

（2）从短期来看，信贷资金主要用于生活性消费。中国社会科学院的农村金融研究课题组（2000）通过对低收入型农户借款用途的调查显示，多数地区低收入型农户借贷以生活性用途为主。韩俊等（2009）对全国农户金融需求进行的调查显示，低收入型农户借款最主要的用途分别是子女教育、农业生产、盖房或修缮，并认为随着收入水平的提高，农户借款的生产性和商业性动机增强，生活性动机减弱。可见，短期来看，低收入型农户的生活性消费是其信贷资金的主要用途。

（3）从长期来看，信贷资金的生活性和生产性用途难以区分。低收入型农户信贷资金的用途包括生产性和生活性两种类型。这里不妨借助图 3-2 和图 3-3 来进行分析。图中 D、C、P、$f(K, L, S)$、Y、Y'、I 分别代表信贷资金、消费、生产、生产函数、产品数量、销售收入、净收入。图 3-2 显示的是生产性用途，农户从银行等金融机构申请到贷款后直接投入生产领域以生产产品，通过对产品的交换来取得销售收入，并用获得的利润来偿还贷款本金及利息。图 3-3 显示的生活性用途，信贷资金直接投入生活领域，如用于子女教育、医疗保健、食品支出、修缮住房等。但从长期来看，低收入型农户对于子女教育的投入是为了提高劳动者的素质，以便他们将来能更好地投入生产；医疗保健的投入可以使患者摆脱疾病的困扰，让他们以健康的身体投入生产；即使是食品方面的支出，也是为了提高身体素质，从而更健康地投入到将来的生产中。因此，虽然从短期来看这些支出都是生活性消费，难以在短期获得直接性收入，但从长期来看这些支出也同样带有生产目的，能够为未来带来潜在收入的增长。从长期来看，很难准确区分低收入型农户的信贷资金是用于生活性消费还是生产性投入。

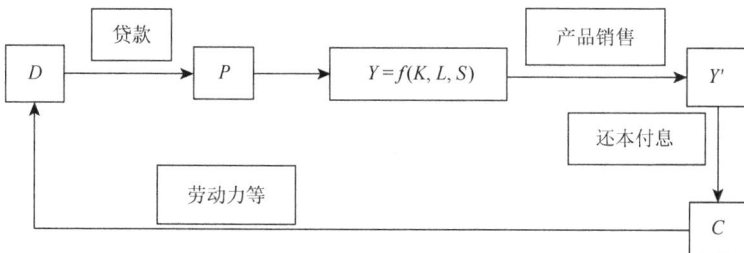

图 3-2　生产性信贷资金循环图

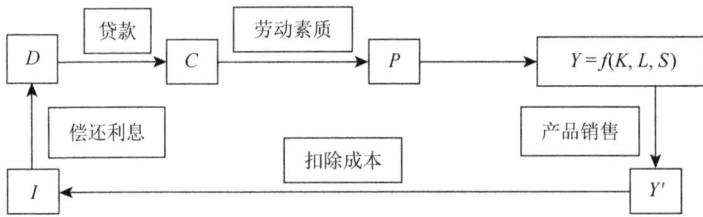

图 3-3　生活性信贷资金循环图

（4）信贷需求易受利率波动的影响。虽然低收入型农户的贷款资金有生产性和生活性两种用途，但无论哪种用途，最终偿还贷款主要还是依靠生产所取得的收入，所以在此只讨论利率对生产性信贷的影响。图 3-4 为低收入型农户的农业生产收益图，图中，i、K、L、S、P、$f(K, L, S)$、Y、Y'、I、$D(i)$、EI 分别代表贷款利率、资本、劳动力、土地、生产、生产函数、产品数量、销售收入、净收入、利息、净利润。低收入型农户以利率 i 从金融机构申请贷款，并以资本的形式连同劳动力和土地一起投入生产领域，通过将生产出来的产品在市场上出售取得销售收入，再扣除包括贷款本金在内的总成本得到净收入，最后用净收入偿还贷款利息，剩余收入则为净利润。只要 I 大于 $D(i)$，也就是净利润大于 0，对于缺乏生产资金的农户来说，就可以向金融机构申请贷款。但由于农业生产的收益率非常低，经常会出现农户在偿还本息后所剩无几的情况，甚至出现亏损，导致贷款后更易陷入贫困，最终进入"贫困陷阱"。而收益率和利率两个因素是决定低收入型农户通过生产活动能否跳出"贫困陷阱"的关键因素。所以，对于低收入型农户来说，在向金融机构申请贷款时，利率是一个需要反复考察和琢磨的关键因素，他们对利率的承受能力低，利率需求弹性较大。

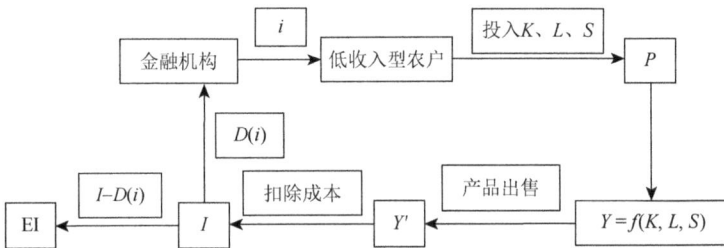

图 3-4　低收入型农户农业生产收益图

3.2.3　农村商业金融对低收入型农户的金融排斥机理

从金融供给侧来看，正规商业性金融机构是以安全性和盈利性为前提来考虑如何扩大农户贷款规模，并形成有效合约的；非正规商业金融组织同样要基于自身利益最大化目标，考虑如何制定不同的利率水平；具有反贫困目标的小额信贷机构需要考虑如何准确定位贷款人群，并保证自身的商业化以及可持续发展；反贫困贷款和贫困救济则要避免寻租的诱惑，精准覆盖贫困人口。那么，市场机制主导的商业性金融机构在可能的交易条件下是否有意愿为低收入型农户提供金融服务呢？为便于讨论，下面以信贷需求为例，以三类农户（富裕型、维持型、贫困型）为需求方即借款人，农村正规金融机构（传统信贷和小额信贷）和非正规金融机构为贷款人，分析不同类型的农村金融组织对不同类型农户的信贷选择，从而揭示农村商业金融对低收入型农户的金融排斥机理。

1. 基本模型和相关假设

我们借鉴巴德汉和尤迪（2002）、张杰（2007）及王定祥等（2011b）基于数学规划的农户融资模型，来探究商业金融对低收入型农户的金融服务排斥机理。该线性规划模型的目标函数是农村贷款者的收益最大化，约束条件是贷款者和借款者都能参与。所依赖的基本假设是：假定贷款总量为 1 元，贷款利率是 i，金融机构的预期收益是 π，金融机构对借款农户进行监督的成本为 c，而 $c \in (0,1)$，如果金融机构将贷款投放到其他无风险市场，将获得稳定收益即金融机构贷款的机会成本 γ；如果借款农户用贷款发展生产最终获得的收益为 R，支付的成本为 s，则还贷概率 P 由 i 和 c 决定，且 $\dfrac{\partial \pi}{\partial i} < 0$，$\dfrac{\partial \pi}{\partial c} > 0$，借款农户贷款从事农业生产经营的机会成本为 w。那么，在借款项目成功和失败的情况下，金融机构与借款农户的收益矩阵见表 3-2。

表 3-2　金融机构与借款农户的收益矩阵

贷款项目	金融机构	借款农户
成功	$i-c$	$R-i-s$
失败	$-c$	$-s$

$$\pi = P(i,c)(i-c) + [1 - P(i,c)](-c) = P(i,c)i - c, \quad R > w \geqslant 0 \qquad (3\text{-}1)$$

对于借款农户而言，其期望收益为

$$E = P(i,c)(R-i-s) + [1 - P(i,c)](-s) = P(i,c)(R-i) - s \qquad (3\text{-}2)$$

式（3-1）和式（3-2）成立的前提：第一，贷款项目若失败，贷款合约不可能得到履行，金融机构因无法追回任何贷款而收益为 0；第二，贷款项目若成功，金融机构可收回全部贷款。此外，假定金融机构和借款农户均为风险中立的。

由于我国农村金融市场属于卖方市场，贷款供不应求，因而可以选择金融机

构收益最大化来构建模型，而借款农户只需要满足基本约束条件。因而基本的线性规划模型可简化为

$$\max_{i,c}[P(i,c)i - c]$$
$$\text{s.t.} \quad P(i,c)i - c > \gamma \tag{3-3}$$
$$P(i,c)(R-i) - s > w$$

2. 正规金融机构对低收入型农户的金融排斥机理

1）正规金融机构传统信贷业务对低收入型农户的排斥机理

如果传统信贷业务用下标 f 表示，富裕型、维持型和贫困型农户分别用上标（或下标）h、l、p 表示，则模型（3-3）可演变为

$$\max_{i,c}[P(i_f,c_f)i_f - c_f]$$
$$\text{s.t.} \quad P(i_f,c_f)i_f - c_f > \gamma$$
$$P(i_f,c_f)(R-i_f) - s > w \tag{3-4}$$

若均衡的 i_f^* 和 c_f^* 存在，则必须满足：

$$i_f^* > \frac{c_f^* + \gamma}{P(i,c)} \tag{3-5}$$

$$i_f^* < \frac{\overline{R}P(i,c) - s - w}{P(i,c)} \tag{3-6}$$

也即

$$\frac{c_f^* + \gamma}{P(i,c)} < i_f^* < \frac{\overline{R}P(i,c) - s - w}{P(i,c)} \tag{3-7}$$

根据式（3-7）有

$$c_f^* + \gamma < \overline{R}P(i,c) - s - w \Rightarrow c_f^* < \overline{R}P(i,c) - s - w - \gamma \tag{3-8}$$

若式（3-5）成立，则机会成本 γ 和监督成本 c 较小，还款概率 P 较大；若式（3-6）和式（3-8）成立，则还款概率 P 和收益上限 $\overline{R}$ 较大，固定成本 s 和机会成本 w 较小。

第一，利率市场化条件下不同类型农户贷款合约形成空间。

在实际贷款交易中，正规金融机构会基于收益最优化目标，根据农户的不同类型设计相应的贷款合约。下面分别考察三种类型农户的贷款情形。

首先，从富裕型农户与维持型农户来看。由于收集不同农户的信息成本高昂，正规金融机构无法以较低的成本识别借款农户类型，从而被迫对不同类型的借款农户以相同的利率贷款。加之富裕型农户贷款期望收益大于维持型农户，即有：$P^h(i,c)i - c > P^l(i,c)i - c$，所以，金融机构更愿意放贷给富裕型农户，

但由于固定成本 s 的存在，富裕型农户将从给定利率中获得比维持型农户较低的效用，即有：$P^h(i,c)(R^h-i)-s<P^l(i,c)(R^l-i)-s$。而从式（3-6）推知，富裕型农户能够接受的利率上限是 $\overline{i_h^*}=\dfrac{\overline{R}P^h(i,c)-s-w^h}{P^h(i,c)}$，维持型农户能够接受的利率上限则是 $\overline{i_l^*}=\dfrac{\overline{R}P^l(i,c)-s-w^l}{P^l(i,c)}$，虽然富裕型农户还款概率高于维持型农户，即 $P^h(i,c)>P^l(i,c)$，但因 $w^h>w^l$①，使得 $\overline{i_h^*}<\overline{i_l^*}$。当正规金融机构提供的利率 $i<\overline{i_h^*}$ 时，所有有信贷需求的富裕型农户和维持型农户都会申请贷款；但当 $\overline{i_h^*}<i<\overline{i_l^*}$ 时，只有风险较高的维持型农户申请贷款；当 $i>\overline{i_l^*}$ 时，则两类农户都不会申请贷款。若只存在这两类农户，假定富裕型农户的比例为 α，维持型农户的比例则为 $1-\alpha$，那么正规金融机构提供贷款的基本条件就是 $\left[\alpha P^h(i,c)i+(1-\alpha)P^l(i,c)i\right]-c>\gamma$，即有：$i>\dfrac{\gamma+c}{\alpha P^h(i,c)+(1-\alpha)P^l(i,c)}$；若 α 过小或 $P^l(i,c)$ 过大，将导致利率水平过高，富裕型农户将放弃贷款，甚至不存在任何贷款交易。

其次，在存在贫困型农户的情况下，其分析与上述两类农户的情况基本相同，只是这时正规金融机构要求的利率更高，同时信贷交易达成的可能性会更小。

第二，利率管制条件下不同类型农户贷款合约形成空间。

如果利率受到政府管制，管制利率水平为 $\overline{i}$，此时借款农户的还款概率 P 仅由监督成本 c 决定，即 $P(c)$，则式（3-3）的线性规划模型转变为

$$\max_c\left[P(c)\overline{i}-c\right]$$
$$\text{s.t.}\quad P(c)\overline{i}-c>\gamma$$
$$P(c)(R-\overline{i})-s>w \tag{3-9}$$

在满足 $\dfrac{\gamma+c^*}{P(c^*)}<\overline{i}<\dfrac{P(c^*)\overline{R}-s-w}{P(c^*)}$ 的情况下，正规金融机构期望收益的最优解为

$$\pi_{\max}=P(c)\overline{i}-c \tag{3-10}$$

对监督成本 c 求一阶导数，即：$\dfrac{\mathrm{d}\pi}{\mathrm{d}c}=P'(c)\overline{i}-1=0$，则有

$$P'(c)=\frac{1}{\overline{i}} \tag{3-11}$$

① 富裕型农户经营活动可选择性强，因而贷款的机会成本相对较高。维持型农户生产经营活动选择余地较小，因而贷款从事生产经营活动的机会成本相对较低。

可见，监督成本的边际收益与利率水平的倒数相等，是信贷供求均衡处期望收益的最优解。但是管制利率通常较低，加之正规金融机构无法充分掌握借款农户的所有信息，即使监督成本很高，收益也很少。这将导致 $P'(c) < \dfrac{1}{i}$，模型没有最优解。若 $P'(c) < \dfrac{1}{i}$ 成立，则监督成本 c 必然很高，与约束条件 $\bar{i} > \dfrac{\gamma + c^*}{P(c^*)}$ 相悖。这时贷款合约将无法达成，而这恰好解释了存在利率上限时，农户很难从农村金融机构获取贷款的现象。相反，高利率下限也将使 $\bar{i} < \dfrac{P(c^*)\overline{R} - s - w}{P(c^*)}$ 的条件无法成立，农户贷款的收益无法弥补利率成本，贷款合约也无法达成。可见，利率管制使贷款合约达成的空间大大缩小。当利率管制和监管成本均较高时，三类农户都无法从农村正规金融机构获得传统贷款，表现出强烈的供给型信贷抑制。

第三，提供抵押物条件下不同类型农户贷款合约形成空间。

当农村金融市场存在低风险（富裕型农户）和高风险（维持型农户和贫困型农户）借款农户时，逆向选择现象就会发生。金融机构难以有效区分借款农户的风险类型，即使可以用高利率加以区别，但利率也存在最大上限，使金融机构无法摆脱逆向选择。此时唯有设计贷款抵押合约，才能将风险转嫁给借款农户，金融机构预期收益不再取决于借款农户的冒险投资行为。假设借款农户提供抵押品的价值为 z，当贷款项目失败时，抵押物将由金融机构处置。这时借贷双方的收益矩阵见表 3-3。

表 3-3　在抵押情形下贷款项目失败时借贷双方的收益矩阵

贷款项目	金融机构	借款农户
成功	$i - c$	$R - i - s$
失败	$z - c$	$-s - z$

此时，式（3-3）的线性规划模型就变为

$$\max_{i,c} P(i,c)i - c + [1 - P(i,c)]z$$

$$\text{s.t.} \quad P(i,c)i - c + [1 - P(i,c)]z > \gamma$$

$$P(i,c)(R - i) - s - [1 - P(i,c)]z > w \tag{3-12}$$

则有

$$\dfrac{c^* + \gamma - [1 - P(i,c)]z}{P(i,c)} < i^* < \dfrac{\overline{R}P(i,c) - s - w - [1 - P(i,c)]z}{P(i,c)} \tag{3-13}$$

由式（3-13）可知，贷款利率水平有所下降，因为抵押品的存在降低了信贷风险。如果将监督成本 c 看作抵押品价值的减函数，那么金融机构可接受的利率水平还会下降。在存在有效抵押物和相同的利率的水平上，金融机构贷款积极性就会提高。所以，抵押条件的引入有助于扩大农户贷款规模，缓解农户融资难问题。但同时，农户能接受的利率上限水平也相应地降低，且只有富裕型农户有能力提供一定数量的抵押品，而维持型农户和贫困型农户则很少有或根本没有抵押品，那么，维持型农户和贫困型农户将无法获得正规贷款。而抵押品价值 z 又必须处于合理的水平，如果 z 要求过高，即使富裕型农户也无法提供抵押品，即

$$i^* < \frac{\overline{RP}(i,c) - s - w - [1 - P(i,c)]z}{P(i,c)}$$ 无法满足，那么富裕型农户也将被迫放弃借款。

可见，抵押品有助于扩大富裕型农户的贷款规模，但抵押品的价值需要确定在合理的水平上，只有这样才能确保信贷合约的达成；而抵押物条件又将使维持型农户和贫困型农户贷款变得更加困难。

可见，无论是利率市场化，还是利率管制，抑或是引入抵押物条件，正规金融机构的传统信贷业务对低收入型农户都存在严重的排斥现象。

2）正规金融机构小额信贷业务对低收入型农户的排斥机理

商业性质的小额信贷业务是近年来正规金融机构发展起来的新兴信贷业务，宗旨是为中低收入农户服务[①]。由于这类农户提供抵押物的能力不足，金融机构对其发放的小额信贷通常是信用贷款，并采取分期付款的形式，利率一般较高。下面分两类情形讨论。

第一，假如只存在富裕型农户与维持型农户。由于富裕型农户的利率接受上限 $\overline{i^h} = \frac{\overline{RP^h}(i,c) - s - w^h}{P^h(i,c)}$ 小于维持型农户的利率接受上限 $\overline{i^l} = \frac{\overline{RP^l}(i,c) - s - w^l}{P^l(i,c)}$，维持型农户更愿意申请小额信用贷款，只要小额信用贷款利率 i 在 $\left(\overline{i^h}, \overline{i^l}\right)$ 区间，就可以确保富裕型农户自动放弃小额信贷借款，从而实现服务中低收入农户的目标。虽然当农村正规小额信贷资金供应总量大于富裕型农户和维持型农户信贷需求总和时，以较低的利率向富裕型农户发放贷款有利可图，但由于农村小额信贷组织的资金规模一般较小，难以满足上述条件，致使其只能以较高的利率向维持型农户提供贷款。同时，向维持型农户提供贷款，除了能获得经济收益外，还有很好的社会效益。

第二，假如只存在维持型农户与贫困型农户。虽然小额信贷机构可能具有一定程度的信息优势，但完全无成本地区别维持型和贫困型农户是不可能的。若不对两类借款农户进行区别，将面临贫困型农户无法还款的风险；但若加以区分，则又可能付出过大的辨别成本。

---

① 孟加拉国的小额信贷模式也属于商业性质，这正是小额信贷之父尤努斯所倡导的。

首先，从短期来看，假设辨别成本为d，维持型农户的比例为β，贫困型农户的比例为$1-\beta$。若进行辨别，金融机构的收益为$\pi_1 = P(i,c)i - c - d$；若不进行辨别，只能以相同的利率同时贷给两类农户，其收益为$\pi_2 = \beta P(i,c)i - c$。若选择不辨别，则要求$\pi_2 > \pi_1$，有

$$\beta P(i,c)i - c - P(i,c)i + c + d > 0 \Rightarrow (\beta - 1)P(i,c)i + d > 0 \tag{3-14}$$

式（3-14）要求维持型农户占比β较大，或者辨别成本d较大，或者利率i较低，同时约束条件$i^* > \dfrac{\gamma + c}{\beta P(i,c)}$和$i^* < \dfrac{\overline{R}P(i,c) - s - w}{P(i,c)}$必须得到满足。这就要求申请贷款的维持型农户占有很大的比例，据此获得的利息收入来抵偿贫困型农户违约的损失。而申请贷款的维持型农户占比很低且成本不大时，贷款合约的形成只会面向维持型农户。

其次，从长期来看，小额信贷机构对客户的选择会有所区别，在第一期可以选择对借款农户进行类型识别，在以后各期只贷款给维持型农户；也可以不进行类型识别，而持续对两类农户贷款。假如各时期连续且贷款持续发放，折现率为r，按照复利计息。若在第一期进行识别，则有

$$\pi_1 = P(i,c)i - c - d + \int_1^{+\infty} [P(i,c)i - c]e^{-rt}dt = \left(1 + \frac{e^{-r}}{r}\right)[P(i,c)i - c] - d \tag{3-15}$$

$$\pi_2 = \int_0^{+\infty} [\beta P(i,c)i - c]e^{-rt}dt = \frac{\beta P(i,c)i - c}{r} \tag{3-16}$$

若不对借款农户类型进行识别，则必须满足$\pi_1 < \pi_2$，且满足r较小、β和d较大，此时有

$$\left(1 + \frac{e^{-r}}{r}\right)[P(i,c)i - c] - d < \frac{\beta P(i,c)i - c}{r} \Rightarrow \left(r + e^{-r} - \beta\right)P(i,c)i - (r + e^{-r} - 1)c - dr < 0 \tag{3-17}$$

如果在维持型农户占比不大的欠发达地区，大部分农户属于贫困型农户，资金使用成本和折现率r就会相对较高。如果对所有农户同等发放贷款，将会给金融机构带来巨大损失，因而准确识别农户类型并分类发放贷款，对小额信贷机构十分重要。当然，若辨别成本d过高，低收入型农户过多，约束条件$i^* > \dfrac{\gamma + c}{\beta P(i,c)}$和$i^* > \dfrac{\gamma + c + d}{P(i,c)}$将无法满足，此时任何农户贷款合约都将无法达成。

可见，正规金融机构的小额信贷业务，无论是从短期还是从长期来看，都对低收入型农户尤其是贫困型农户存在较为严重的排斥现象。

3. 非正规金融机构对低收入型农户的金融排斥机理

第一，从只有富裕型农户与维持型农户的情形来看。令非正规金融组织下标为 i。与正规金融相比，非正规金融组织有较强的信息优势，能以较小的信息成本识别农户类型；同时不受利率上限管制，非正规金融组织可以对各类农户设定不同的利率；此外，还可以以较小的监督成本 c 有效地监督农户资金使用行为，即 $P'(c)$ 较大。因此，对富裕型农户和维持型农户都能提供贷款。向富裕型农户提供贷款，i_h^* 要满足 $\dfrac{c^* + \gamma}{P^h(i,c)} < i_h^* < \dfrac{\overline{R}P^h(i,c) - s - w^h}{P^h(i,c)}$；向维持型农户提供贷款，$i_l^*$ 则需满足 $\dfrac{c^* + \gamma}{P^l(i,c)} < i_l^* < \dfrac{\overline{R}P^l(i,c) - s - w^l}{P^l(i,c)}$。假设监督成本 c、所获收益 R 和固定成本 s 均相同，并有 $P^h > P^l$①，$w^h > w^l$，对于非正规金融组织则有 $\dfrac{c^* + \gamma}{P^h(i,c)} < \dfrac{c^* + \gamma}{P^l(i,c)}$，即 $i^h < i^l$；对于农户则有 $\dfrac{\overline{R}P^h(i,c) - s - w^h}{P^h(i,c)} < \dfrac{\overline{R}P^l(i,c) - s - w^l}{P^l(i,c)}$，即 $i^h < i^l$，故非正规金融组织会对富裕型农户设定较低利率，而维持型农户乐意接受较高利率。因监督成本较低，使非正规信贷合约达成的空间扩大，有可能分别在 i^h、i^l 两个利率水平上达到均衡。可见，富裕型农户和维持型农户都能够得到非正规贷款。

但对于富裕型农户来讲，它可以在正规金融和非正规金融之间选择贷款，若选择正规金融借款（假设利率相等），则需要满足：

$$P\left(i^h, c_f^h\right)\left(R - i^h\right) - s - \left[1 - P\left(i^h, c_f^h\right)\right]z > P\left(i^h, c_i^h\right)\left(R - i^h\right) - s \quad （3-18）$$

进一步推导有

$$P\left(i^h, c_f^h\right)\left(R - i^h\right) - \left[1 - P\left(i^h, c_f^h\right)\right]z - P\left(i^h, c_i^h\right)\left(R - i^h\right) > 0$$
$$\Rightarrow \left[P\left(i^h, c_f^h\right) - P\left(i^h, c_i^h\right)\right]\left(R - i^h\right) - \left[1 - P\left(i^h, c_f^h\right)\right]z > 0 \quad （3-19）$$
$$\Rightarrow \frac{\partial P}{\partial c}\left(c_f^h - c_i^h\right)\left(R - i^h\right) - \left[1 - P\left(i^h, c_d^h\right)\right]z > 0$$

这要求正规金融机构需要付出很大的监督成本 c，或者监督效用很大，且抵押品价值 z 很小。但在满足正规金融最低利率 $i_f^* > \dfrac{c^* + \gamma - \left[1 - P\left(i_f, c_f\right)\right]z}{P\left(i_f, c_f\right)}$ 的情形下，上述条件很难得到满足。因此，即便利率偏高，富裕型农户也会选择向非正规金融借款。可见，非正规金融能以较小的信息成本分离出富裕型农户和维持型

---

① 由于维持型农户收入较低，可能更有冲动用贷款从事消费性活动，导致贷款无法偿还的风险增大。

农户，这扩大了贷款合约达成空间，当正规金融要求的抵押品价值较大时，富裕型农户更愿意选择非正规借贷。

第二，从持久性贫困型农户和暂时性贫困型农户来看[①]。持久性贫困型农户借款主要用于消费性支出，由于缺乏劳动力或其他获取收入的途径，即使能获得贷款，也没有能力清偿，因此还款概率接近于 0。同时也缺乏抵押品，从事生产经营活动的机会成本也接近于 0，其收益仅来源于违约贷款。因而式（3-3）的线性规划模型就可以变为

$$\max_{i,c} P(i,c) - c$$
$$\text{s.t.}\quad P(i,c)i - c > \gamma$$
$$1 - s > 0 \qquad\qquad (3\text{-}20)$$

且需满足 $i > \lim_{P(i,c)\to 0^+} \dfrac{c+\gamma}{P(i,c)} \to +\infty, s < 1$。

可见，非正规金融向持久性贫困型农户贷款的利率定价趋近于无限大显然是不可能的，因为非正规金融不会选择向这类农户贷款。

但对于暂时性贫困型农户，其借款可以用于生产，一旦有机会就可通过劳动获取收入，从而具有偿还能力。他们获取的收入虽可能比维持型农户低，但对待非正规金融的态度和信用行为与维持型农户类似，只是此时非正规金融向暂时性贫困型农户要求的利率更高。正是与维持型农户具有相似性，非正规金融依旧可以发挥信息优势，设定不同利率以实现分离均衡。可见，非正规金融的存在及其所具有的信息优势所产生的比较监督成本优势，使之都能够为富裕型农户、维持型农户和暂时性贫困型农户贷款，极大地便利了农村融资选择，因而非正规金融的存在具有一定合理性。

3.3　农村反贫困金融制度构建的结构框架

农村反贫困金融制度是一项综合性的制度范畴，不仅具有复杂的内部结构（图 3-5），而且可以从功能性和价值链两个方面来划分其具体的类型。

3.3.1　功能性农村反贫困金融制度结构框架

从反贫困金融服务的类型来看，农村反贫困金融制度可以分为农村信贷、农

---

① 此处之所以在分析非正规信贷组织时对暂时性贫困型农户和持久性贫困型农户进行了区分，而在分析正规信贷机构时没有，是因为持久性贫困型农户从正规信贷机构申请到贷款的概率几乎为 0，对此进行分析的实际意义不大。

村证券、农村基金、农村担保和农村保险等，如图 3-5 所示，农村反贫困金融主要为农村低收入型农户提供资金和风险保障两个核心要素。其中，农村信贷、农村基金和农村证券反贫困制度的基本功能均是为农村反贫困开发提供资金要素，只是农村信贷、农村基金属于间接的反贫困金融制度，需要借助金融机构发行间接证券（如存款凭证、基金券）来动员闲置金融资源，并通过贷款或基金投资的方式将金融资金注入低收入型农户，从而支持其发展生产和积累人力资本进而实现反贫困目标。农村证券属于直接金融反贫困制度，通过准许欠发达地区符合条件的企业在资本市场优先发行股票或债券融资，以支持企业发展生产并带动低收入群体就业从而实现反贫困。

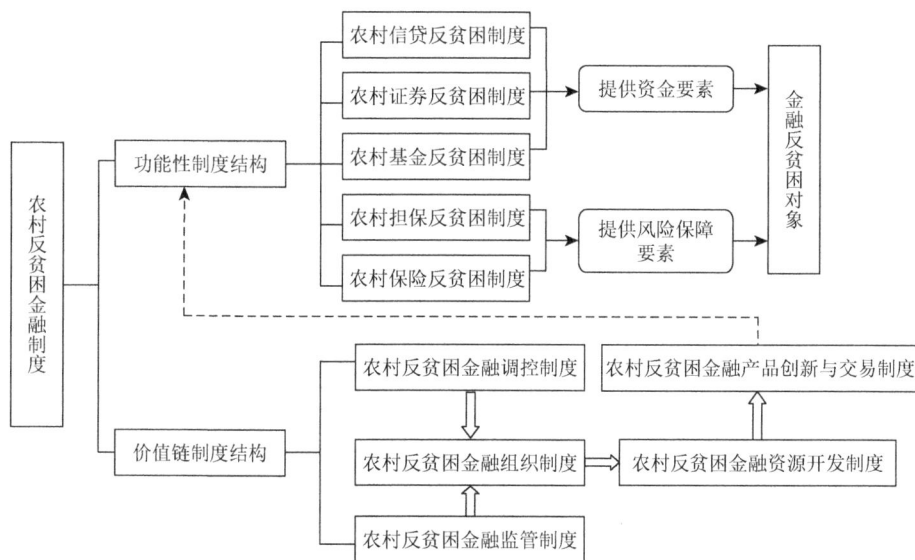

图 3-5　农村反贫困金融制度的结构框架与有机联系

在上述五大反贫困金融制度中，信贷反贫困制度是通过银行贷款向农村低收入群体提供金融资金，具有基础性、核心性作用，对反贫困对象的要求具有低门槛性、普惠性、包容性、普适性；证券反贫困制度只是面向农村地区实力较为雄厚，且具有反贫困带动效应的企业提供融资便利，具有选择性、低覆盖性特征，但在一定程度上可以减轻信贷反贫困制度运行的社会责任压力；基金反贫困制度是借助政府或社会机制向农村提供风险性补偿资金支持，具有补充性、保障性特征；担保反贫困制度是为农村相对贫困地区经济主体贷款提供信用担保，通过信贷风险转嫁给担保公司，以帮助缺失有效抵押物的借款主体能从银行融资，从而对信贷反贫困制度运行产生助推作用；保险反贫困制度是为农村低收入群体的信贷和生产生活提供风险损失补偿，有助于减轻低收入群体遭遇的各种风险损失，从而确保信贷反贫困制度运行的安全，因而对信贷反贫困制度具有保驾护航的作用。可见，信贷反贫困、证券反贫困、基金反贫困、担保反贫困和保险反贫困制度在金融反贫困功能上具有相互依赖、相辅相成的特性，因而在农村反贫困金融制度中都不可或缺。

3.3.2　价值链农村反贫困金融制度结构框架

金融反贫困的过程实质上是在反贫困金融政策调控和有效监管下，激励反贫困金融组织动员反贫困金融资源，通过开发与交易反贫困金融产品而配置反贫困金融资源的价值链过程。因此，从反贫困金融资源配置全价值链来看，农村反贫困金融制度具体包括以下五个方面的制度。

1. 农村反贫困金融组织制度

农村反贫困金融组织制度是对反贫困金融组织的属性、反贫困目标、反贫困责任和义务、反贫困竞争关系等进行规范的制度总称，是金融反贫困的组织基础。我国著名金融学家白钦先和文豪（2013）提出的三维"金融组织框架"理论，强调政策性、商业性与合作性金融之间存在相生相克、相辅相成的关系，是不可分离的、紧密联系的金融组织架构，共同构成一国重要的基础金融制度安排。而《中国农村扶贫开发纲要（2011—2020 年）》要求继续完善国家扶贫贴息贷款政策，鼓励开展小额信用贷款，尽快实现贫困地区金融机构空白乡镇的金融服务全覆盖，引导民间借贷规范发展。可见，农村反贫困金融组织制度是由政策性、商业性、合作性金融与微型金融共同参与反贫困形成的组织结构框架和分工协作制度安排。

我国政策性金融反贫困主体是中国农业发展银行，是直属国务院领导的中国唯一的一家农业政策性银行，主要职责是按照国家的法律法规和方针政策，以国家信用为基础筹集资金，承担农业政策性金融业务，代理财政支农资金的拨付，为农业和农村经济发展服务。金融业务种类主要包括农村基础设施建设贷款、农业产业化企业贷款、农产品收购储备调销贷款、农业综合开发贷款、财政支农资金拨付等。从政策性金融机构的性质定位来看，其公益性较强，金融业务具有政策性、直接性和引导性特点，这就必然要求政策性金融机构在农村反贫困事业中必须发挥先导性作用，合理引导商业性金融机构和微型金融机构的资金流向，提高资金使用效率，促进其良性循环。

与政策性金融机构相比，商业性金融机构更加注重可持续性和商业化运作。在市场经济条件下，商业金融机构参与反贫困的基本条件是资本要实现良性循环，使金融机构财务可持续。因此，商业金融机构只会将资金投向有明显经济效益预期的反贫困项目、反贫困产业和反贫困企业，或者通过积极承担社会责任，以开发小额信用贷款来满足低收入型农户的信贷需求。即使在政府的严格监管制度下，他们也会在履行社会责任与财务可持续性之间寻求适当的平衡。

合作性金融机构①因其利用社会互助合作机制，在反贫困中具有特殊的功能，且不以营利为唯一目标，具有社区金融属性。评价合作性金融机构业绩优劣，主要以它对社员服务质量为判断依据。合作性金融机构的非营利性和社会互助性使之与政策性金融机构具有协作共赢的耦合基础和条件。然而，我国农村信用社并不是真正的合作性金融机构，因为"合作社"的基本原则包括"民办""社员入股、一人一票""资金从哪里来，到哪里去"等，我国农村信用社早就变成了非民办、非社区性银行。尽管如此，由于农村信用社已在农村占据垄断地位，发挥农村信用社的网点优势和资金优势，是推进我国农村金融反贫困的重要依托。

众所周知，农村地区的主导产业多数是农业产业，农业生产具有成本高、风险高、收益低等特点，传统的农村正规金融机构由于其较高的交易成本、政府的过度管制，以及对城市、高收入群体以及大企业的偏爱，低收入型农户因缺乏有效抵押品而得不到正规金融机构的贷款，因此农业发展十分缓慢，这就需要培育农村内生金融组织，包括非正规金融组织和微型金融组织。事实上，在财政支农资金有限和商业性金融贷款难以取得的情况下，微型金融的灵活性恰好能够弥补农村金融市场的空隙，对于健全和完善多层次的普惠金融体系意义重大。

总之，要推进我国农村地区的相对贫困治理与脱贫成果巩固提升，需要构筑政策性金融、商业性金融、合作性金融、微型金融分工合作的金融反贫困体制机制。充分发挥政策性金融的先导作用及政策优势，有效利用商业性金融和合作性金融的资金，并将微型金融作为有益的补充，这是农村反贫困金融组织制度构建的基本目标。

2. 农村反贫困金融资源开发制度

农村反贫困金融资源开发制度是对金融组织动员农村反贫困金融资源的条件、原则、秩序和金融资源的配置方向等进行规范的制度总称，是金融反贫困的资源基础。农村反贫困金融资源主要包括存款资源、保险资源、基金资源等。反贫困金融资源开发就是充分发挥金融机构的动员功能，为相对贫困地区和反贫困对象动员与组织储蓄、保险、基金等金融资源，以尽可能满足农村反贫困金融需求。

存款资源在农村反贫困金融资源中占据重要地位，其数量的多少会直接影响

---

① 合作性金融机构是指社员自愿联合入股，集体民主管理，获得金融服务和利益的一种社区性金融组织，坚持集体所有和个人所有相结合，资金从哪里来，到哪里去（范静，2006）。

金融反贫困的广度和深度。金融机构往往受利益的驱动不愿把存款资源留在农村，以支持农业农村的经济发展，致使农村存款资源流失严重。因此，对存款资源进行开发，制定相对贫困地区存款资源合理的留存比例，防止相对贫困地区存款资源过度流向城市十分必要。如果没有足够的存款留存于相对贫困地区，反贫困信贷就不可能得到大幅度增长。

保险资源是仅次于存款资源的重要反贫困金融资源，其运作机理主要是通过保险机构对相对贫困地区的农业生产以及低收入型农户的人身财产进行保险。保险资源开发的主要内容包括针对农业生产可能发生的自然灾害进行的巨灾保险、一般农业保险，以及针对农户的人身及财产保险。针对不同类型的农户以及不同地区，保险措施具有差异性。持久性贫困家庭主要依靠最低生活保障制度提供保险；低收入型农户需要发展人身、财产保险以及农业保险；连片相对贫困地区的农业生产需要大面积推广政策性农业保险。目前，保险资源的开发还远不能满足农村相对贫困地区及低收入型农户的保险需求，保险资源在相对贫困地区还有巨大的开发潜力。

基金资源是农村反贫困中的重要金融资源，其主要来自三个方面：一是政府出资建立的反贫困产业发展基金、反贫困信贷风险补偿基金等；二是企业组织、社会团体或个人捐资形成的基金，具有基金实力弱和不确定性的特点；三是发行扶贫彩票形成的社会性基金。农村反贫困开发资金需求量大，长期以来，我国农村反贫困金融主要是信贷与保险，基金资源介入不足。拓宽反贫困基金来源渠道，引导社会富余资金更多地参与反贫困基金池，推进反贫困基金担保、反贫困基金信贷化、福利彩票基金注资农村资金互助社等基金运行机制创新，有助于农村反贫困基金更好地促进农村反贫困开发。

3. 农村反贫困金融产品创新与交易制度

农村反贫困金融产品创新与交易制度，是鼓励金融组织机构创新农村反贫困金融产品，并对反贫困金融产品交易中的授信对象、授信条件、产品定价、交易规范、交易纠纷处置、交易权益保护、风险补偿等进行规定的制度总称，是反贫困金融资源配置的制度基础和金融反贫困政策落地的具体体现。农村反贫困金融产品创新与交易制度是维护反贫困金融市场交易有序进行的先决条件，可以有效避免反贫困金融交易的盲目性、不公平性和欺诈性，促使反贫困金融资金交易价格的合理形成。

具体来看，农村反贫困金融产品创新与交易制度涉及的内容如下：第一，农村反贫困金融产品开发创新，如信贷流程再造，降低抵押物要求，推行小额贷款、银团贷款、担保贷款等，创新农业保险产品等；第二，农村反贫困金融产品交易规则，包括交易流程、交易契约、价格形成、偿还要求、风险防范等；第三，农村反贫困金融产品交易风险补偿、纠纷处置、抵押物变现等。三个方面的内容分别从交易前、交易中和交易后进行规范性的制度安排，以降低农村反贫困金融产品的交易成本和风险，维护金融机构和反贫困对象双方的共同权益。

在当前我国农村相对贫困治理中，农村反贫困金融供给不足、金融机构介入积极性不高，这与金融供给主体数量不足、金融产品和服务创新不足、金融产品交易制度不规范等密切相关。要彻底解决农村反贫困金融供给不足的问题，不仅需要丰富金融机构数量，而且需要激励和动员现有农村金融机构根据农村金融需求及其风险特征进行金融产品创新，更需要创新交易制度，提高金融产品交易透明度和便捷度。

4. 农村反贫困金融调控制度

农村反贫困金融调控制度是中央银行和财政、乡村振兴等部门利用调控政策工具，引导金融组织通过合理的金融定价、创新金融产品和服务，积极参与金融反贫困，努力提高金融资源配置效能和效率，从而实现政府反贫困目标的制度总和。农村反贫困金融调控制度是金融反贫困政策的发动机，为了达到反贫困目标，政府会综合运用财政、金融、产业等调控手段，建立有效的运行机制，使各类反贫困金融机构分工协作，促进反贫困金融资源开发、反贫困金融产品创新和有序化、规范化交易，以满足相对贫困地区金融需求，促进相对贫困地区经济发展和低收入农户脱贫致富。

可见，在农村反贫困金融调控制度中，金融调控与财政调控是相互依赖的。首先，需要确定调控的目标；其次，围绕调控目标安排财政调控和金融调控工具，使其相互配合，形成一个良性互动的调控机制。显然，财政调控是基础，它主要通过财政部门运用基础设施建设、贷款贴息、贷款风险损失补偿等手段，来降低金融的运行成本和风险，并改善金融运行的经济基础条件。金融调控是保障，是中央银行借助再贷款、再贴现、降低存款准备金率等政策工具，增加金融机构可用资金量，以尽可能扩大反贫困金融产品与服务的供给，因而其主要解决的是反贫困金融资源数量问题，也包括在反贫困金融机构出现支付危机时提供风险救助。相较于财政调控，金融调控的覆盖面更为狭窄，是在财政调控的基础上专门针对农村反贫困金融机构，并运用各种金融调控工具对相对贫困地区的货币与信贷投放进行调节和控制，目的在于缓解相对贫困地区的融资难、融资贵，维护相对贫困地区金融市场的稳定，促进相对贫困地区金融机构可持续发展，防止出现局部性、区域性金融危机。可见，财政与金融的着力点都是对反贫困金融机构建立激励机制，解决反贫困金融资金数量不足和金融反贫困风险过高的问题。

在我国反贫困历程中，金融反贫困的调控主体是中国人民银行、财政部、国务院扶贫开发领导小组办公室（现为国家乡村振兴局）、农业农村部、国家发展和改革委员会等部委，国家发展和改革委员会、农业农村部、国务院扶贫开发领导小组办公室（现为国家乡村振兴局）主要进行反贫困产业调控，通过反贫困项目配置进行国家生产力区域布局，以项目和产业培育引导财政资金、金融资金和社会资金流入，从而带动反贫困要素向相对贫困地区集聚，形成新的脱贫生产力；财政部联合国家乡村振兴局，运用财政工具对农村反贫困金融进行调控，通过贴息、风险补偿等手段激励反贫困金融机构加大对相对贫困地区金融资源的配置力度。中国人民银行通过制定和执行反贫困金融政策，激励反贫困金融机构将更多的反贫困金融资金配置到相对贫困地区，同时防范和化解相对贫困地区金融风险，维护相对贫困地区金融稳定。可见，在农村反贫困金融调控制度中，关键是要建立各调控部门信息沟通机制和联席决策调控机制，做到调控信息共享、调控工具互补、调控步调协同、调控目标一致。

5. 农村反贫困金融监管制度

农村反贫困金融监管制度则是金融监管部门利用经济、行政与法律手段，对金融机构的反贫困绩效和金融风险进行考核、监测、约束与引导的制度总称，是确保金融反贫困有效性和安全性的制度基础。农村反贫困金融监管是防止反贫困金融风险大量积累的必要手段。理想化的监管状态是行政金融监管、公众监管、舆论监管相结合，运用事前监管、事中监管和事后监管等手段，对反贫困金融进行全方位、全过程的监管。行政金融监管是金融监督和金融管理的总称，其中金融监督是指金融主管机构对金融机构的反贫困资源开发与配置实施的全面性、经常性的检查和督促，并以此促进金融机构依法稳健地开展反贫困金融业务；金融管理是指金融主管当局依法对反贫困金融机构及其反贫困金融业务经营实施的领导、组织、协调和控制等一系列的活动。狭义的反贫困金融监管是指中央银行或其他金融监管机构依据国家法律规定对反贫困金融机构及其业务实施的监督管理。广义的金融监管还包括反贫困金融机构的内部控制和稽核、同业自律性组织的监管、社会中介组织的监管等。

我国的金融监管体制主要由 2003 年构筑的"一行三会"（中国人民银行、中国银行业监督管理委员会、中国证券监督管理委员会和中国保险监督管理委员会）[①]监管体制作为目标型监管，由地方金融监管部门作为补充的功能型监管，从而形成了功能型与目标型并存的金融分业监管体制。我国金融监管制度涵盖了相关的金融监管法律、金融行业法律和金融行业机构在内部建立的具有约束性的"自律性规范"。对金融反贫困而言，建立考核评估制度，明确考核目标，把日常考核和年

---

① 2018 年 3 月，第十三届全国人民代表大会第一次会议批准了国务院机构改革方案，将中国银行业监督管理委员会、中国保险监督管理委员会合并为中国银行保险监督管理委员会，至此"一行三会"调整为"一行两会"。2023 年 5 月，中国金融监管体系从"一行两会"迈入"一行一局一会"新格局，即中国人民银行、国家金融监督管理总局、中国证券监督管理委员会。

度考核有机结合，实行责任追究制度，推进差异化监管，是农村反贫困金融监管制度创新的重要目标。

可见，上述五个方面的农村反贫困金融制度基本上是从金融资源反贫困的价值链角度进行协作分工，是金融反贫困的政策发动、政策执行、反贫困效果监管上下联动的运行过程，而这一过程始终围绕着反贫困金融资源开发和反贫困金融产品创新与交易而展开。可见，反贫困金融价值链基础上的制度结构具有分工合作以及地位不平等的属性。

图 3-5 还展示了农村反贫困金融的价值链制度结构与功能性制度结构的有机联系。首先是农村反贫困金融调控制度与反贫困金融监管制度共同作用于农村反贫困金融组织制度，通过农村反贫困金融组织开发反贫困金融资源，在此基础上创新反贫困金融产品，并借助农村信贷、保险、担保、证券、基金等反贫困金融制度促成反贫困金融产品的交易，从而实现反贫困金融资源的合理高效配置，达到金融反贫困的最终目标。由此可见，价值链制度结构最终需要通过功能性制度结构才能够发挥金融反贫困功效。

3.4　农村反贫困金融制度对低收入型农户的锚定机制及运行机理

3.4.1　农村反贫困金融制度对低收入型农户的锚定机制

农村反贫困金融制度要发挥反贫困的作用，就必须精准锁定反贫困对象——低收入型农户。对低收入型农户的锚定即是在正确甄别低收入型农户和富裕型农户的基础上，加大对低收入型农户的信息审核与确定，防止"富人寻租""穷人挤出"的反贫困金融资源错位配置现象，最终提高金融反贫困效率，从而达到真反贫、扶真贫的目的。贫困锚定是反贫困实践及贫困理论研究的重要议题。在全面脱贫实现的初期仍可以使用之前的贫困瞄准政策，以持续关注脱贫户的收入情况，而在长期阶段上，则可以以中位数的固定比例作为标准来识别相对贫困，该方法可以较少地受收入分布两侧极端值变动的影响，以获得较为稳健性的度量结果，以下将以现阶段贫困识别方式为基础构建农村反贫困金融制度。

过去我国低收入型农户是由作为贷款主体的金融机构与扶贫部门共同确定的。《中国农村扶贫开发纲要（2011—2020 年）》也明确提出，"建立健全扶贫对象识别机制，做好建档立卡工作，实行动态管理，确保扶贫对象得到有效扶持"。我国精准扶贫战略实施后，农村金融机构在扶贫部门建档立卡的贫困户中自主选择放款对象，扶贫部门根据贷款申请情况选择贴息对象。农村精准扶贫期间，我国采取的是贫困人口建档立卡的贫困瞄准政策，这自然成为反贫困金融对贫困户的重要锚定机制。

　　在农村精准扶贫战略推进中，精准扶贫的基础在于贫困瞄准，贫困瞄准的关键在于精准识别贫困人口，实行建档立卡。建档立卡就是在精准识别贫困户的基础上，建立健全贫困户相关档案，把贫困户的困难程度记录在案，并分发相应的贫困卡，根据贫困卡记录的贫困原因，精准采取针对性的措施加以扶持，使贫困户直接受益。建档立卡对象包括低保户和一般低收入型农户，需要记录贫困对象、贫困人口规模、致贫原因、脱贫路径、反贫措施和反贫效果等。建档立卡识别贫困户的工作流程一般采取"自下而上"的方法：贫困户自愿申报→村民代表会议评议→村"两委"班子[①]审议→公开公示→乡（镇）审定→县审批→建档立卡→列入年度扶持计划。建档立卡最重要的指标是最低生活标准、家庭年人均纯收入和农村扶贫标准。

　　同样地，农村反贫困金融制度对低收入型农户的重要瞄准机制也是借助建档立卡、精准识别、精准放贷来实现的。但金融反贫困需要尊重市场机制主导下的金融运行规律，追求经济效益，围绕提高低收入型农户自身"造血"功能的目标展开各种形式的金融创新，绝不能像财政反贫困那样无偿地介入，或者出现金融运行财政化。因而农村反贫困金融制度对低收入型农户的锚定不等于仅将反贫困金融资源配置给低收入型农户，还包括向那些具有反贫困带动效应的项目、企业或产业提供金融产品和服务，借此来实现金融反贫困的目标。

　　因此，在农村金融精准反贫困中，我们可以把农村反贫困金融制度的锚定机制总结成如图 3-6 所示的运行机制。该图表明，农村反贫困金融机构在农村反贫困金融制度的规范要求下，根据建档立卡低收入型农户、反贫困项目、反贫困产业或反贫困企业的金融需求特征进行反贫困金融产品创新，然后按下列两种锚定机制供给反贫困金融产品和服务。

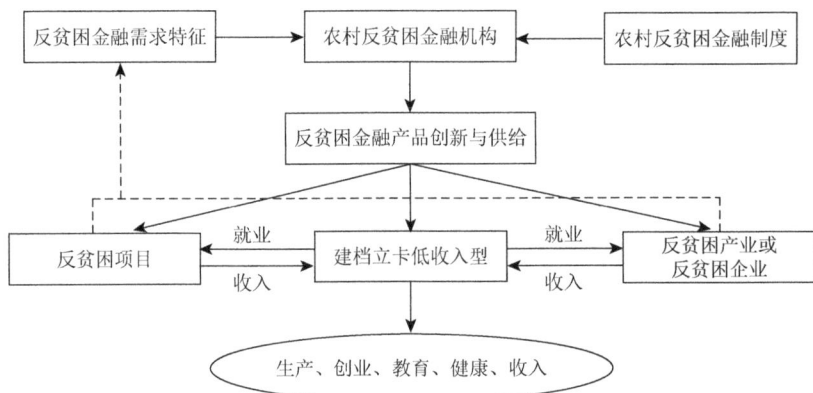

图 3-6　农村反贫困金融制度对低收入型农户的锚定机制

---

① 村"两委"班子即村党支部委员会、村民委员会。

（1）金融直接锚定反贫困机制。金融直接锚定反贫困机制，就是金融机构直接向建档立卡低收入型农户提供小额信贷或农业担保、农业保险等反贫困金融产品，以支持低收入型农户发展生产、自主创业，或者支持低收入型农户大学生教育、治疗疾病等进行人力资本积累，以促进现实收入或未来收入可持续增长。这是我国各地普遍采取的锚定机制，它直接作用于低收入型农户，体现了农村精准反贫困的根本要求。但是，这种金融直接锚定反贫困机制也有缺陷，主要是低收入型农户生产经营规模小，技术与管理经验不足，市场意识薄弱，市场驾驭能力差，导致反贫困信贷资金使用效率不高，边际效益低，也缺乏规模经济性，因而反贫困金融风险比较高。

（2）金融间接锚定反贫困机制。金融间接锚定反贫困机制，就是金融机构向吸收低收入型农户就业的反贫困项目、反贫困产业或反贫困企业（如新型农业经营主体）提供具有反贫困性质的金融产品，如各种政策性贷款、担保、保险或证券融资等，也可以是商业性或合作性质的反贫困金融产品，以带动低收入型农户就地稳定就业，并获取可持续的工资性收入，促进低收入型农户脱贫致富。这种间接锚定反贫困机制具有"迂回式"锚定的特点，获得反贫困金融机构金融支持的直接受益方是反贫困项目或企业，但必须以吸纳一定数量的低收入型农户就业为金融支持条件，因而低收入型农户成为反贫困金融产品的间接受益人。这种间接锚定反贫困机制的优势十分突出，反贫困项目、反贫困企业采取的是能人治理、企业治理模式，有先进的技术和管理经验，经营规模较大，市场意识浓厚，市场驾驭能力较强，规模经济效应明显，金融资金使用的边际效益较高，反贫困带动效应突出，反贫困金融运行相对比较安全，因而是农村反贫困金融机构重点探索的反贫困金融锚定机制。

3.4.2　农村反贫困金融制度运行机理：市场、政府与社会的作用

在农村反贫困金融制度运行中，为什么和如何发挥好市场、政府与社会机制的协同作用，不仅是一个重大的理论问题，也是一个重大的实践问题。

1. 农村反贫困金融制度运行：市场机制的有效性及其失灵

前文分析表明，对于那些能够直接带动低收入型农户就业的反贫困项目、反贫困企业，市场机制主导下的商业性金融能够有效地发挥作用。从理论上讲，反贫困项目、反贫困企业属于能人经营，规模经济性显著，资金边际使用效率高，有可靠的还款来源及担保抵押品，信用缺失及违约风险概率较小。商业性金融组织愿意以较为合理的利率提供贷款，从而保障反贫困项目、反贫困企业金融服务的有效供给。同时，市场机制主导下的商业性金融为反贫困项目、反贫困企业提

供的金融服务的运行效率高，这是因为反贫困项目、反贫困企业可以产生较为稳定的经济效益预期，市场机制可以对它们自发地形成有效的甄别机制，诱使各商业性金融组织参与到反贫困金融市场，寻找和培育潜在的优质客户，并向他们提供信用贷款等金融产品，以促进生产发展与收入增长。在市场竞争机制作用下，各商业金融机构迫于竞争压力，为抢占反贫困金融市场，拓宽业务发展范围，会竞相改善经营管理，向成熟的反贫困项目、反贫困企业提供便捷、高效、优质的金融服务，从而提高反贫困金融运行效率。可见，市场机制能为成熟的反贫困项目、反贫困企业融资提供内在的激励与约束机制，在农村反贫困金融制度的构建与创新中可以发挥重要作用。

然而，市场并不是万能的。在农村反贫困金融制度运行中，市场仍然存在缺陷或失灵。市场失灵是指价格机制在引导稀缺资源向某一领域配置时，无法达到帕累托最优状态。如在反贫困金融市场，利率无法引导信贷资金流向低收入型农户，导致低收入型农户信贷供给不足和效率受损。这里不妨借助图 3-7（王定祥和李虹，2016）来说明，横轴表示商业性金融组织信贷供给数量 Q；纵轴表示商业性金融组织提供信贷服务的价格（即利率）I；反贫困信贷投资边际收益递减的原因是，农村反贫困信贷服务的需求曲线（AB）总是向右下方倾斜的。由于在提供如基础设施和低收入型农户的反贫困信贷时，商业性金融组织提供信贷服务的边际私人成本高于边际社会成本，因此商业性金融组织提供信贷服务的均衡数量为 Q_1，而整个低收入型农户所需要的信贷服务数量 Q_2 是由边际社会成本与需求曲线的交点 D 所决定的，市场机制提供的信贷服务数量 Q_1 明显小于低收入型农户的信贷需要量 Q_2，从而造成市场信贷供应数量短缺，即 Q_2-Q_1，由此证明市场机制在针对相对贫困地区基础设施和低收入型农户服务的反贫困金融制度构建与创新中是缺乏效率的。

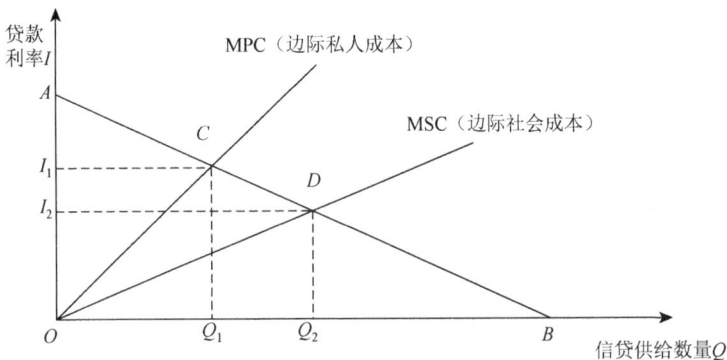

图 3-7　市场机制在农村反贫困金融制度运行中的失灵

市场机制在农村反贫困金融制度中失灵的原因主要表现为以下几个方面：①农村金融机构垄断经营。例如，20 世纪 90 年代中期我国农村金融市场化改革以来，农村信用社就逐渐增强了垄断性,在设定信贷利率时,往往按照自身商业利益目标定价,但往往超过了低收入型农户的承受能力。而这又进一步刺激了农村非正规金融的快速发展,并且由于监管机制缺失,贫困地区高利贷现象比较普遍,制约了金融反贫困进程和效果。②金融供需双方信息不对称严重。低收入型农户的经济信息由于没有规范的财务报表记录,基本上属于隐匿性的软信息,金融机构很难完全掌握低收入型农户的财务状况与经营信息。在发放贷款前需要花费大量的信息搜寻成本,贷后还要支付大量的监督成本,以保证低收入型农户具有还款能力;同时,对于流动性强的低收入型农户,银行贷款后又很难对其贷款用途实施监督,导致监督收益很低(Yaron et al.,1998)。③金融"嫌贫爱富"的本性加剧。多年来的金融市场化发展,使得农村金融机构逐利目标显著增强,并逐步形成了商业化运营模式,金融技术的发展也显著增强了金融机构对农户类型的辨别能力,基于安全性和效益性目标,自然会理性选择农村地区富裕型农户和优质企业放款。低收入型农户缺乏抵押担保品和家庭财务信息严重不足,使得农村金融机构为其贷款将面临更高的成本和风险,且贷款收益率和回收率很低,因而信贷服务供给将严重不足。

2. 农村反贫困金融制度运行:政府机制的有效性及其失灵

福利经济学指出,市场不能完全有效地配置稀缺资源,需要政府进行调节。在农村反贫困金融制度运行中,政府起着基础性作用。因为市场机制主导下的商业性金融机构基于商业利益目标导向设定利率和配置信贷资金,并不能有效地将信贷资源配置给低收入型农户和反贫困公共基础设施。因此,政府可以根据社会反贫困的需要,按照边际社会成本与需求曲线决定的均衡数量,通过对商业性金融提供适当的优惠政策,来引导商业性金融机构向低收入型农户提供小额信贷服务,满足低收入型农户对反贫困信贷的有效需求。具体说来,政府能够有效主导金融反贫困主要体现在以下几个方面。

(1)改善农村反贫困金融市场竞争状况。垄断性金融机构在提供反贫困信贷时往往利率定价过高,超过了低收入型农户承受能力,降低了低收入型农户贷款意愿,也严重影响了反贫效果。这就需要政府部门适度降低农村反贫困金融市场准入门槛,通过规范发展村镇银行、小贷公司、农村资金互助社等微型金融机构,来改善农村反贫困金融市场竞争状况,打破农村正规金融垄断经营格局,促使反贫困信贷利率降低。

(2)实施反贫困信贷贴息补偿政策。反贫困金融运行中,金融机构必须以维持财务可持续性为最低要求,而低收入型农户能够承受的利率水平很可能与其维持财务可持续性的下限利率水平存在巨大差距。为了调动商业性信贷机构的反贫困积极性,就需要政府对这一利率差进行财政贴息,或者建立反贫困信贷风险损失补偿基金,以稀释和转移金融机构贷款的成本和风险。此外,政府也可能通过建立专项公共贷款制度，并利用政策性金融机构为相对贫困地区和低收入型农户提供优惠利率的专门贷款支持。

（3）改善农村地区基础设施，为地区经济发展和商业金融反贫困提供良好的基础条件。农村地区经济发展所需的交通、电力、通信、水利等基础设施需要大力改善，实现物流、价值流、人流畅通。这些基础设施的改善不仅是相对贫困地区实体经济和低收入型农户发展的前提，也是将地区资源优势转化为经济优势的基础，更是吸引商业金融机构积极参与反贫困的先决条件。它可以降低金融机构参与反贫困的基础成本，如人力、物力和信息搜寻成本。而这些公共基础设施的提供正是政府的职责所在。政府可以通过财政投资和政策性金融机构贷款等方式，加大相对贫困地区基础设施建设，以改善地区经济与金融发展的基础条件，增强商业性金融机构参与反贫困的积极性。

但是，政府所能提供的财政性反贫困资金是有限的，并非所有的反贫困信贷资金都适合政府来提供补偿。例如，在向反贫困项目、反贫困产业、反贫困企业提供信贷资金支持时，由于反贫困项目、反贫困产业、反贫困企业存在巨大的信贷资金需求，单靠政府机制推进信贷补偿存在"失灵"。不妨借助图3-8来说明，横轴表示商业性金融组织信贷供给数量 Q，纵轴表示商业性金融组织提供信贷服务的利率 I，AB 表示农村商业性信贷服务的需求曲线。由于在提供商业性反贫困信贷政策优惠时，政府无法完全了解商业性金融组织和反贫困项目、反贫困产业、反贫困企业的实际资金需求情况、经营情况、市场竞争状况，以及反贫困拉动效应等信息，为了收集到这些信息进而做出正确的金融补偿决策，会导致政府提供商业性金融的边际社会成本大于商业性金融提供金融服务的边际私人成本，从而依靠政策性金融组织向企业提供的信贷服务的均衡数量 Q_3 低于由商业性金融组织提供的信贷均衡数量 Q_4，而商业性反贫困信贷市场有效需求量是 Q_4，大于 Q_3，导致商业性金融有效供给不足，由此证明政府在农村商业性反贫困金融制度构建与运行中也是缺乏效率的。

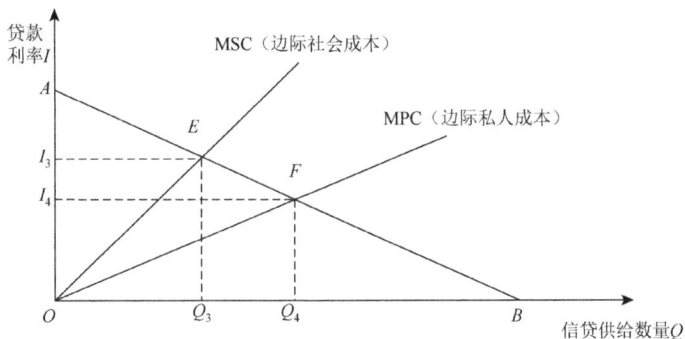

图3-8　政府机制在农村反贫困金融制度运行中的失灵

3. 政府、市场与社会机制的耦合

相对于市场机制在农村反贫困金融制度中的决定性作用以及政府的基础性作用而言，社会机制对农村反贫困金融制度运行则起到补充作用。因为在一些极为偏远的地区，即使是在一般的农村地区，市场和政府提供的反贫困金融服务仍然是缺乏效率的，甚至完全忽视低收入型农户小规模、零星和偶发性的金融需求，这时就需要发挥社会互助机制的辅助作用，发展合作性金融组织，如农村资金互助社、农民信用合作社，发挥民间借贷等非正规金融组织的积极作用，通过民间的互助自救来填补市场金融和政府金融的服务缺口，促进农村反贫困进程。

可见，在农村反贫困金融制度构建中，决不能指望单一的金融机制来提供所有的金融服务，必须在各种机制有效的环节充分发挥好反贫困金融资源配置的作用，而在失灵的环节就需要借助其他机制进行耦合和补充，最终形成市场机制、政府机制、社会机制分工协作的农村反贫困金融制度。

3.5 农村反贫困金融制度创新的要素与动力机制

3.5.1 农村反贫困金融制度创新的要素分析

财政反贫困方式直接且简单，但财政资金有限且覆盖面狭窄，这种"输血"式的反贫困方式难以持续。要实现农村持续和稳定脱贫目标，必须提高低收入群体自身的"造血"功能。而金融天然成为推进反贫困的有效手段，金融反贫困首先需要推进农村反贫困金融制度创新。农村反贫困金融制度创新本质上是一项投入产出过程，如果以 Q 代表农村反贫困金融制度创新产出，A、K、L、O、M 分别代表创新农村反贫困金融制度需要的技术、资本、人才、组织和管理等投入要素，那么反映农村反贫困金融制度创新的生产函数可表示为

$$Q = A \cdot f(K,L,O,M) \tag{3-21}$$

（1）技术要素。在农村反贫困金融制度创新中，首先需要技术要素（A）投入。因为反贫困金融存在的最主要问题是风险防控，如何在反贫困贷款发放、贷款回收等环节最大限度地降低信贷风险，是反贫困金融制度能否落到实处的关键环节，也是金融机构密切关注的重大问题。利用信息技术、移动技术、网络技术等现代技术手段，可以推进反贫困金融贷款技术、结算技术、风险评估技术创新，提高反贫困金融制度创新的有效性。加强技术创新，突破金融反贫困瓶颈、准确进行风险评估，是农村反贫困金融制度构建与创新的中心环节和有力手段。

（2）资本要素。资本要素（K）在农村反贫困金融制度创新中起决定性作用，

主要包括财政专项反贫困资金、金融反贫困资金以及社会互助反贫困资金等。在财政反贫困资金不足的情况下，通过金融资金的配置，旨在解决农户、新型农业经营主体融资难问题。而反贫困金融资金主要来源于财政专项资金、储蓄资金、专项债券、中央银行再贷款等。而金融资金要素的投入方向则包括农村地区基础设施建设、反贫困产业发展、低收入型农户生产与人力资本积累等反贫困项目。可见，反贫困金融资金是农村金融反贫困制度创新和运行的基础。

（3）人才要素。在农村反贫困金融制度创新中，不仅需要具有一定专业知识储备、组织管理能力的人力资本（L）投入，还需要组建专业的反贫困金融团队组合，并且需要政府相关部门以及中央银行、涉农商业银行的从业人员对反贫困金融具有正确的认识。正确理解和践行普惠金融理念，提高相关从业人员从事金融反贫困工作的积极性，有利于提高金融反贫困运行效率。同时，农村反贫困金融制度设计属于创新层次，需要大量专业人才，包括信用管理人才、风险管理人才、法律人才等。因此，人力资本的储备对农村反贫困金融制度创新具有重要意义。

（4）组织要素。农村反贫困金融制度创新是一个有组织的系统性过程，需要相关金融组织机构和市场中介（O）进行规划、协调与监督管理。组织要素在反贫困金融制度创新过程中主要发挥资源整合作用，通过相关信息中介、资金中介等服务组织可以大幅度地提高反贫困金融开发与运作效率，提高反贫困金融的安全性和效益性。农村反贫困金融制度创新本身也需要中央银行、国家金融监督管理总局等组织的参与，没有行政金融组织和各类金融机构的积极参与，农村反贫困金融制度规范就无法搭建起来，金融也就无法参与农村精准反贫困进程。所以，相关金融主管机构和金融从业机构的积极配合，是农村反贫困金融制度构建与创新的必要条件。

（5）管理要素。管理要素（M）的投入是指在农村反贫困金融制度创新中需要反贫困金融高管人员，其职业素养、风险识别能力以及社会责任意识对促进农村反贫困金融制度创新至关重要。因此，提高反贫困金融资金的使用效率，防范反贫困金融运行中的腐败和风险，实现反贫困金融扶真贫、真反贫的目标，不仅需要管理人员进行良好的制度设计，而且需要对反贫困金融运行进行科学管理。管理要素决定了反贫困金融制度创新的方向，对农村反贫困金融运行起着"遥控器"作用。

3.5.2 农村反贫困金融制度创新的系统动力学分析

农村反贫困金融制度创新虽是一个自组织和他组织相互作用构成的系统，但其动力主要来源于自组织内部要素。然而，耗散理论认为，尽管系统的序源于内部要素，但外部环境也为触发这种序创造了特定的条件，即外部环境会对序的形成起到加速或者抑制的作用。从农村反贫困金融制度创新来看，就是资本、人力、组织、技术和管理等投入要素在金融制度创新系统中形成协同效应和序化过程（Binswanger and Rutten，1978），从根本上讲也是在外部的自然、技术、市场、经济、制度与政策环境提供能量（或正或负）的基础上实现的。

其中，自然环境包括贫困地区土壤、气候、水文、地理、物理距离等自然条件，农村反贫困金融制度创新对自然环境的依赖程度非常高，因为反贫困金融的许多项目都直接与农户的农业生产挂钩，农业是自然再生产与经济再生产的结合体，没有良好的自然环境，农业就无法得到发展，农村反贫困金融也就无法顺利进行。技术是农村反贫困金融制度创新的保障，技术环境包括信息技术、移动技术、网络技术、风险评估技术等，其主要作用在于加强对反贫困金融制度创新的风险监管，提高反贫困金融的安全性。同样，农村反贫困金融制度创新离不开健全、有序的市场环境，市场环境是指农村反贫困金融所面临的市场容量、市场结构、市场竞争及市场监管，良好的市场环境可以降低金融债权回收时的风险。反贫困金融所面临的经济环境主要包括反贫困地区经济持续发展能力、国家反贫困战略类型、农业现代化转型环境。经济环境可以通过市场等间接影响农户的生产和收入，进而影响反贫困金融效率和安全性。农村反贫困金融制度创新需要相关的金融发展制度作为支撑，良好的制度环境可以有效降低反贫困金融制度的创新成本。而财政、金融和产业政策在农村反贫困金融制度创新中具有重要调节作用，可以降低金融运行的成本和风险，提高金融的运行效益。

前文分析表明，农村反贫困金融制度创新绝不是一个单因素与环境作用的结果，而是一个涉及投入要素在反贫困金融过程中的自组织，并与外部环境相互作用所形成的系统动力学过程。从系统与环境相互关联和相互作用的角度来看，农村反贫困金融制度创新动力分为外在动力和内在动力，外在动力即自然环境、技术环境、市场环境、经济环境、制度环境和政策环境，内在动力包括资本、人力、组织、技术和管理等投入要素。外在动力作为农村反贫困金融制度创新的动力条件，是内在动力学过程的原始动因，它们通过诱导、唤起、驱动这些环境要素并转化成农村反贫困金融制度创新的动因，来促进相对贫困地区实现稳定脱贫。而农村反贫困金融制度创新的内在动力必须以外在动力"场"作为自身的"能量"之源。只有在内外动力相互嵌套和同时发生作用的情况下，农村反贫困金融制度创新才能顺利推进。

农村反贫困金融制度创新的动力系统作用机制如图 3-9 所示。农村反贫困金融制度创新是在内外力"场"的作用下实现的，其运作机制宛如一台电动机，其转子为农村反贫困金融制度。转子转速的提高和牵引力的增大表示农村反贫困金融制度创新的推进，转子与转轴摩擦形成农村反贫困金融制度创新的阻力，包括自然风险、市场风险、技术风险、资金短缺、制度障碍和政策缺失等阻力，不可避免地阻碍着农村反贫困金融制度创新的顺利进行。动力与阻力共同决定了农村反贫困金融制度创新的实际绩效。如果动力因素始终大于阻力因素，农村反贫困金融制度创新就能够实现积极成效；反之，如果动力因素小于阻力因素的作用，农村反贫困金融制度创新就会停滞不前，甚至倒退。可见，农村反贫困金融制度创新是一个要素与环境输入，以及金融反贫困成效输出的过程，反贫困成效可以通过有形或者无形的金融产品或服务、反贫困金融的开发与运作效能、转化为价值效益效率等指标反映出来，从而真正意义上实现精准反贫困目标。

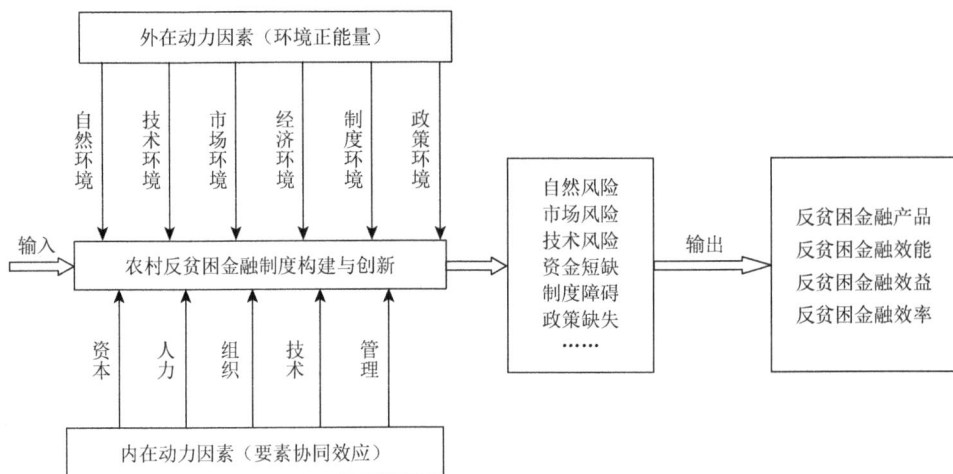

图3-9 农村反贫困金融制度创新的系统动力模型

3.6 本章小结

本章主要研究了农村反贫困金融制度建设的概念框架、农村反贫困金融制度构建的结构框架、农村反贫困金融制度对低收入型农户锚定机制及运行机理、农村反贫困金融制度创新的要素与动力机制，研究结果如下。

（1）农村反贫困金融制度是一个综合性范畴，包括农村反贫困金融组织制度、农村反贫困金融资源开发制度、农村反贫困金融产品创新与交易制度、农村反贫困金融调控制度和农村反贫困金融监管制度等五个方面，涉及信贷、证券、基金、担保、保险等反贫困形式和内容。农村反贫困金融制度建设既包括对现实缺乏的反贫困金融制度框架及其制度规范进行构建，又包括对既有的农村反贫困金融制度构成框架及其规范的不合理成分进行创新，以满足农村低收入型农户的现实金融需求。

（2）农户一般可以区分为富裕型农户、维持型农户和贫困型农户，三类农户融资需求用途不同，获取信贷的途径各异。维持型和贫困型农户均属于低收入型农户（或者相对贫困农户），均属于农村反贫困金融的扶持对象。低收入型农户的信贷需求特征主要表现为：信贷需求额度小，缺乏抵押品；信贷资金从短期来看主要用于生活性消费，长期来看生活性消费和生产性用途难以区分；信贷需求易受利率波动影响等。从供给方来看，基于利润最大化角度考量，无论是农村正规金融机构还是非正规金融机构，都对低收入型农户信贷需求存在一定的排斥。

（3）在全面脱贫初期依旧可以通过建档立卡信息来匹配与识别低收入型农户，维持反贫困政策作用的持续性；在未来长期反贫困进程中，可以利用中位数的固定比例作为标准来识别低收入型农户，这一锚定体系是正确发挥农村反贫困金融制度对低收入型农户精确瞄准的关键。在农村反贫困金融制度运行中，市场机制和政府机制在各自的领域虽然都能有效发挥作用，但市场机制和政府机制仍然存在失灵情况，因此需要市场机制、政府机制和社会机制的分工协同运作，只有这样才能推动农村反贫困金融制度有效发挥作用。

（4）农村反贫困金融制度建设是一个复杂的系统性过程，是反贫困金融机构、低收入型农户、反贫困金融资源有机结合的过程，资本、人力、组织、技术和管理是农村反贫困金融制度建设的内在动力，自然环境、技术环境、市场环境、经济环境、制度环境和政策环境则提供外在动力，内外动力与阻力抵消后的净值决定了农村反贫困金融制度建设的效益、效率和效能。

第4章 农村反贫困金融制度建设的国际经验

长期以来，中国农村贫困问题不仅严重制约了国民经济的协调健康发展，而且对社会稳定构成了巨大的挑战。自全面建成小康社会以后，建立完善的农村反贫困金融制度，向农村低收入人群提供专门的金融服务，不仅与国际社会的重要共识接轨，而且成为各国减贫的重要参考依据。无论是发达国家，还是发展中国家，历来均高度重视金融在农村反贫困中的重要作用，并通过建立完善的反贫困金融制度促进农村脱离并远离贫困。因此，本章将对国外农村反贫困金融制度的建设状况进行考察，比较研究农村反贫困金融制度的共性与差异，总结农村反贫困金融制度建设的经验教训，旨在对我国农村反贫困金融制度未来战略选择提供有益的政策启示。

4.1 国外农村反贫困金融制度建设的状况考察

通过文献梳理和比较研究发现，美国、日本、法国等发达国家和孟加拉国、巴西、印度等发展中国家，在农村反贫困金融制度建设中具有突出的典型性和代表性。因此，下面着重介绍这些国家农村反贫困金融制度建设的状况。

4.1.1 发达国家农村反贫困金融制度概况

1. 美国农村反贫困金融制度

美国人口众多，2015 年全国人口达到 3.07 亿人，其中贫困人口大约有 4670 万人，占人口总数的 15%，比 1964 年 19%的贫困率下降了 4 个百分点（田野，2015）。到 2021 年，美国人口增长到 3.28 亿人，占到世界人口总数的 4.28%，贫困率又恢复性地突破了 20%，达到 1960 年以来的新高[①]。美国的贫困标准是由社会安全专家于 1960 年根据恩格尔系数确定的，家庭食物支出占比 1/3 以上即为贫困。而且联邦指导贫困线会随经济发展和物价上涨而调整。由于美国是全球最发达的经济

---

① 《美国贫困人口比重或将创 50 年新高》，http://finance.sina.com.cn/roll/2020-04-05/doc-iimxxsth3745415.shtml，2024 年 5 月 8 日。

体，绝对贫困不严重，主要是相对贫困问题。其反贫困金融体系是随着农业农村经济发展而逐步建立起来的，主要包括信贷反贫困、保险反贫困、金融法律制度和政府支持等方面。其反贫困金融制度运行状况如下。

1）信贷反贫困制度

美国在反贫困金融中，注重充分发挥各类金融机构的作用，形成了涵盖政府农贷机构、商业银行、农村合作金融体系、政策性农村金融和农业保险体系在内的反贫困金融制度体系（图4-1）。在政府农贷机构中，农民家计局的信贷活动主要有两个基本目的：一是对改良乡村社区、促进乡村建设和环境保护等提供信贷支持，对农村一些公益性项目给予无偿性拨款；二是对新创业的农户、低收入农户和因不可抗力因素或市场波动受损的农户提供信贷支持，这些农户基本上无法从正常渠道融资。

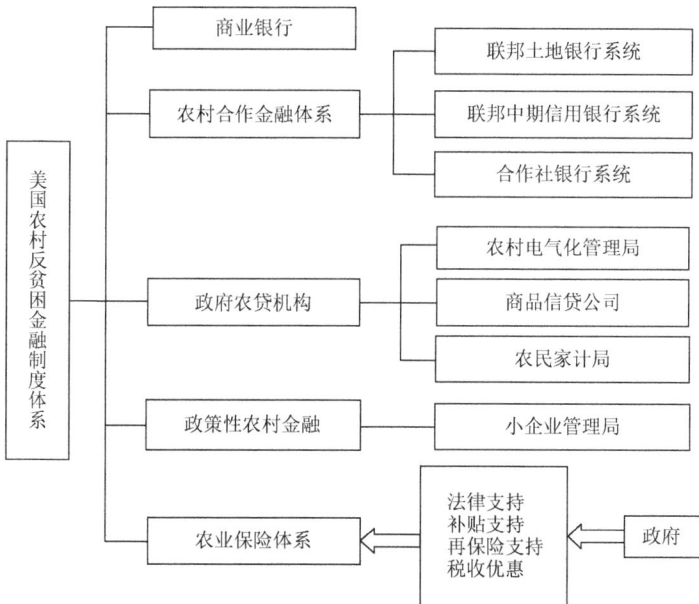

图 4-1　美国农村反贫困金融制度体系

在美国的金融体系中，农村合作金融体系扮演了重要的角色，它是由美国政府主导设立的农贷专业银行及其基层组织组成的信贷系统。政府不仅高度重视农村经济组织的合作化和专业化，而且也高度重视农村合作金融体系的发展。目前美国农村合作金融体系包括联邦土地银行系统、联邦中期信用银行系统和合作社银行系统三大板块（图4-2）。它们主要是通过对农业相关组织、农村发展项目放贷，以扩大农村可用资金来源。但无论如何，这些合作金融组织都有一个基本的功能，就是通过发挥其互助合作的社区银行优势，为贫困阶层提供优惠利率的信贷支持，从而体现金融反贫困功能的专业化和灵活性。

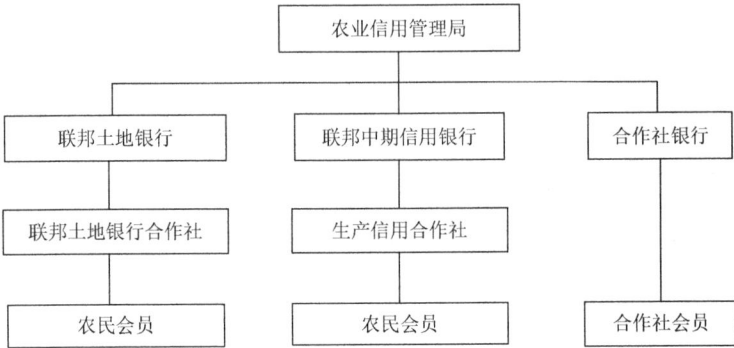

图 4-2 美国的农村合作金融体系

2）保险反贫困制度

美国的反贫困保险主要是农业保险，贫困地区农业保险得到了多方面的支持：一是美国为农业保险的发展专门制定了《联邦农作物保险法》，从法律上为农业保险业务的开展提供了保障；二是政府不仅为承担农业保险的私营公司提供补贴，还为农业保险购买方提供保费补贴，并为农业保险推广和教育提供经费支持；三是政府通过联邦农作物保险公司，向私营保险公司提供再保险支持；四是政府对农作物保险免征所有税赋。此外，美国农业保险的险种齐全，具体包括多种风险农作物保险、区域风险保险、农作物收入保险和纯商业险种四类。尽管美国农业保险不是专门针对贫困群体设计和供给的，但是，美国农业保险覆盖面非常广泛，将贫困地区农业生产主体均纳入服务对象之中。可以认为，农业保险是美国反贫困保险制度的主要支柱，在贫困地区的农业生产中起到保护伞作用，以降低农业生产经营风险带来的损失（Drabenstott and Meeker，1997）。

3）政府在反贫困金融中的作用

第一，政府调控。首先，在农贷专业银行创办初期，政府拨付了巨额的创办资本，如联邦土地银行最初的股金中，政府拨款占到了80%。政府农贷机构绝大部分初始资本也是由政府出资的（张扬，2008），并且该系统在经营中享有免交联邦所得税，免除债券利息的地方所得税优惠。其次，为防止农村金融资金非农化，政府还为涉农贷款占比在25%以上的商业金融机构提供利息补贴和税收优惠等（华东和何巍，2012）。再次，当金融机构贷款不能按时回收时，政府将支付本金和利息。最后，当信贷资金通过正常途径不能下达到农村时，政府通过农民家计局、农村电气化管理局、小企业管理局和商品信贷公司发放一些低利率长期贷款，以支持农村创业者和弱势群体。另外，政府对失业工人进行再就业培训，帮助日趋衰落的工矿区职工迁移到其他地区就业，对贫困地区的学校给予经费资助，给予困难企业政府贷款或政府贴息贷款和直接资助，帮助贫困社区建设廉价住房和低租金住房等。

第二，法律制度供给。完善的法律制度体系是美国农村金融反贫困的重要保障。在信贷方面，1916 年 7 月，美国国会通过了其历史上第一个《农业信贷法》，允许信贷系统为农场主提供为购买不动产（如土地、房屋建筑）的抵押贷款。美国在 1978 年颁布实施了《社区再投资法》，以鼓励农村金融资源进行本地化投资，要求参加联邦存款保险体系的银行，必须将一定比例的信贷资金贷给当地的创业者和贫困弱势群体。为此还加强了金融监管，将社区信贷机构数量和服务质量纳入考核体系。1938 年美国国会通过了《联邦农作物保险法》，并作为《美国农业调整法》的组成部分，其为农业保险在贫困地区深入开展提供了强有力的依据和保障。

2. 日本农村反贫困金融制度

日本是世界上人口密度最高的国家之一。据人口统计分析，截至 2023 年 10 月 1 日，除去外国人，日本的总人口数为 12 119.3 万人，比上年减少 83.7 万人（0.69%），为 1950 年以来的最大降幅[①]。日本定义贫困主要使用相对贫困率，即可支配收入低于社会平均可支配收入一半以下的家庭户数的占比。2020 年消息显示，日本相对贫困率为 15.7%，老年人、儿童及单亲家庭贫困发生率上升是日本陷入贫困的主要原因。在农村地区，日本反贫困金融体系在农村反贫困开发中发挥了重要作用，有力地扶持了农村低收入群体的农业生产，增加了农民收入水平（梁玉，2008）。其农村反贫困金融制度运行状况如下。

1）信贷反贫困制度

第一，农村合作金融发展历程。日本农村信贷反贫困是以农协系统的合作金融为主体、以政府金融为补充的制度体系。合作金融机构不受国家控制，是群众性组织，为日本农业提供了大部分信贷资金。1920 年以来，日本农村合作金融大致经历了五个发展阶段（曾琼芳，2014），如图 4-3 所示。第一阶段为 1920~1945 年，为促进农林产业组合发展，1943 年日本政府颁布了《农业团体法》，并将产业组合中央金库改名为农林中央金库。第二阶段为 1946~1960 年，为促进农业生产，1947 年日本制定了《农业协同组合法》；同年 10 月，制定了《农业合作金融法》，旨在推动农村金融改革。第三阶段为 1961~1975 年，为促进农村金融支持农村发展，1961 年日本颁布了《农业基本法》，旨在提高农业生产率；根据《农业基本

---

① 《说新也不新，对策太迟缓"新贫困"困扰日本》，http://www.xinhuanet.com/world/2020-08/06/c_1126332137.htm，2020 年 8 月 6 日。

法》，日本制定了农业现代化资金制度、农业信贷保险制，有效地弥补了农业生产资金的短缺。第四阶段为1976～1990年，20世纪70年代日本经济遭受了石油危机沉重打击，随后在20世纪80年代后期，日本经济开始出现泡沫，虽然政府采取了积极的财政刺激政策，但国内对农业投资的积极性仍快速下降，农业资金不足。这段时期日本进行了一系列改革，包括继续推行1970年的综合农政改革，培养农户的自主经营模式；以及继续推行1975年制定的综合粮食政策，以稳定粮食自供和进口；1980年开始的农政基本方向改革，旨在促进金融与国际接轨。第五阶段为1991年至今，为了推进金融自由化和市场化改革，1996年日本发布了"金融大改革宣言"，1998年颁布《金融系统改革法》加快推进国际化新型金融系统建设；为了保护农业生产者权利，日本国会在2005年、2006年出台了《经营所得稳定法》和《责任承担者经营稳定法》两项法案。

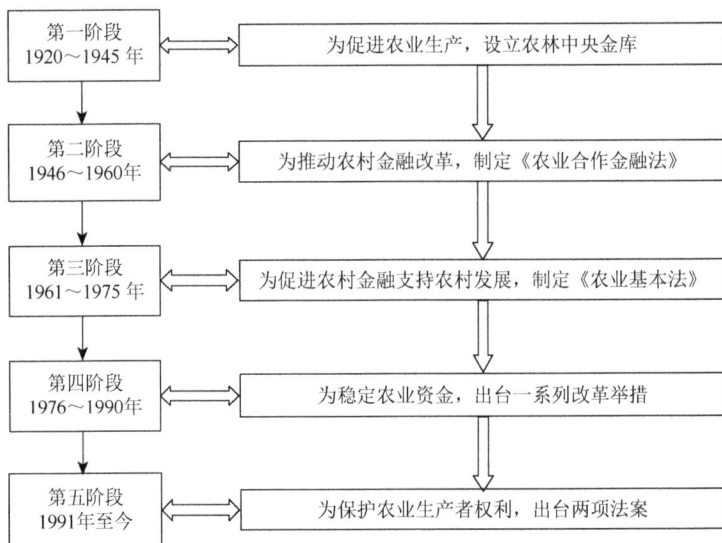

图4-3 日本农村合作金融发展历程

第二，农村金融体系。日本农村金融体系主要由两类金融机构组成（图4-4）：一是农林渔业金融公库，其属于农村政策性金融机构；二是农业协同组合（简称农协），是一种合作金融组织（孙少岩和许丹丹，2013；曾琼芳，2014）。依据《农林渔业金融公库法》，于1953年成立了农林渔业金融公库，旨在为农林渔业生产提供长期和低成本贷款。按照行政区域，农协分为三个层次：基层农协是以市町村为代表的农业协同组织；中层农协是以都道府县为代表的信用农业联合社（简称信农联社）；高层农协是以中央政府为代表的农林中央金库（简称农林中金）。

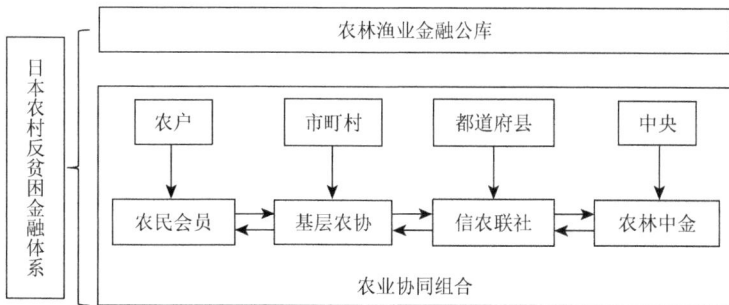

图 4-4　日本农村金融体系

基层农协的任务是提高农民（包括贫困农户）的社会和经济地位，农民自愿入社和退社。根据《农协财务处理基准令》，基层农协的资金使用方向是，购买农业机械等生产资料和农产品，以及为社员发放贷款，剩余资金按会员的存款比例（活期存款的 15%，定期存款的 30%）存入信农联社。信农联社是基层农协向农林中金的过渡性金融组织，分布在各都道府县，可以接受基层农协的剩余资金，并对资金不足的基层农协提供贷款，而自己的剩余资金将存入农林中金。农林中金对系统内的资金进行统一调配。日本农村反贫困贷款业务有政府专门的补贴，主要围绕贫困农民的生产活动进行，贫困农民申请贷款时不必再提供担保，这为低收入的农户家庭提供了重要的融资通道。

第三，农村金融资金类型。日本覆盖贫困地区的金融资金主要分为农林渔业金融公库资金、农业现代化资金、农业改良资金和就农支援资金等四种形式，如表 4-1 所示。其中，农林渔业金融公库资金期限最长可达到 25 年；就农支援资金也达到 12 年的借款期限。

表 4-1　日本农村金融资金类型

贷款类型	融资偿还期限	贷款对象	贷款额度	贷款用途
农林渔业金融公库资金	最长年限 25 年	农业经营个体、法人	①个人最高可贷 1.5 亿日元，经特别认定后可贷 3 亿日元 ②农业法人最高可贷 3 亿日元	①新开耕地、土地改良、购买或租赁 ②果树、家畜新品种引进和培育 ③设施、机械等的改良、购买
农业现代化资金	最长年限 20 年	农业经营个体、法人	①个人最高可贷 0.18 亿日元 ②农业法人最高可贷 2 亿日元	改造农村农业经营设施机械、农产品加工处理、观光农业设施
农业改良资金	长期	农业经营个体、法人及农业团体组织	①个人最高可贷 0.18 亿日元 ②农业法人最高可贷 0.5 亿日元	①新作物、新技术推广 ②农产品加工流通以及经营农业所需的长期性周转资金
就农支援资金	最长年限 12 年	从事农业积极性高的经营者	①18～40 岁经营者可贷 0.28 亿日元 ②40～65 岁经营者可贷 0.18 亿日元	①从事农业生产（包括务农资格、农业调查等）所必需的资金 ②农业机械设备的购置

资料来源：曾琼芳（2014）

2）保险反贫困制度

日本农村保险由农协自办的互助保险和国家财政支持的农业保险组成，也是反贫困保险的重要基石。政府支持农民在自愿的基础上，建立农协保险组织，具体办理农村保险事务。在发生农业灾害时，由国家给予财政补贴。具体根据保险品种的不同，政府为农民支付 40%～55% 的保费补贴，为农业保险公司支付 50% 以上的经营费补贴，为巨灾提供再保险费补贴（陈明文和王林萍，2007）。而且实行低保险、低保费的原则，保险覆盖农林牧副渔各行业。日本政府十分重视农业再保险事业发展，从政策上进行积极指导，从经费上对保险和再保险进行大力补贴，尤其对贫困群体提供保险将获得更大的政府资助力度，以引导保险机构积极为贫困者提供保险服务。

3）政府在金融反贫困中的作用

日本政府在农村反贫困金融中的作用主要体现在三个方面：一是提供优惠的信贷资金来源。例如，农林渔业金融公库的信贷资金主要靠政府解决。政府凭借国家信用，将国民养老金、福利养老金、邮政储蓄资金和简易人寿保险集中，贷款给农林渔业金融公库，农林渔业金融公库再用低于向政府拆借的利率向有信贷需求的农户包括贫困农户发放贷款。其中，还有部分资金来源于中央政府的息差补贴。二是通过立法和相关金融制度，为农村金融机构减免税费，提供财政补贴。例如，日本政府相继制定了《农业协同组合法》《临时利率调整法》《农林中央金库法》等法律法规，加强了对农村借贷双方合法权益的有效保护，提高了农协的信用度。三是制定了完备的金融风险防控制度，如存款保险制度、临时资金调剂使用制度、农业灾害补偿制度和农业信用保障制度等。上述法律法规和金融制度构成了农村反贫困金融制度的基石。

3. 法国农村反贫困金融制度

法国是西欧面积最大的国家，国土面积约 55 万平方公里（不含海外领地），截至 2024 年 1 月，法国本土人口约 6610 万。法国是欧盟最大的农业生产国，也是世界主要农产品和农业食品出口国。法国的贫困标准线是年人均收入低于中产家庭收入 60% 的即为贫困者，按照此标准计算，截至 2020 年底，法国贫困人口高达 1000 万，是 1980 年的 8 倍还多。①同时，法国也是一个频繁发生自然灾害的国家，平均每年因风暴、干旱等原因造成的直接经济损失在 20 亿欧元以上（田野，2015）。因此，法国政府高度重视农村反贫困金融体系的建立与完善，尤其在农村信贷支持和农业保险方面，将其作为抵御自然风险、减少损失、保证农民正常生活的重

---

① 《是谁把暴乱之火引到了法国？》，https://m.chinanews.com/wap/detail/chs/ zw/10036597.shtml，2023 年 7 月 4 日。

要手段。其反贫困金融制度运行状况如下。

1）信贷反贫困制度

第一，反贫困信贷机构。法国农村信贷机构以法国农业信贷银行为主体。农业信贷银行是在民间合作信用组织的基础上逐步发展起来的一种半官方性质的专业银行，它是面向全国农村的全能性银行，提供农村所需的各项服务，法国农村信贷资金大部分由该银行提供。法国农业信贷银行是一家拥有三层组织结构的合作集团，旗下包括国家农业信贷银行，是集团管理和监督的核心；其主要股东是 48 家地区性银行，即农业互助信贷银行；以及地区性银行旗下的 2000 多家分行（全法国），即地方农业互助银行，也是地区性银行的主要股东。另外，在农村反贫困信贷体系中，土地信贷银行发挥了重要作用。该银行属于半官方的股份制银行，成立于 1852 年，其资金来源包括吸收存款、发行债券、向国家和其他金融机构借款等。反贫困贷款包括三种：一是传统土地贷款和地方贷款。农户购买农业生产设备、农业用地和住房可以借助土地贷款实现；地方贷款用于农村兴建校舍和改善环境，由国家贴息。二是特别贷款。法国政府为了鼓励住房建设，通过土地信贷银行对建造成本不超过一定限度的房屋发放特别贷款，由国家贴息，解决贫困农户的基本生活保障。三是其他贷款，如某些票据贴现、替国家发放救济性反贫困贷款、向归侨发放反贫困援助贷款等。

第二，反贫困贷款贴息。法国对符合国家反贫困发展规划和政策要求的贷款项目，实行贴息优惠政策。政府直接向农业经营者发放贴息贷款，鼓励经营者对农业进行长期投资，并对优惠贷款利息与市场利率之间的利差给予补贴。地方农业互助银行是唯一享受政府贴息的银行。贴息资金由农业部从政府农业年度预算中统一支付。贴息贷款仅限于中长期贷款，在放款用途上主要用于农业生产开支、投资生产设备和农民住房贷款。贴息贷款的期限、用途和数量都由农业部按照信贷原则确定，具体的放款办法由银行根据农业部制定的基本原则和该行放款章程确定。每年的放款指标由总行逐层分配给地区性银行和地方分行，具体的关于贷款对象、贷款期限、贴息期限、贴息幅度的都可以由经办银行决定。对购买土地的贷款，年轻贫困农民的贷款期限最长是 25 年，享受贴息 10 年；一般的贫困农户贷款年限为 20 年，贴息 7 年；扩大经营的农场主享受贴息只有 5 年。贷款的贴息政策为法国的反贫困提供了强大的保障，缓解了农村贷款的压力，为农村贷款开辟了新的途径，从而推动了法国农村反贫困金融体系的进一步完善。

2）保险反贫困制度

法国反贫困保险体系由政策性的农业保险机构和各级互助保险公司组成。政策性农业保险机构由政府直接财政补贴，保费补贴额度为贫困农民所缴纳保费的50%～80%，农户只需缴纳 20%～50%的保费（龙文军，2003）。政府的高额补贴，不仅调动了贫困农民购买农业保险的积极性，也促进了农业互助保险发展。各级互助保险公司经营各项保险和再保险业务，政府部门和保监会联合组建中央再保险公司，为农业互助保险公司提供再保险业务，农业互助保险公司则对基层农业互助保险提供再保险，中央再保险公司是农业经营风险的最终承担者，并具有互助救济、资金融通和生活福利的功能。

3）政府在金融反贫困中的作用

政府的大力支持是法国农村反贫困金融体系持续发展的根本保障。第一，法律制度供给。1900 年政府颁布了《农业互助保险法》，明确了农业互助保险社的法律地位和权益，界定了互助保险社承担的风险范围，包括冰雹、火灾、牲畜意外死亡险，而如洪灾、旱灾等巨灾风险由政府和社会承担（田野等，2005）；1960 年颁布了《农业指导法》；1964 年建立农业损害保证制度。第二，提供优惠的反贫困信贷资金来源。法国政府从 20 世纪 60 年代起就拨付了一笔专项资金给农业信贷银行，作为发放中长期低息贷款的利息补贴。截至 1982 年末，贴息总额达到 1186 亿法郎，占贷款总额的 30.9%。第三，建立农业风险基金。如 1964 年法国政府建立了农业灾害保障基金，1985 年建立了重大自然灾害预防基金。这些基金的建立为化解农业巨灾风险、促进贫困农户脱贫致富提供了重要的保障。

4.1.2　发展中国家农村反贫困金融制度概况

1. 孟加拉国农村反贫困金融制度

孟加拉国是世界上最贫穷的国家之一。尽管孟加拉国在过去的五十年里取得了显著的发展进步和减贫成就，但是由于近年通胀压力加大，收入、税收不平等，导致孟加拉国农村和城市地区最贫困家庭的数量增加。孟加拉国国家统计局 2021 年至 2022 年的一项调查显示，农村地区最贫困家庭的比例从 2021 年的 29.29%增至 2022 年的 29.4%；城市的贫困人口从 2021 年的 3.0%增加到 2022 年的 4.1%[①]。其农村反贫困金融制度运行状况如下。

1）信贷反贫困制度

孟加拉国农村信贷反贫困是金融反贫困的主导力量。其中最具代表性的农村反贫困信贷机构是国有银行及金融发展机构、格莱珉银行和各种非政府性质的微型金融组织。国有银行及金融发展机构属于农村正规信贷机构，主要对农村中小微企业和微型金融组织提供金融服务与指导；格莱珉银行和其他微型金融组织则属于非正规金融机构，信贷服务的覆盖半径远大于正规金融机构。微型金融机构提供的贷款利率较高，基本能维持正的实际利率，能弥补其经营成本和风险。格

---

① 《孟加拉国收入不平等和通货膨胀导致贫困加剧》，http://bd.mofcom.gov.cn/article/jmxw/202402/20240203473752.shtml，2024 年 2 月 22 日。

莱珉银行是孟加拉国最大的银行之一。截至 2019 年底，格莱珉银行已覆盖了 81 678 个村庄，约占孟加拉全国村庄总数的 93.48%；累计发放贷款 295 亿美元，拥有会员 926 万人，其中 896 万为女性会员。格莱珉银行是小额信贷的成功典范，以其反贫困面广、反贫困效果显著、银行自身可持续运行，成为世界上公认的运行最好的满足贫困农户金融需求的反贫困银行，其运营模式被众多发展中国家模仿和借鉴。格莱珉银行的小额信贷是孟加拉国最重要的农村金融反贫困机制，其经营模式和运行机制的基本特征主要包括以下几点。

第一，贷款对象和利率。孟加拉国乡村银行主要提供短期小组贷款。首先，以贫困人群特别是贫困农妇为贷款对象。其贷款对象有严格的规定，只有可耕地少于半英亩①的或者家中资产总和不超过等值一英亩中等土地价值的农户才有资格申请贷款（石俊志，2007）。同时格莱珉银行认为把钱借给妇女能够得到更高的收益，一方面是由于妻子往往更善于持家，另一方面是考虑到女性的风险偏好程度普遍偏小，她们更愿意将得到的贷款用于有保障的生产经营中，因此格莱珉银行的贷款对象中 96% 是贫困妇女。其次，信贷产品额度较低但利率较高。格莱珉银行提供的小额信贷额度往往限制在 75 美元到 100 美元之间，同时选用高于同期商业银行但低于民间贷款（高利贷）的贷款利率。例如，在 2003 年，孟加拉国商业银行贷款年利率为 10%～13%，同期的非正规民间贷款（高利贷）利率为 180%～240%，此时的小额信贷机构利率为 20%～35%。格莱珉银行的利息虽然高于商业贷款利息，但与民间高利贷的利率相比更能够让低收入者接受，因此对于没有贷款途径的贫困农户而言小额信贷是最好的选择。

第二，组织机构体系。格莱珉银行在孟加拉国政府的支持下成为一家特殊的独立银行，银行自身的组织体系采用的是董事会领导下的总经理负责制，董事会由 13 人组成，其中 9 人来自借贷者和股东。在格莱珉银行中，会员拥有 90% 的所有权，其余的 10% 归政府所有。格莱珉银行呈现金字塔形的管理结构，分为总行—大区分行—支行—乡村中心四层。总行设在首都，主要用于与政府联系、对分行指导以及机构人员培训等；设在各地的大区分行（12 个）主要用于管理人事和社会发展项目；各分行下设支行（10～15 个），每个支行主要用于业务的审批和管理，同时每个支行分管乡村中心（120～150 个）；每个乡村中心包含 6 个由 5～6 人组成的借款小组。其中，乡村中心和借款小组是格莱珉银行运行的基础（Wright and Alamgir，2004）。每个乡村中心最多由 10 个工作人员构成，主要工作是建立和管理借款小组，对借贷业务进行实时监管。而借款小组由 5～6 名社会经济状况相似且没有亲缘关系的贷款申请人组成，并由其中一人担任组长，借款小组主要用于对贷款的自我监管和小组联保。

---

① 1 英亩 = 0.404 856 公顷。

第三，信贷运行机制。首先，采用 2—2—1 的放款顺序。在贷款发放的时候先放给小组中最贫困的两个人，若能按期按量还款则按此方法继续发放给后两个人，最后发放给组长（庄晋财和程李梅，1997）。在贷款发放期间，贷款使用状况在小组内部保持高度透明性，同时每周召开小组中心会议，监督管理小组贷款。其次，一方面通过以小组联保和强制储蓄为主的担保方式降低风险。格莱珉银行在发展初期采用小组联保制，在整个贷款过程中借款小组不需要提供任何抵押担保，但小组成员对贷款负连带责任，即组内成员违约或无法归还贷款，则小组其他成员将会失去贷款资格并对欠款具有连带偿付责任。联保中心定期召开会议，以进行集中放款和还贷，同时也有助于会员之间交流信息和技术，更好地参与到社会和经济活动中去（Dowla，2006）。另一方面建立小组基金，将贷款额度的 5%存入基金，并要求小组成员每周存入 1 塔卡，作为贷款的利息支付。格莱珉银行在发展后期较多地以个人贷款代替小组贷款，通过强制储蓄来保障个人放贷的贷款回收率。同时增加个人财务管理，鼓励借款者入股以及开设养老金等多种金融服务项目。另外，采用贷款定期偿还及累进还款激励机制。格莱珉银行创新性地提出将每笔贷款和利息分 50 周归还的分期还款制度，以此跟踪借款者的财务状况，以便在出现不良贷款时及时应对。同时规定能够连续按期按量还款的小组和个人能够在下次贷款时申请更大的金额或享受较低的利率。最后，格莱珉银行针对贫困农户开展利民的服务项目。一是生产培训。为了实现农民的生产自救和保证贷款的收回，对于每个借款者，乡村银行都要对其进行为期一周的技术指导和培训，同时还鼓励农户参与社会发展，提高其生活质量和个人素质。二是上门服务。格莱珉银行的借贷手续简单，往往是由银行成员每周亲自到借款者家收发贷款，一方面有利于降低贫困农户对贷款的恐惧，另一方面也有利于银行掌握借款者的经济情况。

第四，信贷资金来源。成立之初，格莱珉银行的资金主要来源于政府 8100 万美元的补贴贷款和公益机构 1600 万美元捐款；20 世纪 90 年代中期，银行的大部分资金来自政府和债券发行。1995 年，格莱珉银行不再接收捐助资金，而是通过开发和销售储蓄产品来提高资金自足率。格莱珉银行 2019 年年报数据显示，截至 2019 年底，该行存款余额达到 916.43 亿塔卡，贷款余额达到 1999.75 亿塔卡，银行存款占贷款余额的 46%。在目前的资金来源结构中，存款比例不断上升，成为其最主要的资金来源。

2）保险反贫困制度

孟加拉国发达的农村小额信贷和国家基本社会保障的缺失为孟加拉农村保险的诞生提供了动力。数据显示，截至 2011 年，孟加拉国政府每年人均健康服务支出仅为 58 美元，而公民自己支付的医疗费用高达 96.5%。据此，一些非政府组织为贫困人群引进了小额健康保险和小额人寿保险，分别占保险市场的 39%与

36%。保险普遍实行以个人为单位的自愿投保。由于意外事故、疾病、自然灾害往往是农村致贫返贫的重要因素，也是影响贫困户贷款回收的重要因素，因此小额信贷机构在提供信贷服务的同时，要求客户必须购买小额健康保险和人寿保险，并通过小额信贷保险等保险组合保护其贷款的安全。其中，人寿保险本质上属于长期储蓄账户，能够帮助客户提供生命保障和积累资产。若保险期间遭遇风险，可清算保单，或用保单现金价值贷款；若保险到期则可获得约定的保险金。可见，人寿保险是将储蓄、借贷、保险的优势有机结合，满足了低收入人群的风险管理需求。而小额健康保险多与小额信贷保险结合，如要求借款人办理医疗卡，通过提供体检报告，既能防御疾病风险，又降低了赔付率。

在孟加拉国，小额保险保费的收取方式与其他国家不同，采用一线员工上门收取保费的方式，这在为客户保留隐私的同时也增强了员工和客户的联系，潜在地降低了保单失效率。加之该国妇女极少外出，上门收费能使更多妇女获得保险服务。

3）政府在金融反贫困中的作用

孟加拉国格莱珉银行是在政府的承认下成立的，政府给予的法律地位是不受一般公司法和金融制度约束的独立银行。在格莱珉银行的发展过程中，政府起着不可忽视的作用。首先，政府提供资金支持。成立之初，政府以低于 5%（一般在 4%～5%）的利率为其提供资金支持。其次，政府为格莱珉银行的发展提供法律和政策支持，允许格莱珉银行以非政府组织的形式开展灵活的金融活动，同时给予免税的优惠政策。最后，在 2011 年 7 月，政府通过规定小额信贷最高贷款利率和收费限制，以规范其发展。

2. 巴西农村反贫困金融制度

近年来，巴西的贫困程度不断加剧。报告显示，2021 年，巴西贫困线以下人口数量同比增长 22.7%，极度贫困人口数量同比大幅增长 48.2%。这意味着 2021 年，巴西有 6250 万人口生活在贫困线以下，其中 1790 万人口处于极端贫困。贫困人口和极端贫困人口分别占巴西总人口数量的 29.4% 和 8.4%。巴西北部和东北部地区贫困程度最高，逾半数极端贫困人口和约半数贫困人口居住在巴西东北部[①]。巴西农村反贫困金融服务主要由商业银行提供，最大的金融服务供给者是巴西银行，其贷款占全国农贷的 75% 以上，是巴西最大的商业银行，它不仅执行农产品最低价格政策，还接受政府的预算补贴，以正常利率发放农村贷款。巴西各州还设有州属商业银行，也为农村贫困群体提供贷款。在政府倡导和约束下，私人银行也

---

① 《巴西统计机构：2021 年贫困人口同比增长 22.7%》，http://riodejaneiro.mofcom.gov.cn/article/jmxw/202212/20221203372094.shtml，2022 年 12 月 5 日。

向农业生产者和贫困群体发放部分贷款。巴西农村反贫困金融制度运行状况如下。

1) 信贷反贫困制度

巴西农村最主要的金融反贫困措施就是向贫困群体提供低于市场利率的信贷服务支持，以确保农村贫困群体有必需的发展资金。该国法律规定，国家银行必须根据农民上一年度产值及其种植面积发放贷款，小、中、大型农场主可以分别得到其生产资金100%、70%和55%的信贷支持（朱英刚，2003）；在信贷服务中，贫困农户必须占有一定比例，农业信贷的利率必须低于个人存款利率。农村信贷年利率不能超过12%，对中小农户和贫困农户的贷款利率为5%～9.5%，远低于市场利率25%的水平，利差由国家安排预算对银行予以补偿。

巴西农村信贷项目主要包括官方农业信贷（总量）计划、促进家庭（小规模生产者）农业计划、中等规模农业生产者支持计划、巴西银行农业产业信贷项目、巴西国家发展银行生产资料信贷投资支持项目、低碳农业计划等，如表4-2所示。其中，促进家庭农业计划属于金融直接反贫困，其他属于间接性的金融反贫困项目，可以带动贫困农户就业致富。

表4-2 巴西主要的农村金融项目与计划

项目、计划	描述	金额/百万巴西雷亚尔
官方农业信贷（总量）计划	农业信贷额度适用于官方农村信贷指南的条款，其中包括固定的政府优惠利率	106 405（约合507亿美元）
促进家庭（小规模生产者）农业计划	为家庭年收入在16万巴西雷亚尔以下的小规模生产者提供金融支持	12 902（约合61.44亿美元）
中等规模农业生产者支持计划	为年收入达80万巴西雷亚尔的生产者的农业活动提供金融支持	7 702（约合36.68亿美元）
巴西银行农业产业信贷项目	对农业商业化、农产品加工、投入品的生产销售提供金融支持	6 467（约合30.8亿美元）
巴西国家发展银行生产资料信贷投资支持项目	对农业生产资料提供和投资、农业生产机械设备的获取与维护提供金融支持	6 040（约合28.76亿美元）
低碳农业计划	对旨在减少温室气体排放的农业生产方式提供金融支持	1 516（约合7.22亿美元）

资料来源：WTO Secretariat（2013）

注：巴西货币为巴西雷亚尔；巴西农业生产年度是从当年7月1日至次年6月30日

巴西农业生产者包括公司农场、产业化私营农场和小农户。大型农场的耕地面积在800公顷以上，占农场总数的3%，并通过订单方式与大型涉农企业形成产业链；小型农场耕地面积不足50公顷，占农场总数的62%，是巴西国内食品的主要供应者。由于前者在国际市场的出口竞争力非常强，政府倾向于放开市场让其参与国际竞争；后者数量巨大且关系到国内食品供应和农户收入，是国家金融扶贫的重点对象（李飞和孙东升，2007）。政府针对家庭农业生产者的金融扶持措施不断增加，优惠力度也持续增大。2012~2013年，巴西政府对农业生产项目安排预算资金达223亿巴西雷亚尔，其中家庭农业计划项目达到180亿巴西雷亚尔，金融机构同时为家庭农业生产者提供低利率信贷服务。例如，用于农业投资贷款年利率只有2%，偿还期为10年，每户农民投资信贷额度为13万巴西雷亚尔；用于食物生产信贷年利率为1%，每户信贷额度为1万巴西雷亚尔。贫困农户的农业贷款利率远低于巴西央行基准年利率12.25%的水平，极大地调动了贫困农户的生产积极性（WTO Secretariat，2013）。

2）价格反贫困制度

巴西政府制定了多种基于商品产量的生产者支持政策，1966年开始实施的最低保障价格政策是巴西农村金融反贫困政策的重要内容。当农产品市场价格下跌时，通过价格保障政策稳定生产者的收入。巴西国家商品供应公司是该政策的实施主体，通过两种方式进行：一是直接参与产品购买的商业化工具，如联邦政府最低价收购计划、生产者保护计划、公开期权、产品售空计划等；二是为最低价格保证的产品存储提供信贷支持。表4-3列出了常用的生产者价格支持政策工具，都是以政府最低保证价格为核心，通过各种方式从农户手中购买农产品。虽然手段不同，但主要目标都是为防止市场价格波动给农户收入带来风险，防止农户陷入贫困的境况。

表4-3　巴西主要的价格支持政策工具

支持工具	政策描述
联邦政府最低价收购计划	联邦政府最低价收购计划旨在稳定农户收入和形成公共储备。政府根据地区确定收购价格，巴西国家商品供应公司按照保证价格向生产者和合作社收购农产品，这一计划旨在保证农民基本收入
生产者保护计划	政府向农产品销售者支付保证价格和拍卖价格之间的差额，以稳定农产品价格，保护生产者积极性
公开期权	政府通过公开拍卖为生产者和合作社提供期权合约，期权持有者可以按照合约约定的"执行价格"向政府出售农产品，这一措施旨在稳定农民收入
产品售空计划	政府向加工企业或者批发商支付市场价格与政府提供的最低购买价格之间的价差，以支持农产品价格

资料来源：WTO Secretariat（2013）[127-128]；*OECD review of agricultural policies*（《经济合作与发展组织农业政策回顾》），巴西章节（2009年）

3）保险反贫困制度

在保障农户收入和避免风险方面，巴西建立了覆盖范围广泛的农村保险体系，包括农业保险、畜牧业保险、水产保险、农村抵押保险、森林保险、农业财产和农产品保险等，分备耕、种植、管理、销售 4 个阶段进行。保险金额以生产成本为上限。农村保险体系主要包括家庭农业保险、作物保险计划和农村保险费计划等，为农村反贫困奠定了保障基础（宗义湘等，2011）。家庭农业保险是其中最重要的子项目，旨在为小农户提供农业保险，确保农户们在遭受 30%以上的损害时得到全额赔偿。作物保险计划主要面向干旱地区的农户和种植非灌溉型主要农作物及棉花的农户。农村保险费计划是为与政府指定保险公司建立合同的农产品商业生产者提供补贴。上述保险计划的目标是对农业活动受到不利气候条件影响的生产者提供补偿及收入保障。例如，2005～2011 年，巴西政府累计提供农业保险补贴 9.631 亿巴西雷亚尔（2015 年的汇率为 1 巴西雷亚尔约合 2.09 元人民币），2012～2013 生产年度农业保险补贴达到 3.29 亿巴西雷亚尔，比 2011～2012 生产年度增加了 30%（WTO Secretariat，2013）。可见，政府确保了农业保险补贴的稳定增长。

4）政府在金融反贫困中的作用

推动农村地区经济发展，从而促进农村地区贫困人口脱贫。巴西政府在金融反贫困中发挥了主导作用。首先，制定了多样化的农业信贷政策。加入世界贸易组织后，巴西逐渐减少价格支持。但是，巴西资本市场信贷利率较高，贫困农户在信贷中没有优势，过重的利息支出也不利于农业生产。通过多样化的农业信贷政策，巴西向农业生产者提供低息贷款。尤其是通过设立和制定各种针对性的措施对处于弱势的小农场和家庭农户提供信贷补贴与贷款，保证其收入和发展。为解决信贷资金来源单一的问题，巴西政府又创设多种私人融资工具，引导社会资本进入农业。同时，巴西政府为缩小经济落后地区与经济发达地区的发展差距，专门设立宪法融资基金，用于支持落后地区及其农业发展。巴西政府不仅为中小农户提供金融贷款服务，而且保证农户懂得如何申请和使用信贷项目。其次，巴西政府建立了覆盖范围广泛的农业保险体系来补偿生产者家庭和生产可能遭受的灾难损失。同时，政府出资建立灾难基金，保护和帮助私人保险公司应对经济损失，从而刺激农村农业私人保险市场的发展。最后，自 20 世纪 80 年代开始，巴西政府开始加大对农村公共基础设施建设的投资力度。例如，政府投资 50 亿美元实施"东北部百万公顷灌溉计划"，并优先发展农村交通，以降低农业生产和运输成本。此外政府和私营企业联合在东北部半沙漠地区建立了 10 个综合开发基地，为落后地区的农业开发奠定了坚实的基础（宗义湘等，2011）。

3. 印度农村反贫困金融制度

世界银行报告显示，2010 年全世界约有 12 亿人处于极度贫困状态，这些人每天的生活花费支出不足 1.25 美元。尽管印度的贫困人口比例下降，但印度极贫人口占全球极贫人口的比重仍高达 33%，是全球贫困人口数量最多的国家。[①]从联合国开发计划署在线发布的《2022 年全球多维贫困指数》数据来看，印度从 2005 年开始的 15 年里累计脱贫人数达 4.15 亿，联合国开发计划署认为这是"巨大成就和历史性变迁"，但同时也强调印度依然面临艰巨挑战，2020 年其仍是世界上贫困人口最多的国家，贫困人口总数达 2.28 亿。印度的农村金融制度运行状况大致如下。

1）信贷反贫困制度

印度农村反贫困金融组织主要是国家农业农村发展银行，属于政策性金融机构，对其他农村金融机构具有一定的监督、管理与协调作用（邓晓霞，2011）。在 20 世纪 90 年代以前，印度主要是通过提高正规金融机构在农村地区的覆盖率来扩张信贷服务，满足贫困农户的金融需求。但如同大多数发展中国家，补贴信贷未能触达目标群体，政府主导项目未能按照市场机制运作，从而缺乏效率。到 20 世纪 80 年代末期，由于烦琐的规章制度、恶化的市场环境、贷款违约率的不断增加，印度农村反贫困金融体系实际已经陷入崩溃（Bansal，2003），针对贫困型农户的金融供给几乎为零。于是，国家农业农村发展银行于 1992 年发起成立了贷款自助小组-银行联结[self help group（SHG）-bank linkage]的新型小额信贷模式，来弥补针对贫困型农户金融供给空缺的现状（崔凌云和张建峰，2013）。

国家农业农村发展银行通过员工和合作伙伴（亦称互助促进机构，如基层商业银行、合作社、农民合作组织、非政府组织等），对由若干农户组成的农户自助小组进行社会动员和建组培训；培训验收合格后，直接或通过基层商业银行间接对农户自助小组发放反贫困贷款。在这一项目表现出巨大潜力后，印度储备银行规定所有商业银行都要将自助小组-银行联结项目作为其发展战略的一部分。自助小组是由 10～20 名穷人组成的非正式小组，一个小组内的成员有着相同背景和共同利益，其中 90%是妇女（武翔宇和高凌云，2009），服务对象主要是最为贫困的农户，尤其是贫困妇女；另外主要是针对小型自我就业者和一般农户。同时自助小组还规定只有家庭人均月收入低于 250 印度卢比，且家庭拥有的土地低于 2.5 英亩的贫困人群才能够成为小组成员。该项目的贷款利率比一般商业银行贷款利率（12%～14%）高，比民间贷款利率（36%～60%）低。

印度小额信贷主要有三种放贷模式：首先由促进机构在前期培育和发展自助小组，当自助小组发展成形并通过银行审核后，银行直接发放贷款给小组，有 72%的联结项目采用的是该模式；其次有 20%的联结项目是由银行自己培育自助小组，

---

① 《全世界约有 12 亿人处于极度贫困 三分之一在印度》，http://www.chinanews.com/gj/2013/05-21/4837631.shtml，2013 年 5 月 21 日。

待其发展成熟后再向其发放贷款；最后是由非政府组织培育自助小组并向银行寻求批发贷款，再由非政府组织将贷款发放给成熟的自助小组，该模式在实践中相对较少，占 8%左右（武翔宇和高凌云，2009）。

2）保险反贫困制度

印度关于反贫困的保险有信贷保险、农业保险等类型。1962 年成立了"存款保险和信用担保公司"，为各类银行的存款者提供存款保险，股本 5 亿印度卢比，全部为印度储备银行持股。为了促进金融机构发放反贫困贷款，该公司为农村弱势群体和小型企业贷款提供信用担保，贷款机构所缴纳的担保费构成"信用担保基金"，理赔资金由担保基金承担。印度寿险公司于 1973～1976 年在 6 个邦推出棉花保险试点，印度保险总公司和邦政府以 2：1 的比例分担风险，中央和各邦政府以 1：1 的比例为小农和贫困农户提供 50%的保费补贴（金永丽，2007）。1997 年，农作物综合保险计划推出，为小农和贫困农户提供 100%的保费补贴，由于行政管理因素和财政困难，一个季节后就停止了运作。为了促进农业保险的发展，2003 年4 月，印度又成立了新的农业保险有限公司，2005 年推出了"VarshaBima 计划"，向因旱灾减产的投保农民进行风险补偿（尹彬，2014）。

3）政府在金融反贫困中的作用

第一，提供贴息和补助。为缓解贫困人群的生活状况，印度政府在反贫困探索初期采取的是加大反贫困金融机构覆盖面，增加反贫困补助和贴息的策略。但机构的建立和资金的增加未能达到良好的反贫困效果，不过在政府前期干涉下，印度形成了广泛的农村正规金融机构系统，从而在贫困户和银行之间建立了良好的合作平台。在后期小额信贷广泛发展的阶段，为提高贫困人群自我救助的能力，印度政府推出了青年自我就业培训、妇女儿童发展以及农村就业等各种反贫困项目。政府政策的支持有力地促进了小额信贷项目快速发展，为印度反贫困事业做出了巨大贡献。

第二，法律制度供给。为了确保农村不存在金融服务空白地区，印度政府颁布实施了《地区农村银行法案》《印度储备银行法案》《国家农业农村发展银行法案》《银行国有化法案》等法律，对农村地区设立金融网点的数量和密度提出强制性要求。如《银行国有化法案》规定，商业银行必须在农村地区设立一定数量的分支机构，30%以上的贷款必须投放农业农村。《地区农村银行法案》规定，银行营业机构要设立在农村金融薄弱的地区。印度储备银行规定了"优先发展行业贷款"制度，要求商业银行必须将 40%的贷款投向农业，或中小企业，或国家优先发展行业，其中贷款的 18%必须投向农业及农业相关产业。如果达不到规定比例，差额部分的资金以低于市场利率的资金价格存放到国家农业农村发展银行，由国家农业农村发展银行对地区农村银行与邦农村合作银行进行再融资。

4.2　国外农村反贫困金融制度建设的比较分析

通过对以上典型的发达国家和发展中国家农村反贫困金融制度的状况进行考察，发现在各国颇具成效的现行做法中，各国农业资源禀赋、农村经济形势和农村贫困成因等存在一定共性和差异，因而在农村金融反贫困的做法中，既有一定的相似性，也表现出各自的差异性。下面将对各国农村反贫困金融制度进行比较分析，以找出他们的共性和差异。

4.2.1　国外农村反贫困金融制度建设的共性特征

比较发现，上述国家农村反贫困金融制度主要有以下四个方面的共性特征。

（1）均借助立法手段保障金融机构参与反贫困。健全的法律制度是农村反贫困金融运行的根本保障。无论是美国、日本、法国等发达国家，还是印度、巴西、孟加拉国等发展中国家，都通过立法规定金融机构对农村发展和反贫困开发承担的社会责任。例如，美国《农业信贷法》拓宽了贫困农民的信贷来源，还有《联邦农作物保险法》为美国贫困农户的农业保险提供了制度依据；日本的《农业协同组合法》《临时利率调整法》《农林中央金库法》对农村抵押贷款参与者的合法权益提供保护，并对提高农协授权的信用度有重要促进作用；法国政府借助《土地银行法》建立了农村信贷体系支持农村发展；《印度储备银行法案》明确规定商业银行在城市开设 1 家分支机构，必须同时在边远地区开设 2～3 家分支机构，且必须将全部贷款的 18% 投向农业、农业相关产业和贫困地区。可见，法律制度的实施，明确了农村金融机构在农村反贫困中的权利、责任与义务，为农村金融机构持续开展反贫困金融业务提供了坚实的法律基础。

（2）政府提供持续的正向激励引导农村金融机构反贫困。农业生产吸引资金的能力较弱，农村反贫困具有广泛的溢出效应，使得农村反贫困金融业务需要政府的大力支持。因此，提供持续的正向激励支持金融反贫困成为各国政府普遍的做法。如美国联邦土地银行，政府出资 80%，政府农贷机构的初始资本绝大部分由政府承担；日本政府向农协组合增拨财政资金，提高了农协反贫困信贷投放与抵御风险的能力；法国政府对农村反贫困信贷机构实行的优先支持和贴息政策，有力地调动了农村反贫困金融机构积极性；孟加拉国政府向格莱珉银行提供利率低于 5% 的信贷资金以及免税政策；巴西政府规定，农村贷款利率不能超过商业贷款利率的 30%，并且利率补贴由政府财政支出，并对自愿前往垦殖的农户提供土地和资金援助。可见，政府对农村反贫困金融机构的资金扶持是确保农村反贫困金融有效运行的共同基础。

（3）农村金融机构均提供宽松优惠的贷款条件支持反贫困。反贫困金融的服务对象是贫困者，反贫困金融机构要维持财务可持续性，需要较高的贷款利率定价，但贫困者又无法承受较高的贷款利率，这就构成了一对矛盾。要调和这对矛盾，政府支持必不可少。一方面，政府有必要对农村金融机构给予财政补贴和税收优惠政策，以扶持农村反贫困金融机构，促进其财务可持续；另一方面，农村反贫困金融机构在获得政府扶持后，积极向贫困地区提供优惠贷款，支持减贫事业。例如，日本农协系统发放贷款不以营利为目的，且不要求担保；美国商品信贷公司提供无追索权的贷款和补贴补偿，以支持低收入者就业和发展生产；印度《地区农村银行法案》规定，地区农村银行经营的目的是"满足农村地区受到忽视的那部分贫困人的专门金融需要"。可见，农村反贫困金融机构都是在政府扶持下为农村贫困者提供优惠金融服务的。

（4）通过覆盖农村保险制度来分散风险和消减贫困。在农村金融反贫困体系中，无论是美国、日本、法国等发达国家，还是孟加拉国、巴西、印度等发展中国家，保险制度在农村减贫中都发挥着不可替代的作用。首先，美国丰富的险种如农作物保险、区域风险保险、农作物收入保险对贫困农民的收入增长起到稳定器的作用；其次，再保险制度有助于反贫困保险公司分散风险，对农村保险制度的长久运行起到了安全栓的作用。同样地，日本国家的农业保险和农协的互助保险以及再保险补贴，对日本农村的反贫困起到了重要作用。法国的农村保险体系主要体现在政府的保费补贴以及再保险业务。孟加拉国的小额健康保险和小额人寿保险在当地农村占有绝大部分市场，并在一定程度上起到了减贫的作用。巴西农业保险、畜牧业险、水产保险、农村抵押保险、森林保险、农业财产和农产品保险等，在农村地区对降低农户损失发挥了重要作用。印度的 VarshaBima 保险计划等，都是农村反贫困保险制度的重要体现。可见，无论哪个国家，都把反贫困保险视为农村反贫困金融的重要组成部分，并借此在一定程度上保障反贫困信贷的安全，促进信贷业务的健康发展。

4.2.2　国外农村反贫困金融制度建设的差异分析

各国的国情、社会制度、经济发展水平、政府财力等方面客观存在差异，导致上述各国的农村反贫困金融制度必然表现出一些差异之处，这些差异集中表现在农村反贫困金融运行中市场机制与政府机制发挥作用的大小及其业务运行模式上。

（1）市场与政府机制发挥作用的力度不同。例如，市场化程度较高的美国，其主要按照市场化机制，积极动员商业性金融机构推进金融反贫困，政府主要在农村反贫困金融中发挥制度供给作用，以建立起金融机构、加工企业与农民间的利益关系,引导金融机构支持农业生产、加工和销售,通过产业化带动贫困农户脱贫致富(王伟和李钧,2011)。日本、印度等国家则强调政府机制在金融反贫困中的作用,通过政府提供财政贴息、风险补偿基金、税收优惠、制度供给等,来降低金融机构反贫困的风险,调动金融机构参与反贫困的积极性。法国属于典型的政府控制型金融反贫困模式,虽然存在民间信用合作组织、农业互助信贷银行和地方互助保险公司,但受政府干预大,独立性较小,有很强的政策性,国家财政补贴力度比较大。发达国家政府往往严格遵守市场经济原则,为贫困农户提供信贷和农业保费补贴支持。发展中国家政府由于财政实力较弱,反贫困金融补贴力度远不如发达国家。

(2)经济发展水平不同,金融反贫困手段和方式有差异。美国、日本、法国等发达经济体,都建立了完善的政策性金融、商业性金融和合作性金融,充分利用信贷和保险进行反贫困。巴西除了运用信贷和保险反贫困外,还积极利用价格机制,通过提供价格保护来降低贫困农户生产经营的市场风险。印度主要采用自助小组与农村商业金融反贫困两种模式(Mahjabeen,2008)。一旦自助小组金融运行模式成熟,商业银行就会帮助其融资,实现自助小组与商业银行的金融联结,转换成商业金融反贫困模式。孟加拉国小额信贷是农村金融反贫困的典范。格莱珉银行通过独特的运行模式(贷款利率介于商业银行和民间借贷之间,放贷以小组联保和强制储蓄为主的担保方式,以及还款的激励机制),保证了机构的营利性;而反贫困信贷与人寿健康保险相结合,也丰富了反贫困金融的形式。

(3)反贫困金融组织类型和法律制度完善程度不同。美国的反贫困金融机构主要是政策性金融和商业性金融组织,基本没有微型金融组织;日本的农村反贫困金融模式主要依靠政策性金融和合作性金融,农林中央金库主要为农业基础设施提供利率较低、偿还期较长的政策性资金,农协立足于农业协同生产经营,将农村合作金融置于农协统筹管理之中。巴西农村反贫困贷款主要由国家农村信贷体系提供。而印度、孟加拉国等东南亚国家才积极引入了微型金融组织,通过小额信贷模式来推进反贫困进程。同时,发达国家反贫困金融法律制度健全程度要高于发展中国家。例如,美国、日本、法国等国家的法律制度体系比孟加拉国、巴西和印度要完善得多,有反贫困信贷促进法、反贫困保险促进法等法律体系。

4.3　国外农村反贫困金融制度建设的经验与教训

上述各国的农村反贫困金融制度对各国的减贫事业均做出了巨大贡献。对于国外成功的做法,我们应该结合本国的实际情况加以借鉴。同时,各国在建设反贫困金融制度时也有一些措施未能达到预期效果,对此应该吸取深刻的教训。

4.3.1　国外农村反贫困金融制度建设的经验

无论是发达国家，还是发展中国家，各国逐渐形成了各具特色的反贫困金融体系。这些金融体系从信贷、保险等方面促进了农村经济的发展，对各国减贫具有重要意义，给我国农村反贫困金融制度的建设提供了宝贵的经验。概括来讲，主要有以下五个方面。

（1）清晰的反贫困目标是金融反贫困的前提。农村反贫困金融体系运行成功的关键是拥有一个清楚明确的目标。发达国家的农村反贫困金融体系始终有一个明确的目标，那就是要为贫困地区农业和农村发展及弱势群体提供充裕的资金支持。虽然不同的国家处在不同的发展阶段，农村反贫困发展目标不一样，但基本目标却没有发生根本的变化，就是要保障贫困群体的金融获取权利得到落实。正是因为农村反贫困金融体系提供了大量的资本、保险支持，才使得部分低收入群体逐渐摆脱了贫困，实现了国家农业的市场化和现代化，提高了农民的整体收入水平，降低了农村贫困人口数量。

（2）完善的农村反贫困金融法律制度是金融反贫困的保障。由于农业生产条件、国家经济发展水平以及社会文化传统不同，上述各国农村反贫困金融体系结构也不尽相同。但总的来说，经济发展水平较高的国家，都通过国家制定相关的法律来规范农村金融机构的反贫困金融行为。同时，完善的农村金融法律和政策体系，又通过提供有效的激励与约束机制，促进了农村反贫困金融的发展，保障了农村反贫困金融运行的安全。以美国为例，农村金融本身诞生在健全的法律基础之上，并在之后的发展中不断地对其进行修改补充，最终形成较为规范有效的法律体系。如美国国会在 1916 年就通过了《联邦农地押款法》，促进了联邦农业贷款局的成立，并建立起"自上而下"的联邦土地银行；制定了《联邦农业贷款法》《农业信用法》，建立起联邦中期信贷银行，开始构建全国农业信贷体系。日本、法国和印度都制定了与本国国情相符的金融反贫困促进法，为促进金融反贫困提供了强力的法律支持。

（3）政策性反贫困金融制度是金融反贫困的基础。各国建立农村政策性金融机构，向农业和农村提供低息贷款，同时还配合政府反贫困政策，提供特别的政策性贷款、补贴或补偿，运用这些政府政策性金融手段保护和扶持农村经济的发展。主要表现在以下几方面：各国都非常注重农村政策性信贷体系的组织建设，建立适应本国国情的农村反贫困金融体系；各国通过各种措施筹集农村政策性资金，以确保农村政策性金融机构资金来源；各国通过立法对农村政策性金融提供支持和保障，各国都通过许多优惠政策支持和保护农村政策性金融的发展，如减免税收，注入资金，实行利息补贴、损失补贴和债务担保，以及实行有差别的存款准备金制度。可见，发挥政策性金融机构的反贫困功能，对健全农村反贫困金融制度至关重要。

（4）农村合作金融反贫困是金融反贫困的重要支柱。比较发现，在农村反贫困中，各国都非常重视鼓励和利用农村合作金融组织，并通过各种措施扶持和规范农村合作金融，为贫困农户提供互助信贷支持。上述六国基本上都建立了以信用合作社为基础的农村合作金融组织体系，并且在业务经营、民主管理、组织体制等方面形成了比较完善的运行机制和补偿机制。同时，为了促进农村合作金融可持续发展和有效反贫困，各国政府都建立了比较合理的利益补偿机制和制度，以降低农村合作金融反贫困的风险，并调动投资主体的积极性，保证农业投资的连续性、有效性（王伟和刘子赫，2011）。如印度、巴西等都针对农村合作金融组织建立了农村贷款的保障机制、农村贷款担保基金、中小企业贷款担保基金和向农村倾斜的信贷激励机制，对积极支持农村发展特别是贫困群体和自身经济效益明显改善的金融部门给予必要的奖励。

（5）农村反贫困保险制度建设是金融反贫困的重要保障。国外的农村反贫困保险制度的经验可以概括为：首先，拥有健全的法律。各国农村保险的法规均对农村反贫困保险的组织机构协调、保险原则、政府补贴、再保险办法、保险责任以及理赔办法做了较详细的规定。比如美国颁布的《联邦农作物保险法》和日本制定的《农业保险法》。其次，充分利用国家专业保险公司和私人保险公司等各种保险机构开展农村反贫困保险服务。最后，政府对农村反贫困保险予以政策扶持，比如日本国库为贫困农户负担 40%～55%保费，法国政府保费补贴额度为贫困农户所交保费的 50%～80%。同时，政府对农业保险费及经营管理费进行大量补贴，以减轻保险公司发展反贫困保险的损失，调动反贫困保险机构的积极性。

4.3.2　国外农村反贫困金融制度建设的教训

总结来看，上述各国在农村反贫困金融制度建设中，主要有以下三个方面值得深刻吸取的教训。

（1）农村反贫困金融制度建设不能忽视市场机制主导下的适度竞争。在农村反贫困金融市场及其供求关系方面，Devaney 和 Weber（1995）通过评估一个农村银行结构的动态模型，测试了美国的农村银行业市场是不完全竞争的，指出农村的银行政策必须持续地促进现行的和潜在的竞争。Drabenstott 和 Meeker（1997）分析了资本在农业经济中所起的作用，总结了美国农村金融需求的三个特点，指出了美国农村资本市场存在的缺陷，并从三个方面提出如何发展农村资本市场以扩大农村金融产品和服务的供给，即扩大社区银行的可贷资金、发展农村二级市场、开发农村股票资本市场，从而提高农村的反贫困金融水平。Gonzalez-Vega

（2003）论述了发展中国家农村反贫困金融市场存在的主要问题是各经济主体的关系问题，并分析了解决此问题的主要手段即农村金融市场的深化，包括切实优化市场发展的宏观经济、政策、政治环境，深化金融服务功能，扩大金融的总需求和总供给，改革发展中国家现行的金融监管方式，改进各项法规制度，优化调整金融结构。此外还具体分析了贷款难的主要问题在于正规金融的供给不足。可见，尽管农村反贫困金融具有较强的外部性，但不能忽视市场化运作的制度选择（邓晶，2007）。

（2）农村反贫困金融制度建设不能抑制非正规金融组织的积极作用。在农村反贫困金融组织体系及供给主体方面，Graham 等（1997）研究了贫困国家农村金融互助组织在金融服务、存贷款方面的优点和不足，他们肯定了乡村银行集体借贷的优点和客户信息收集的优点，但其也具有产权不明、规模过小的缺点。在对农村非正式金融组织的研究方面，Seibel（2001）指出，随着货币经济的膨胀，非正规金融机构进入农村金融市场，但在规模、延伸和持续性上都受到了限制，认为应该帮助非正规金融机构改进管理并整合到更广阔的金融市场，提出了使非正规金融正规化的观点。Tsai（2004）通过对中国和印度两国农村金融组织的研究表明，反贫困金融的潜在客户仍在很大程度上依赖于非正规金融组织，他将非正规金融组织存在的原因归结为：正规贷款的有限供给、国家执行贷款政策能力有限、地方政治经济分割趋势严重、许多微观金融组织存在制度缺陷。可见，在市场金融制度环境下，还应当创造良好的制度环境，鼓励民间金融在反贫困金融制度建设中发挥重要作用，以促进贫困地区经济增长（邓路等，2014）。

（3）农村反贫困金融制度建设必须防止政府对反贫困金融的过度干预。在农村反贫困金融管理体制方面，虽然在农村反贫困金融市场上，政府适当地干预农村反贫困金融机构，维护贫困农户的融资权益是必要的（温涛等，2018），但在努力维护社会金融公平的同时，有可能会损害金融机构财务可持续性的商业利益，可以通过降低市场准入和减少市场分割来改善这一窘境。Yaron 等（1998）指出，政府应致力于建立一个有利的政策环境，从而发挥农村反贫困信贷市场的功能，减少对农村反贫困信贷的直接干预，优化农村反贫困信贷市场的配置结构，政府的干预在长期应当只是一个辅助性的工具。

4.4　国外农村反贫困金融制度建设对中国的启示

无论是发展中国家还是发达国家，其在农村反贫困金融制度建设中都积累了宝贵的经验，这对我国建立与社会主义市场经济体制和未来相对贫困治理目标相适应的现代农村反贫困金融制度提供了重要政策启示。

4.4.1　建设中国农村反贫困金融制度需要金融法律体系的支撑

上述各国金融制度发展历程中，在农村金融方面逐渐形成了较为完善的法律保障体系，这为农村反贫困金融制度构建提供了基本的法律框架。虽然，中国农村土地承包经营权早已具备了作为抵押担保物所必需的一般特性，但由于农村土地承包经营权不仅负载着生产职能，而且还负担着农民的社会保障职能，因此，立法仍采取了审慎的态度。在未来脱贫成果巩固提升与乡村振兴有效衔接中，发展以农地、农房、林权等农村产权抵押为基础的反贫困金融业务，需要完善相关的法律制度。例如，法律要明确赋予土地经营权的抵押融资功能，这既能保障农户的土地承包权，又能保护新型农业经营主体土地经营权的资本化功能有法律依据。通过丰富土地承包经营权的法律权能，建立土地价值发现与变现机制，只有这样才能推动土地资产资本化。

4.4.2　建设中国农村反贫困金融制度需要加强政府的基础性作用

发展现代农业是农民脱贫致富的有效途径。现代农业的发展需要进行大规模的农田基本建设和对农业科技的有效投入。农业投入风险大，周期长，季节因素强，盈利水平低，加之易受自然灾害影响的特质，限制了商业性金融对农业和农村地区的支持力度，而农村反贫困具有典型的效益溢出性，具有准公共性，所以在农村金融反贫困中，政府的支持必不可少，并且应发挥先导性、基础性、调控性作用。政府的支持有直接无偿支持和间接通过政策性银行有偿支持两种形式：一方面，应充分发挥中国农业发展银行在农业科技开发与推广、农村基础设施建设中的基础性作用，以政策性银行来引导农业银行商业性金融机构开展农村反贫困金融业务；另一方面，应通过提供财政贴息、税收减免等利益诱导方式，激励合作金融和商业金融等支持农村脱贫成果巩固提升，形成金融反贫困的内生动力。具体政策措施包括：一是实施税收减免，增加农业收益率，吸引商业金融反贫困资金的进入。二是注入财政资金。政策资金是农村反贫困金融机构重要的资金来源，发达国家对反贫困金融机构均有大量的专项资金的注入。三是直接补贴。采取直接补贴方式来补贴农村反贫困信贷利息，维持农村反贫困信贷机构的财务可持续性，提高低收入群体的收入。四是存款准备金梯度差异化。对不同类型的反贫困金融机构执行不同档次的存款准备金率，目前美国、法国、日本等国家均实施这一制度。

4.4.3　建设中国农村反贫困金融制度需要发挥市场机制的决定性作用

借鉴国外农村反贫困金融的基本经验，农村反贫困金融制度建设需要放在市场经济大背景下，既需要借助政府机制解决反贫困金融的公共性、公平性问题，更需要依赖市场机制提高反贫困金融资源的配置效率。因此，在今后农村反贫困金融制度创新中，发挥市场机制的决定性作用是极其必要的。从长远看，培育多元化的农村反贫困金融组织，改善反贫困金融竞争环境，提高反贫困金融中介机构服务效率，对满足农村反贫困金融需求是极其必要的（宫留记，2016）。结合我国脱贫成果巩固提升与乡村振兴有效衔接的客观实际，应适度放松农村金融市场准入条件，发展多元化农村金融组织，形成良性竞争的反贫困金融组织体系，扩大反贫困金融服务覆盖面。应消除对农村非正规金融抑制，探索民间金融规范化管理模式，积极发展民营银行，促进非正规金融阳光化、规范化、法制化，以增强农村反贫困金融的活力。

4.4.4 建设中国农村反贫困金融制度需要发挥合作金融的基础作用

在市场机制主导下，农村金融必然会因为信用条件欠缺而存在大量的排斥现象，导致低收入农户无法从商业金融机构融资（董晓林和徐虹，2012）。而国外农村合作金融的历史经验表明，合作金融一开始就是建立在低收入群体互助自救基础之上的，目的是脱贫致富，因而在农村反贫困金融中具有基础性作用。农村合作金融利用社会互助机制，既能弥补商业金融反贫困的缺口，也能在一定程度上补充财政反贫困资金的不足，满足低收入农户小额金融需求。国外经验表明，合作性金融组织是农村社员的利益共同体，扎根农村基层，有较强的信息优势，贷款交易成本较低，可以有效降低反贫困贷款利率。因此，农村合作金融应成为我国农村反贫困金融的基础性组织。但由于目前我国农民金融意识比较淡薄，实行农村合作金融有一定难度，因此可根据各地农村经济发展的实际情况，完善县级农村合作银行模式，扩充其反贫困功能。同时，有条件的脱贫地区积极推进农民信用合作社试点，或者将农村资金互助社升级为农民信用合作社，切实提高其反贫困融资功能。

4.4.5 建设中国农村反贫困金融制度需要紧密依靠保险机制

比较发现，保险反贫困几乎是国外农村反贫困金融的通行做法，是农村反贫困金融制度的重要组成部分。我国农村反贫困金融制度建设也应当抓住保险机制，为低收入群体和反贫困信贷机构建立起风险屏障。从政府层面，首先，在保险最初进入农村市场时，应该由中央政府出资设立政策性农村保险经营机构开拓脱贫地区保险市场，起到引导商业保险进入的作用；其次，政府应大力支持脱贫地区农业保险，比如对农业保险实行财政补贴，对农业保险公司实行减免税政策；最后，逐步建立完善的农村保险法和农村保险补偿体制，以规范保险市场，促进脱贫地区保险业务有效开展。在保险机构方面，我国农村脱贫地区保险险种供给具有单一性，无法满足需求，所以要创新与发展农村反贫困保险险种（包括团体保险、收入保险、自然灾害保险等险种），加强农业风险管理，设立农业灾情研究机构，加强农业保险宣传、承保、理赔工作，改善农业保险的条款设计、费率制定，强化农业保险承保检查、赔款处理和损失资料的统计分析工作，建立脱贫地区农业风险预警系统（李万峰，2016）。此外，应建立反贫困再保险机制来分散农村保险经营主体的风险，同时，国家也可以通过再保险机制灵活地调控农村反贫困保险补偿机制，做出最有力的风险调控决策。

4.4.6　建设中国农村反贫困金融制度需要健全农村存款保险制度

我国农村发展的现状是农户的经济实力普遍较弱，抗风险能力差。同时，现有的涉农金融机构存在经营风险较高、人员素质良莠不齐的问题。因此，注重对农村金融机构的风险管理十分必要，为此建设完善的农村存款保险制度尤为迫切。可以借鉴美国的经验，在政府的组织引导和中央银行的参与下，推动各个农村信用社共同入股组建相对独立的营利性存款保险公司，或者引导和鼓励现有的存款保险机构专门设置农村存款保险分支机构，使其成为用于专项经营农村存款保险业务的政策性金融机构。存款保险公司可以监督和检查参加存款保险的农村信用社和其他农村金融机构的业务，对于那些出现信用危机的农村金融机构给予紧急贷款或者有偿（无偿）援助，保证存款人的利益得到全面保护。当遇到自然灾害导致农户没有能力归还贷款时，存款保险公司也可以给予适当补贴，从而减轻农户还款负担，防止农户因自然灾害重返贫困，消除农村金融机构支持"三农"和反贫困的后顾之忧。

4.5　本 章 小 结

本章主要梳理了美国、日本、法国三个发达国家和孟加拉国、巴西、印度三个发展中国家农村反贫困金融制度构建的具体做法，并总结了这些国家在农村反贫困金融制度构建中的经验教训，最后提出了构建我国农村反贫困金融制度的政策启示。主要研究结果如下。

（1）国外农村反贫困金融制度建设的基本共性在于：通过立法手段保障金融机构在农村地区发挥反贫困服务功能；通过政府正向激励措施加强对农村金融机构反贫困的引导；通过宽松优惠的贷款条件支持农村反贫困；通过农村保险制度来分散反贫困信贷风险和降低贫困。

（2）国外农村反贫困金融制度建设的基本经验是：清晰的反贫困目标是金融

反贫困的前提；完善的农村反贫困金融法律制度是金融反贫困的保障；政策性反贫困金融制度是金融反贫困的基础；农村合作金融反贫困是金融反贫困的重要支柱；农村反贫困保险制度建设是金融反贫困的重要保障。

（3）国外农村反贫困金融制度建设的主要教训是：农村反贫困金融制度建设不能忽视市场机制主导下的适度竞争，不能抑制非正规金融组织的积极作用，必须防止政府对反贫困金融的过度干预。

（4）国外农村反贫困金融制度建设的经验对未来我国构建相对贫困治理目标下的金融反贫困制度的政策启示：一是需要加强金融法律体系的支撑；二是需要加强政府的基础性作用；三是充分发挥市场机制决定性作用；四是需要合作金融的协同配合；五是需要构筑健全的保险机制；六是需要建立健全的农村存款保险制度。

第5章 中国农村反贫困金融制度的历史变迁

从历史的视角考察中国农村反贫困金融制度的演化逻辑，并总结其经验教训，可以启示未来，有助于当代中国农村反贫困金融制度的改革、创新和完善，以更好地利用金融手段促进脱贫成果巩固同乡村振兴的有机衔接。

5.1 中国农村反贫困金融制度变迁的历史阶段与演化逻辑

尽管我国农村扶贫工作实际开始于 1987 年，但如果从对扶贫工作正式开展进行追踪，社会公认的我国农村扶贫的起点是 1986 年。1986 年至今，我国农村扶贫开发大致经历了开发式扶贫、攻坚式扶贫、巩固式扶贫、精准扶贫、脱贫成果巩固提升与相对贫困治理五个阶段，这使得我国农村反贫困金融制度演化也表现出明显的阶段性和差异性特征，如表 5-1 所示。

表 5-1 中国农村反贫困金融制度变迁的历史阶段

阶段	文件颁布时间	文件名	颁布机构	主要内容
第一阶段（1986～1993 年）：农村反贫困金融制度萌芽期	1986 年 5 月	关于成立国务院贫困地区经济开发领导小组的通知（国办发〔1986〕39 号）	国务院办公厅	国务院决定成立贫困地区经济开发领导小组
	1986 年 11 月	中国人民银行、中国农业银行扶持贫困地区专项贴息贷款管理暂行办法	中国人民银行、中国农业银行	从 1986 年起，连续 5 年，每年发放 10 亿元专项贴息贷款，所需信贷资金由中国人民银行每年专项安排，由中国农业银行发放
第二阶段（1994～2000 年）：农村反贫困金融制度巩固期	1994 年 4 月	关于印发国家八七扶贫攻坚计划的通知（国发〔1994〕30 号）	国务院	从 1994 年起，再增加 10 亿元扶贫贴息贷款，执行到 2000 年；从 1994 年起全部划归中国农业发展银行统一办理
	1998 年 10 月	关于农业和农村工作若干重大问题的决定	中共中央	首次提出要"总结推广小额信贷等扶贫资金到户的有效做法"
第三阶段（2001～2013 年）：农村反贫困金融制度强化期	2001 年 6 月	关于印发中国农村扶贫开发纲要（2001—2010 年）的通知（国发〔2001〕23 号）	国务院	提出继续安排并增加扶贫贷款。积极稳妥地推广扶贫到户的小额信贷，支持贫困农户发展生产

续表

阶段	文件颁布时间	文件名	颁布机构	主要内容
第三阶段（2001～2013 年）：农村反贫困金融制度强化期	2006 年 12 月	关于调整放宽农村地区银行业金融机构准入政策更好支持社会主义新农村建设的若干意见（银监发〔2006〕90 号）	中国银行业监督管理委员会	适度调整和放宽农村地区银行业金融机构准入政策，降低准入门槛，强化监管约束，加大政策支持，促进农村地区形成服务多元、种类多样、覆盖全面、治理灵活、服务高效的银行业金融服务体系。首批试点选择在四川、青海、甘肃、内蒙古、吉林、湖北 6 省（区）的农村地区开展
	2007 年 10 月	关于扩大调整放宽农村地区银行业金融机构准入政策试点工作的通知（银监发〔2007〕78 号）	中国银行业监督管理委员会	调整放宽农村地区银行业金融机构准入政策试点范围由内蒙古、吉林、湖北、四川、甘肃、青海 6 个省（区）扩大至全国 31 个省（区、市）的银行业金融机构网点覆盖率低、金融供给不足、竞争不充分的县（市）及县（市）以下地区
	2008 年 4 月	关于全面改革扶贫贴息贷款管理体制的通知（国开办发〔2008〕29 号）	国务院扶贫开发领导小组办公室、财政部、中国人民银行、中国银行业监督管理委员会	为提高扶贫资金的运行效率和扶贫效益，将扶贫贷款和贴息资金直接管理权由中央下放到省，其中发放到贫困户的贷款（以下简称到户贷款）和贴息资金管理权限下放到县。凡愿意参与扶贫工作的银行业金融机构，均可为扶贫贴息贷款发放主体（承贷机构）；中央财政在贴息期内，到户贷款按年利率 5%、项目贷款按年利率 3% 的标准，给予贴息
	2008 年 10 月	关于加快推进农村金融产品和服务方式创新的意见（银发〔2008〕295 号）	中国人民银行、中国银行业监督管理委员会	大力推广农户小额信用贷款和农户联保贷款，创新贷款担保方式，探索基于订单与保单的金融服务，在银行间市场探索发行涉农中小企业集合债券，改进和完善农村金融服务方式
	2010 年 5 月	关于全面推进农村金融产品和服务方式创新的指导意见（银发〔2010〕198 号）	中国人民银行、中国银行业监督管理委员会、中国证券监督管理委员会、中国保险监督管理委员会	大力发展农户小额信用贷款和农村微型金融，探索开展农村土地承包经营权和宅基地使用权抵押贷款业务，推动和做好集体林权制度改革与林业发展金融服务工作
	2011 年 12 月	关于印发《中国农村扶贫开发纲要（2011—2020 年）》的通知（中发〔2011〕10 号）	中共中央、国务院	继续完善国家扶贫贴息贷款政策，鼓励开展小额信用贷款，继续实施残疾人康复扶贫贷款项目，引导民间借贷规范发展，发展农村保险事业，完善中央财政农业保险保费补贴政策，鼓励地方发展特色农业保险，加强贫困地区农村信用体系建设
	2013 年 12 月	关于创新机制扎实推进农村扶贫开发工作的意见（中办发〔2013〕25 号）	中共中央办公厅、国务院办公厅	深化改革，创新扶贫开发工作机制：改进贫困县考核机制、建立精准扶贫工作机制、健全干部驻村帮扶机制、改革财政专项扶贫资金管理机制、完善金融服务机制、创新社会参与机制

续表

阶段	文件颁布时间	文件名	颁布机构	主要内容
第四阶段（2014～2020 年）：农村反贫困金融制度深化期	2014 年 2 月	关于做好 2014 年农村金融服务工作的通知（银监办发〔2014〕42 号）	中国银行业监督管理委员会	强化服务"三农"责任，稳定大中型银行县域网点，增强农村中小金融机构支农服务功能，着力加大对新型农业经营主体的支持力度，突出对农田水利、农业科技和现代种业的金融支持，慎重稳妥开展"三权"抵押融资，强化农村金融差异化监管
	2014 年 3 月	关于全面做好扶贫开发金融服务工作的指导意见（银发〔2014〕65 号）	中国人民银行、财政部、中国银行业监督管理委员会、中国证券监督管理委员会、中国保险监督管理委员会、国务院扶贫开发领导小组办公室、共青团中央	从合理配置金融资源、创新金融产品和服务、完善金融基础设施、优化金融生态环境、积极发展农村普惠金融等方面确定了扶贫开发金融服务的重点工作
	2015 年 8 月	关于开展农村承包土地的经营权和农民住房财产权抵押贷款试点的指导意见（国发〔2015〕45 号）	国务院	赋予"两权"[农村承包土地（指耕地）的经营权和农民住房财产权]抵押融资功能，建立抵押物处置机制
	2015 年 12 月	关于印发推进普惠金融发展规划（2016—2020 年）的通知（国发〔2015〕74 号）	国务院	健全多元化广覆盖的机构体系，创新金融产品和服务手段，加快推进金融基础设施建设，完善普惠金融法律法规体系，发挥政策引导和激励作用
	2016 年 3 月	关于金融助推脱贫攻坚的实施意见（银发〔2016〕84 号）	中国人民银行、国家发展和改革委员会、财政部、中国银行业监督管理委员会、中国证券监督管理委员会、中国保险监督管理委员会、国务院扶贫开发领导小组办公室	围绕"精准扶贫、精准脱贫"基本方略，从精准对接脱贫攻坚多元化融资需求、大力推进贫困地区普惠金融发展、充分发挥各类金融机构助推脱贫攻坚主体作用、完善精准扶贫金融支持保障措施和持续完善脱贫攻坚金融服务工作机制等五方面着手
	2016 年 3 月	关于开办扶贫再贷款业务的通知（银发〔2016〕91 号）	中国人民银行	明确扶贫再贷款发放对象、投向用途、使用期限及利率水平。实行比支农再贷款更优惠的利率，累计展期次数最多 4 次
	2016 年 9 月	关于发挥资本市场作用服务国家脱贫攻坚战略的意见（中国证券监督管理委员会公告〔2016〕19 号）	中国证券监督管理委员会	优先支持贫困地区企业利用资本市场资源
	2017 年 11 月	关于支持深度贫困地区脱贫攻坚的实施意见（厅字〔2017〕41 号）	中共中央办公厅、国务院办公厅	加大中央财政投入力度，加大金融扶贫支持力度，加大项目布局倾斜力度，构建起适应深度贫困地区脱贫攻坚需要的支撑保障体系

续表

阶段	文件颁布时间	文件名	颁布机构	主要内容
第四阶段（2014～2020年）：农村反贫困金融制度深化期	2018年6月	关于打赢脱贫攻坚战三年行动的指导意见	中共中央、国务院	加强金融精准扶贫服务，加大信贷、保险、期货、证券等金融扶贫力度
	2019年1月	关于金融服务乡村振兴的指导意见（银发〔2019〕11号）	中国人民银行、中国银行保险监督管理委员会、中国证券监督管理委员会、财政部、农业农村部	深化改革创新，建立完善金融服务乡村振兴的市场体系、组织体系、产品体系，完善农村金融资源回流机制
	2020年1月	关于抓好"三农"领域重点工作确保如期实现全面小康的意见	中共中央、国务院	加大中央和地方财政"三农"投入力度，坚决打赢脱贫攻坚战、全面建成小康社会
第五阶段（2021年至今）：农村反贫困金融制度转型期	2021年1月	关于全面推进乡村振兴加快农业农村现代化的意见	中共中央、国务院	实现巩固拓展脱贫攻坚成果同乡村振兴有效衔接，从脱贫之日起设立5年过渡期，守住防止规模性返贫底线，持续巩固拓展脱贫攻坚成果，接续推进脱贫地区乡村振兴，加强农村低收入人口常态化帮扶
	2021年6月	关于金融支持巩固拓展脱贫攻坚成果 全面推进乡村振兴的意见（银发〔2021〕171号）	中国人民银行、中国银行保险监督管理委员会、中国证券监督管理委员会、财政部、农业农村部、国家乡村振兴局	金融机构要围绕巩固拓展脱贫攻坚成果、加大对国家乡村振兴重点帮扶县的金融资源倾斜、强化对粮食等重要农产品的融资保障、建立健全种业发展融资支持体系、支持构建现代乡村产业体系、增加对农业农村绿色发展的资金投入、研究支持乡村建设行动的有效模式、做好城乡融合发展的综合金融服务
	2022年3月	关于做好2022年金融支持全面推进乡村振兴重点工作的意见（银发〔2022〕74号）	中国人民银行	加大对国家乡村振兴重点帮扶县等脱贫地区的金融资源倾斜，持续做好定点帮扶工作

资料来源：根据中共中央、国务院各部门发布的文件整理

5.1.1 1986～1993年开发式扶贫：农村反贫困金融制度萌芽期

20 世纪 80 年代中期，由于农业技术进步缓慢，农村家庭联产承包责任制变革带来的农业增产效应逐步释放完毕，农村居民收入增长速度开始回落，并且改革开放逐渐使人们的生产、消费、生活观念发生了显著的变化，人们的商品经济意识逐步增强，有市场驾驭能力的市场主体（包括企业和个人）优先向城市聚集，开展生产经营、创业和就业等经济活动，促进了城市经济的快速发展，城乡差距开始逐步扩大，使得政府更加认真务实地对待我国农村贫困问题。1986 年，我国政府开始实施农村反贫困计划，国务院办公厅印发了《关于成立国务院贫困地区经

济开发领导小组的通知》，正式宣告成立国务院贫困地区经济开发领导小组（1993 年更名为国务院扶贫开发领导小组，2021 年更名为国家乡村振兴局），并在县以上政府建立扶贫专门机构，形成了全国扶贫开发行政系统，这标志着中国政府扶贫开发工作正式开启。

基于 1978～1985 年"输血"式扶贫的局限性，我国政府确定了区域开发式扶贫方针，利用贫困地区自然资源发展生产性项目，加大基础设施建设力度，逐步培育贫困地区自我积累与发展的能力，以逐步摆脱贫困，并列入"七五"发展计划（谢培秀，2001）。为此针对性地采取了一系列政策，包括通过财政扶贫资金、以工代赈资金和扶贫贴息贷款三种方式，对贫困县加以扶持。1986 年 11 月，中国人民银行和中国农业银行联合发布《扶持贫困地区专项贴息贷款管理暂行办法》，该办法规定从 1986 年起连续五年每年发放 10 亿元专项贴息贷款，用于支持全国重点贫困县开发经济，解决群众温饱问题。每年专项贴息贷款所需信贷资金，由中国人民银行进行专项安排，并由中国农业银行发放。通过财政的相关补贴，加大中国农业银行、农村信用社对农村贫困地区的信贷投入，为贫困地区贫穷的劳动者提供扶贫贴息贷款，帮助其发展生产、实现脱贫致富的目标。于是，以扶贫贴息贷款为核心的农村扶贫金融制度开始形成，但此时的农村扶贫金融制度尚处于萌芽阶段，扶贫金融机构主要是中国农业银行和农村信用社两家，扶贫金融产品主要是财政贴息扶贫贷款，为生产环节提供资金要素几乎是农村金融扶贫的全部内容。因此，萌芽阶段的农村金融反贫困手段和工具显得极为单一。

5.1.2　1994～2000 年攻坚式扶贫：农村反贫困金融制度巩固期

1994 年底，全国农村没有完全稳定解决温饱问题的贫困人口已经减少到 8000 万人，全国农村还有 2000 多万人刚刚解决温饱问题，收入低而不稳，巩固温饱的任务十分艰巨。于是，中央政府于 1994 年制定并实施了《国家八七扶贫攻坚计划》，计划从 1994 年到 2000 年，集中人力、物力、财力，动员社会各界力量，力争基本解决全国农村 8000 万贫困人口的温饱问题。这是中华人民共和国历史上第一个扶贫纲领性文件，具有明确的扶贫对象、扶贫目标、扶贫措施和扶贫期限，其核心依然是区域扶贫开发，目标锁定在彻底解决温饱问题上。尽管当时的贫困人口只占全国农村总人口的 8.87%，但这些贫困人口主要集中在国家重点扶持的 592 个贫困县，主要分布在中西部地域偏远、交通不便、文化教育落后、人畜饮水困难、生产生活条件极为恶劣、生态失调、经济发展缓慢的地区。与前一阶段的开发式扶贫工作相比，解决这些地区贫困人口的温饱问题难度更大。

为了确保《国家八七扶贫攻坚计划》的顺利实施，国务院决定：从 1994 年起，每年再增加 10 亿元扶贫贴息贷款，执行到 2000 年，并适当延长开发周期长的项目的扶贫信贷资金使用期限；原来由中国人民银行和专业银行办理的国家扶贫贷款，全部划归中国农业发展银行统一办理；同时，将扶贫信贷资金集中用于中西部贫困状况严重的省、区，有关省、区政府和中央部门的资金要与其配套使用，并以贫困县中的贫困乡作为资金投入和项目覆盖的目标。国有商业银行每年安排一定量的信贷资金，要从实际出发，在保证有效益、能还贷的前提下，对贫困户和扶贫项目借款主体的贷款条件可以适当放宽，保持一定的灵活性。在此阶段，小额扶贫贷款也逐渐发展起来。1998 年 10 月，中共中央通过了《关于农业和农村工作若干重大问题的决定》，首次肯定了小额信贷在扶贫中的积极作用，并提出了推广要求。

与第一阶段农村扶贫金融制度相比，该阶段的农村扶贫金融制度出现了两个新变化：一是农村扶贫金融组织得到进一步拓展。1994 年将中国农业银行的政策性信贷业务分离出来，专门成立了中国农业发展银行，国家授权其基本职责之一就是履行政策性扶贫金融职能；同年也成立了另一家具有扶贫开发功能的国家开发银行。国务院授权国家开发银行向贫困地区基础设施建设提供开发性扶贫贷款。加之原有的中国农业银行、农村信用社仍然向贫困地区提供商业性、合作性扶贫信贷，使得农村扶贫金融组织出现了政策性扶贫金融、商业性扶贫金融、合作性扶贫金融等多元化主体并存和分工合作的局面。二是扶贫金融产品得到进一步丰富。尽管该阶段金融扶贫仍以信贷扶贫为主轴，但扶贫信贷种类出现多样化，包括政策性扶贫信贷、商业性扶贫信贷和合作性扶贫信贷，使得农村扶贫信贷规模得到较快增长。可见，农村反贫困金融制度在该阶段得到了巩固和发展，使农村反贫困信贷结构得到明显改善。

5.1.3　2001～2013 年巩固式扶贫：农村反贫困金融制度强化期

改革开放以来至 2000 年底，我国解决了 2 亿多贫困人口的温饱问题。进入 21 世纪后，我国扶贫开发事业由原来的"解决温饱"进入"共同致富"的新阶段，此时农村贫困人口的分布更加分散。2001 年国务院颁布了《中国农村扶贫开发纲要（2001—2010 年）》，提出新阶段扶贫工作要坚持省负总责，县抓落实，工作到村，扶贫到户；要把贫困地区尚未解决温饱问题的贫困人口作为扶贫开发的首要对象；把"老少边穷"地区作为扶贫开发的重点地区；以县为基本单元、以贫困乡村为基础，继续安排并增加扶贫贷款，支持贫困人口种养业、劳动密集型企业、农产品加工企业、市场流通企业以及基础设施建设项目；在保障资金安全的前提下，根据产业特点和项目具体情况，适当放宽扶贫贷款项目的条件，适当延长贷款期限。

为此，该阶段农村扶贫金融制度得到了五个方面的强化：一是继续推行扶贫贴息贷款。2008 年 4 月,国务院扶贫开发领导小组办公室、财政部、中国人民银行、中国银行业监督管理委员会联合印发了《关于全面改革扶贫贴息贷款管理体制的通知》,将扶贫贷款和贴息资金直接管理权限下放到省,到户贷款管理权限下放到县,扶贫贷款由金融机构自愿承贷,到户贷款和项目贷款贴息分别为年利率5%和 3%。二是推广了新型金融机构扶贫。2006 年 12 月,中国银行业监督管理委员会颁布了《关于调整放宽农村地区银行业金融机构准入政策更好支持社会主义新农村建设的若干意见》,为解决农村地区银行业金融机构网点覆盖率低、金融供给不足、竞争不充分等问题,中国银行业监督管理委员会适度调整和放宽了农村地区银行业金融机构准入政策,降低准入门槛,首批试点选择在四川、青海、甘肃、内蒙古、吉林、湖北 6 省(区)的农村地区开展,鼓励各类资本设立村镇银行、社区性信用合作组织,以及境内商业银行和农村合作银行在农村地区设立专营贷款业务的全资子公司等;2007 年试点扩大至 31 个省(区、市)。从而推动了农村地区村镇银行、贷款公司和农村资金互助社等新型农村金融机构的设立,以及实现了贫困地区金融机构空白乡镇的金融服务全覆盖。2007 年 3 月中国邮政储蓄银行挂牌成立,标志着承担储蓄单一功能的邮政储蓄开始有信贷投放功能,并成为农村扶贫金融中的一支重要力量。三是加强了扶贫金融产品和服务创新。中国人民银行于 2008 年 10 月联合中国银行业监督管理委员会,并于 2010 年 5 月联合中国银行业监督管理委员会、中国证券监督管理委员会、中国保险监督管理委员会分别印发了《关于加快推进农村金融产品和服务方式创新的意见》和《关于全面推进农村金融产品和服务方式创新的指导意见》,要求金融机构全面改进和提升农村金融服务,有效缓解农村和农民贷款难问题。为配合国家的扶贫开发工作,新成立的微型金融机构和正规金融机构(如中国邮政储蓄银行、农村信用社、农村商业银行等)积极推出了贷款到户的小额信贷扶贫模式,支持贫困农户发展生产。四是积极发展农村扶贫保险事业。鼓励保险机构在贫困地区建立基层服务网点,针对贫困地区特色主导产业,鼓励发展特色农业保险。五是加强贫困地区农村信用体系建设。积极推进贫困地区信用村、信用户评比等信用文化工程。同时,鼓励和引导贫困地区民间金融规范发展,满足贫困农户零星融资需求。通过上述措施,农村反贫困金融制度从单一的正规金融反贫困向正规与非正规金融共同反贫困转化,从单一的信贷反贫困向信贷和保险联合反贫困转化,农村反贫困金融的外延得到了极大的丰富,普惠金融的思想开始在我国得到普遍推广和践行。

　　自《中国农村扶贫开发纲要(2001—2010 年)》实施后,我国农村贫困人口大幅度减少。截至 2010 年,按照年人均纯收入 1274 元的扶贫标准计算,全国农村贫困人口已减至 2688 万人,占农村人口的比重下降到 2.8%,农村居民生存以及温饱问题基本得到解决,我国开始面临中等收入国家扶贫的挑战。为了巩固扶贫成果,国家颁布了《中国农村扶贫开发纲要(2011—2020 年)》。该纲要提出,到 2020 年实现扶贫对象不愁吃、不愁穿，使其义务教育、基本医疗和住房得到有效保障，将在扶贫标准以下具备劳动能力的农村人口作为主要扶贫对象；结合社会主义新农村建设，自下而上制定整村推进规划；将六盘山区、秦巴山区、武陵山区、乌蒙山区、滇桂黔石漠化区、滇西边境山区、大兴安岭南麓山区、燕山-太行山区、吕梁山区、大别山区、罗霄山区等区域的连片特困地区和西藏、四省藏区、新疆南疆三地州作为脱贫攻坚主战场。可见，在这一阶段的农村扶贫开发仍然沿用的是过去那种"连片开发式扶贫"，通过基础设施建设、公共生产条件的改善和扶贫产业培育来促进贫困地区经济发展与脱贫致富。

5.1.4 2014～2020 年精准扶贫：农村反贫困金融制度深化期

前几个阶段扶贫的最大特点是带有连片式，通过受益人群广覆盖来推动扶贫开发，尽管这种模式不能精准识别贫困者与非贫困者，但也取得了显著的成效，极大地改善了贫困地区基础设施落后和产业发展滞后的局面，增加了贫困地区居民收入，为后阶段推进精准扶贫模式奠定了坚实的物质技术基础和公共发展条件。统计数据显示，截至 2014 年底，我国年人均纯收入 2300 元以下贫困标准的贫困人口仍有 7000 多万人。

2015 年 10 月 16 日，习近平主席出席了"2015 减贫与发展高层论坛"并发表题为《携手消除贫困 促进共同发展》的主旨演讲，其中强调："现在，中国在扶贫攻坚工作中采取的重要举措，就是实施精准扶贫方略，找到'贫根'，对症下药，靶向治疗""我们注重抓六个精准，即扶持对象精准、项目安排精准、资金使用精准、措施到户精准、因村派人精准、脱贫成效精准，确保各项政策好处落到扶贫对象身上"[①]。

2014 年以来，为了配合国家精准扶贫战略，中国农村反贫困金融制度建设进入深化阶段，主要有以下几个方面：一是加强了反贫困金融产品和服务创新的引导。2014 年 3 月，中国人民银行、财政部、中国银行业监督管理委员会、中国证券监督管理委员会、中国保险监督管理委员会、国务院扶贫开发领导小组办公室、共青团中央等七部门联合印发了《关于全面做好扶贫开发金融服务工作的指导意见》，将支持贫困地区基础设施建设、推动经济发展和产业结构升级、促进就业创业和贫困户脱贫致富及支持生态建设和环境保护等四项作为金融支持的重点领域。同时要求从合理配置金融资源、创新金融产品和服务、完善金融基础设施、优化金融生态环境、积极发展农村普惠金融方面推进金融扶贫重点工作，支持贫困地区经济社会持续健康发展和贫困人口脱贫致富。《中国农村扶贫开发纲要

---

① 《携手消除贫困 促进共同发展——在 2015 减贫与发展高层论坛的主旨演讲》，http://www.xinhuanet.com/politics/zhibo1/2015jpfz/index.htm，2015 年 10 月 16 日。

（2011—2020 年）》中要求"继续完善国家扶贫贴息贷款政策。积极推动贫困地区金融产品和服务方式创新，鼓励开展小额信用贷款，努力满足扶贫对象发展生产的资金需求"。为持续改善农村金融服务，切实加强对现代农业发展的金融支持，中国银行业监督管理委员会在 2014 年 2 月印发了《关于做好 2014 年农村金融服务工作的通知》，提出慎重稳妥开展"三权"抵押融资。银行业金融机构要结合"三农"发展特点，创新多样化的抵押担保模式，大力拓展抵押担保物范围，因地制宜推广多种抵押贷款方式。国务院于 2015 年 8 月印发了《关于开展农村承包土地的经营权和农民住房财产权抵押贷款试点的指导意见》，决定开展农村承包土地的经营权和农民住房财产权抵押贷款试点，推进农村金融创新，扩大贫困地区农民有效担保品范围。二是大力推进普惠金融反贫困。国务院于 2015 年 12 月印发了《推进普惠金融发展规划（2016—2020 年）》，提出要提高金融服务覆盖率、可得性和满意度，以可负担的成本为有金融服务需求的社会各阶层和群体提供适当、有效的金融服务。三是健全金融机构反贫困机制，推进金融精准反贫困服务。为了增强金融扶贫的精准性和有效性，中国人民银行、国家发展和改革委员会、财政部、中国银行业监督管理委员会、中国证券监督管理委员会、中国保险监督管理委员会、国务院扶贫开发领导小组办公室于 2016 年 3 月联合印发了《关于金融助推脱贫攻坚的实施意见》，该意见围绕"精准扶贫、精准脱贫"基本方略，从精准对接脱贫攻坚多元化融资需求、大力推进贫困地区普惠金融发展、充分发挥各类金融机构助推脱贫攻坚主体作用、完善精准扶贫金融支持保障措施和持续完善脱贫攻坚金融服务工作机制等五个方面提出了金融助推脱贫攻坚的细化落实措施。四是引导资本市场反贫困。2016 年 9 月中国证券监督管理委员会发布了《关于发挥资本市场作用服务国家脱贫攻坚战略的意见》，指出优先支持贫困地区企业利用资本市场资源，拓宽直接融资渠道，提高融资效率，降低融资成本，不断增强贫困地区自我发展能力。五是强化了反贫困金融调控与监管。2014 年 3 月，中国人民银行等七部委联合发布的《关于全面做好扶贫开发金融服务工作的指导意见》，提出了强化货币政策、信贷政策、差异化监管政策、财税扶贫政策等四大政策引导金融扶贫保障措施，并要求加强部门协调和完善监测考核。2016 年中国人民银行设立了扶贫再贷款，为金融机构扶贫提供必要的流动性支持。2017 年 11 月，中共中央办公厅、国务院办公厅印发《关于支持深度贫困地区脱贫攻坚的实施意见》，指出"中央统筹，重点支持'三区三州'[①]。新增脱贫攻坚资金、新增脱贫攻坚项目、新增脱贫攻坚举措主要用于深度贫困地区。加大中央财政投入力度，

---

① "三区三州"指的是中国西部特定的地理区域，其中"三区"指的是西藏自治区以及青海、四川、甘肃、云南四省藏区，以及南疆的和田地区、阿克苏地区、喀什地区、克孜勒苏柯尔克孜自治州；"三州"则是指四川的凉山彝族自治州、云南的怒江傈僳族自治州、甘肃的临夏回族自治州。这些地区因其自然条件恶劣、经济基础薄弱而被列为中国的深度贫困地区。

加大金融扶贫支持力度，加大项目布局倾斜力度，加大易地扶贫搬迁实施力度，加大生态扶贫支持力度，加大干部人才支持力度，加大社会帮扶力度，集中力量攻关，构建起适应深度贫困地区脱贫攻坚需要的支撑保障体系"。2018 年 6 月，中共中央、国务院发布《关于打赢脱贫攻坚战三年行动的指导意见》，明确了加大信贷、保险、期货、证券等金融扶贫力度，并提出贫困地区企业首次公开发行股票、在全国中小企业股份转让系统挂牌、发行公司债券等按规定实行"绿色通道"政策。2019 年 1 月，中国人民银行、中国银行保险监督管理委员会、中国证券监督管理委员会、财政部、农业农村部等五部委联合印发《关于金融服务乡村振兴的指导意见》，指出要通过深化改革创新，建立完善金融服务乡村振兴的市场体系、组织体系、产品体系，完善农村金融资源回流机制。2020 年中共中央、国务院发布中央一号文件《关于抓好"三农"领域重点工作确保如期实现全面小康的意见》，明确指出要优先保障"三农"投入，加大中央和地方财政"三农"投入力度，坚决打赢脱贫攻坚战、全面建成小康社会。可见，在脱贫攻坚冲刺期间，金融反贫困的手段已经从过去的信贷扶贫向信贷、保险、资本市场扶贫等全方位转变。

5.1.5　2021 年至今脱贫成果巩固提升与相对贫困治理：农村反贫困金融制度转型期

到 2020 年底，全国各地如期实现了现行标准下（农村居民年人均纯收入 2300 元）9899 万农村贫困人口的全部脱贫，832 个贫困县全部摘帽，12.8 万个贫困村全部出列，区域性整体贫困得到解决，完成了消除绝对贫困的艰巨任务[①]。这标志着我国扶贫工作从消除绝对贫困迈向了脱贫成果巩固提升与相对贫困治理的新阶段。由于部分脱贫地区和脱贫人口脱贫时间短、脱贫产业培育基础弱、发展的可持续性低、就业和收入增长的带动力不够稳固，因此还需要进一步巩固提升脱贫产业，防止脱贫户大规模返贫。同时，反贫困是一个相对概念，绝对贫困问题消除，相对贫困治理问题必将提上议事日程，加快实施乡村振兴战略，带动低收入群体共同致富，已成为新时代农业农村现代化的根本任务。所以，2021 年中央一号文件《关于全面推进乡村振兴加快农业农村现代化的意见》特别指出，"党中央认为，新发展阶段'三农'工作依然极端重要，须臾不可放松，务必抓紧抓实"。该意见分为五个主要部分，包括总体要求、实现巩固拓展脱贫攻坚成果同乡村振兴有效衔接、加快推进农业现代化、大力实施乡村建设行动、加强党对"三农"工作的全面领导。这些部分共同构成了推进乡村振兴和农业农村现代化的全面框架。其中特别强调，

---

① 《习近平：在全国脱贫攻坚总结表彰大会上的讲话》，https://www.gov.cn/xinwen/2021-02/25/content_5588869.htm，2021 年 2 月 25 日。

从脱贫之日起设立 5 年过渡期，守住防止规模性返贫底线，持续巩固拓展脱贫攻坚成果，接续推进脱贫地区乡村振兴，加强农村低收入人口常态化帮扶。由此可见，当前的中国农村扶贫金融制度创新要服务于和服从于脱贫成果巩固提升与相对贫困治理的根本任务，依然具有艰巨性和复杂性，需要与时俱进地不断探索与实践。2021 年 6 月，中国人民银行、中国银行保险监督管理委员会、中国证券监督管理委员会、财政部、农业农村部、国家乡村振兴局联合发布《关于金融支持巩固拓展脱贫攻坚成果　全面推进乡村振兴的意见》提出，金融机构要围绕巩固拓展脱贫攻坚成果、加大对国家乡村振兴重点帮扶县的金融资源倾斜、强化对粮食等重要农产品的融资保障、建立健全种业发展融资支持体系、支持构建现代乡村产业体系、增加对农业农村绿色发展的资金投入、研究支持乡村建设行动的有效模式、做好城乡融合发展的综合金融服务等八个重点领域，加大金融资源投入。2020 年 3 月，中国人民银行发布《关于做好 2022 年金融支持全面推进乡村振兴重点工作的意见》共涉及 23 条内容，从八个方面提出了具体要求，切实加大"三农"领域金融支持，接续全面推进乡村振兴，为稳定宏观经济大盘提供有力支撑。

5.2　中国农村反贫困金融制度变迁的总体特征

上述研究表明，改革开放以来，我国农村反贫困金融制度演化整体上经历了从萌芽到巩固、强化、深化、转型等五个阶段，制度变迁的总体特征主要体现在以下四个方面。

5.2.1　信贷反贫困主导金融反贫困

1986 年我国正式施行农村扶贫计划以来，我国的农村反贫困金融制度较为单一，主要为反贫困信贷制度。多年来，我国反贫困金融制度的改革与发展也主要为反贫困贴息贷款运行机制的动态变化。1994 年前，我国反贫困贴息贷款主要由中国农业银行承办，贷款方式主要为信用贷款和担保贷款，贴息方式为事前向金融机构贴息，统一执行年利率为3%的优惠利率，贫困户的确定由放贷主体与扶贫部门共同决定。自 1994 年后，多元化金融机构开始参与反贫困工作，但贷款方式只能为担保贷款，贴息方式为事后向借款农户贴息，贴息期内按 5%年贴息率贴息，承贷金融机构自主决定贷款利率，贷款对象为扶贫部门建档立卡的贫困户。虽然近年来小额信贷、普惠金融和保险陆续参与农村反贫困计划，但我国农村反贫困金融制度演化中以财政贴息贷款为主的信贷反贫困制度始终占据主导地位，其他金融反贫困如担保、保险反贫困机制基本上都只是服务于信贷反贫困，或对信贷反贫困起辅助作用而构建和发展起来的。

5.2.2　金融服务主要配合财政反贫困

在农村反贫困支持体系中，主要有财政、金融两种手段对贫困地区基础设施、产业培育和贫困户进行资金支持。由于农村扶贫开发具有显著的公共性和溢出效应，具有准公共产品属性，因而天然地决定了财政应在反贫困中发挥主导作用，金融主要是配合财政反贫困而发挥辅助作用。我国特殊的国情和重工业优先发展战略的实施，使城市发展优于并且快于农村，农村基础设施建设严重滞后，农业比较优势不足，加之大量农村青壮年人口向城市转移就业，使农业劳动力供给日益短缺，农村产业发展后劲不足，由此导致我国农村金融发展远远落后于城市金融。目前我国金融机构正处于向商业化、市场化转换完成期，其主要经营目标是利润最大化，而农村脱贫户由于缺乏一定的担保抵押物不能达到金融机构的信贷要求，由此导致农村大部分脱贫户不能获得反贫困信贷的支持。即使央行下发相关文件要求金融机构大力支持农村反贫困，但市场经济条件下央行的相关文件只能起到窗口劝告作用，不具有强制性。因此，金融机构为了实现利润最大化，自然会拒绝或较少以优惠条件向脱贫户发放贷款。这就导致我国农村金融反贫困制度演化始终以配合财政反贫困为基本逻辑，在与财政反贫困的配合中，金融反贫困基本上起着辅助作用，而金融反贫困还要以财政反贫困为诱导，通过财政贴息、税收减免来降低金融反贫困的风险，才能调动和提高金融反贫困的积极性。

5.2.3　反贫困金融制度逐步市场化

1992 年党的十四大正式确立了建立社会主义市场经济体制，我国经济体制从计划经济正式向市场经济转型，集中表现为在资源配置中政府逐渐放权让利，市场经济主体资源配置行为日益理性化、自主化，市场机制得到逐步强化，因而伴随该阶段的我国农村反贫困金融制度演化实际上也就具有从计划向市场逐步过渡的特征。例如，从信贷制度的演变就可以看出，政府控制的逐步弱化和市场机制的逐步强化。改革开放前，与计划经济体制相适应，我国信贷管理体制实行的是"统收统支"的计划管理体制。1979 年后，中国人民银行逐步推行了市场化的信贷管理体制。1979 年 7 月 11 日，中国人民银行发布《信贷差额控制试行办法》，将信贷计划管理体制改为"统一计划，分级管理，存贷挂钩，差额控制"的体制；1981 年 2 月 20 日，中国人民银行发布实行了"统一计划、分级管理、存贷挂钩、差额包干"的信贷计划管理体制；1984 年 10 月 8 日，中国人民银行发布《关于信贷资金管理试行办法》，从 1985 年 1 月 1 日起，实行"统一计划、划分资金、实贷实存、相互融通"的信贷管理体制；1994 年 2 月 15 日，中国人民银行印发《关于下发〈信贷资金管理暂行办法〉的通知》，要求实行"总量控制，比例管理，分类指导，市场融通"的信贷资金管理体制；1998 年又改为"计划指导，自求平衡，比例管理，间接调控"的信贷资金管理体制。从农村反贫困信贷制度演化来看同样具有市场机制逐步强化的特点。原来由中国人民银行和中国农业银行办理的国家反贫困贷款，从 1994 年起全部由中国农业发展银行统一集中办理。从 1994 年起，将反贫困信贷资金集中用于中西部经济贫困省、区，反贫困信贷资金要与有关省、区政府和中央部门的资金配套使用，将贫困县中的贫困乡作为反贫困资金投入对象，大力发展反贫困项目和反贫困产业。1994 年反贫困信贷制度改革前，我国反贫困信贷资金统一服从国家的调配，具有计划经济特征。1994 年后，任何金融机构都可以参与反贫困贷款，具有市场经济特征（汪三贵等，2004；文秋良，2006）。1994 年 4 月，国家出台并开始实施的《国家八七扶贫攻坚计划》，要求从 1994 年起，再增加 10 亿元扶贫贴息贷款并执行到 2000 年；适当放宽贷款条件；同时，国有商业银行每年均要安排一定数额的信贷资金，对贫困地区有选择地进行项目贷款支持。2006 年以来，中国银行业监督管理委员会放宽了农村金融市场准入条件，鼓励各地积极发展微型金融和普惠金融组织，规范民间金融发展，积极引导民间资本进入金融行业，鼓励担保和保险机构发展，大力推行小额信用贷款。这些以市场机制为主导的金融深化措施在贫困地区也逐渐得到落地，有力地缓解了农村地区广泛存在的金融排斥现象（许圣道和田霖，2008；徐少君和金雪军，2009），促进了农村精准扶贫，体现了市场机制引导下的农村反贫困金融制度的巨大活力。

5.2.4 反贫困金融属于强制性制度变迁

制度经济学认为，制度变迁通常分为政府主导的并干预经济主体配置资源的强制性制度变迁，以及市场机制主导的由经济主体自主决定资源配置的诱致性制度变迁两种类型（North，1990；林毅夫，1994；史晋川和沈国兵，2002）。强制性制度变迁又称为供给领先型制度变迁，具有外生性、广覆盖性、阶段性和公平性特征。而诱致性制度变迁由市场需求诱导，又称为需求诱致型制度变迁，具有内生性、渐进性、广适应性、效率性特征。显然，反贫困金融的准公共产品属性，要求农村反贫困金融制度变迁要兼顾公平与效率双重目标，需要强制性和诱致性制度变迁相结合，在强化和完善政策性反贫困金融制度基础上，充分利用政府财政补贴的诱导性作用，推进商业金融反贫困的深化政策，诱致商业性、合作性、社会性反贫困金融制度内生性地完善，促进商业性、合作性、社会性金融组织扶贫功能内生性地强化。但是，在我国 1986 年以来的农村反贫困金融制度沿革中，基本上是由政府规划设计农村扶贫金融组织、农村扶贫金融产品、农村扶贫金融交易规则以及农村扶贫金融资金的用途和方向等,表现出反贫困金融资源的集中统一调度,这对促进片区反贫困开发提供了重要的金融资源保障,但由于顾及不到小微金融需求而表现出内在的缺陷性。在农村金融市场化改革以来尤其是 2006 年农村金融市场准入条件放宽后,金融机构才可以自主决定开发扶贫金融产品和确定交易规则,从而出现了诱致性农村反贫困金融制度变迁模式,在一定程度上弥补了强制性农村反贫困金融制度变迁的不足。

5.3　中国农村反贫困金融制度变迁的历史经验

改革开放以来,农村金融反贫困为我国扶贫开发事业做出了巨大的贡献,使亿万贫困农户摆脱了贫困。农村反贫困金融制度演化为农村金融反贫困积累了许多有益的经验,但在反贫困过程中也带来了一些问题,需要我们在今后的农村反贫困金融制度改革中加以关注。研究发现,我国过去农村反贫困金融制度演化历程,积累的经验主要有以下三个方面。

5.3.1　贫困治理中农村反贫困金融制度不可或缺

作为一个重要的反贫困措施,农村反贫困金融制度对贫困治理来说是不可或缺的。1986 年起,中央财政从专项扶贫资金中专门安排资金用于扶贫贷款贴息,并建立了扶贫贷款财政贴息政策体系,帮助农村贫困农户缓解发展生产贷款难问题。2008 年,国务院扶贫办会同财政部、中国人民银行和中国银行业监督管理委员会决定全面改革扶贫贴息贷款管理体制,印发了《关于全面改革扶贫贴息贷款管理体制的通知》,对扶贫贷款贴息对象、运作模式、贴息方式、贴息期限等做出了明确规定。另外,从 2008 年开始,中央财政出台了县域金融机构涉农贷款增量奖励、农村金融机构定向费用补贴等政策,引导和激励金融机构加大对"三农"发展的支持力度,并加大对中西部贫困地区的倾斜力度。即便如此,在反贫困资金投资中,一半以上的贡献仍来自信贷扶贫投资,其中有很大一部分是政策性银行的财政性信贷化配置资金。由于信贷存在偿还压力,因此会促使贫困对象更加谨慎地使用资金,这对提高财政性反贫困资金使用效率具有重要的推动作用。可见,在农村反贫困支持体系中,信贷是一种有效的反贫困制度安排。

5.3.2　农村反贫困金融制度需要兼顾效率与公平

在农村反贫困金融制度演变中,引入市场机制是增强农村反贫困金融制度生命力的关键。市场机制最大的特征就是经济主体对资源进行配置时的自由决策、价格自主、充满竞争、信息逼真。1994 年后，我国扶贫贷款的发放主体由原先的中国农业银行扩展到任何愿意参与扶贫信贷的金融机构，并且贷款利率由贷款发放主体自主确定，这就赋予了金融机构一定的自主性（杨育民等，2006；杨丽萍，2008）。金融机构可以根据扶贫贷款市场的供需关系来确定其贷款利率，相比于计划经济时期由国家主导的扶贫贷款，市场经济时期的扶贫信贷更具有效率和选择性。并且在 2014 年农村精准扶贫战略实施后，贫困户需要由扶贫部门进行建档立卡精准锚定，其信用信息也记入档案，这有利于降低信贷机构的信息搜寻成本和信贷风险。而且贫困户再次获得贷款的成功率取决于建档在案的信用度，为了提高再次获得贷款的可能性，贫困户在正常情况下会避免拖欠贷款的行为，这也有助于降低扶贫贷款的不良率。因此，市场机制的引入对提高反贫困信贷的配置效率具有重要的推动作用。

5.3.3　农村反贫困金融制度需要构筑协同反贫机制

金融反贫困与财政反贫困是相辅相成、互相补充和配合的依赖关系。在我国农村反贫困金融制度演化的历史进程中的任何阶段，金融反贫困都不是独立存在的，财政反贫困如财政贴息总是伴随其左右。金融反贫困方式以反贫困信贷为主，这属于"造血"式行为，有利于贫困户发展生产，增加收入，提高自我资本积累能力，这是一种长期的过程，通常不能在短期内改善贫困户的生活生产状况，也不能提供公共基础条件。财政反贫困方式主要为财政无偿援助、以工代赈和财政信贷化有偿扶持。无偿援助是最主要的扶持方式，无偿性财政扶贫资金属于"输血"式行为，通过基础设施建设和贫困救济，在短期内可以改善贫困地区发展的公共基础条件，解决贫困户的温饱问题，但从长远来看无助于直接推动贫困户的收入增长。以工代赈虽然在一定程度上可以使贫困户脱贫，并且可以完善贫困地区的基础设施建设，有利于贫困地区的发展，但其有效性与金融反贫困相比较低。因此在农村反贫困开发过程中，金融反贫困需要与财政反贫困协同配合、相互补充，只有这样才能使金融反贫困发挥更大的作用，尤其是通过财政诱导，可以有效分担金融反贫困的公平性带给金融系统的风险问题（李伶俐等，2018a）。如果没有财政前期的基础设施投入和财政贴息，金融反贫困的风险就会显著提高，金融反贫困的积极性就会遭到严重挫伤，金融公平目标也无法实现。可见，要巩固提升农村脱贫成果与相对贫困治理，加强金融反贫困与财政反贫困的配合是极为必要的。

5.4　本 章 小 结

本章首先总结了中国农村反贫困金融制度的演化逻辑，然后再考察中国农村反贫困金融制度运行特征，最后总结了中国农村反贫困金融制度变迁的经验与启示。研究的主要结果如下。

（1）我国农村反贫困金融制度变迁在开发式扶贫、攻坚式扶贫、巩固式扶贫、精准扶贫、脱贫成果巩固提升与相对贫困治理五个阶段中整体上经历了从萌芽到巩固、强化、深化、转型五个层次，在由计划逐步向市场演化的过程中，以信贷反贫困为主导的农村反贫困金融制度配合财政反贫困逐渐发展起来，为我国反贫困开发事业做出了巨大的贡献。历史经验表明，金融反贫困是一种有效的反贫困制度安排，能够利用市场机制的作用提高反贫困效率，在扶贫开发中需要与财政反贫困协同配合，发挥反贫困联动效应。

（2）改革开放以来，我国农村反贫困金融制度变迁的总体特征是，信贷反贫困主导金融反贫困，金融服务主要配合财政反贫困，反贫困金融制度逐步市场化，反贫困金融属于强制性制度变迁。中国农村反贫困金融制度变迁积累的经验是，贫困治理中农村反贫困金融制度不可或缺，农村反贫困金融制度需要兼顾效率与公平，需要构筑协同反贫机制。

第6章 精准扶贫时期中国农村反贫困金融制度有效性评价

在第5章重点考察中国农村反贫困金融制度历史变迁基础上，本章将着重考察精准扶贫时期中国农村反贫困金融制度运行的有效性，具体内容包括：精准扶贫时期中国农村反贫困金融制度结构、精准扶贫时期中国农村反贫困信贷可得性及影响因素分析、精准扶贫时期中国农村反贫困信贷有效性及影响因素分析。通过本章的研究旨在进一步为未来相对贫困治理的农村反贫困金融制度创新提供经验证据。

6.1 精准扶贫时期中国农村反贫困金融制度结构

金融反贫困的承载主体是金融机构和金融市场，扶贫对象是贫困农户和其他低收入群体。本节将重点考察精准扶贫期间我国农村反贫困金融组织体系结构及金融服务格局。

6.1.1 中国农村反贫困金融组织体系结构

为了做好全国扶贫开发工作，1986 年，中国政府成立了国务院贫困地区经济开发领导小组，1993 年易名为国务院扶贫开发领导小组，下设国务院扶贫开发领导小组办公室（2021 年易名为国家乡村振兴局）。国家扶贫专门机构的建立为我国有计划大规模开发式扶贫奠定了组织基础。国务院扶贫开发领导小组的主要任务包括：拟定扶贫开发的法律法规、方针政策和规划；审定中央扶贫资金分配计划；组织调查研究和工作考核；协调解决扶贫开发工作中的重要问题等。由于农村贫困的成因具有多样性和复杂性，农村扶贫开发工作需要多部门联合施策，不同原因所实施的扶贫政策需要对应的归口管理部门制定和实施，只有这样才能有效发挥多样化扶贫政策的协同效应，才能在规定的时间内全面完成扶贫开发攻坚任务。因此，为了协同攻坚国家的扶贫开发工作，国务院调动了多个行政机关和金融机构配合国务院扶贫开发领导小组一同开展扶贫开发工作。

从农村反贫困金融制度的核心组织要素来看，在原贫困地区发挥扶贫功能的金融组织机构主要包括以下几个层次，如图 6-1 所示。

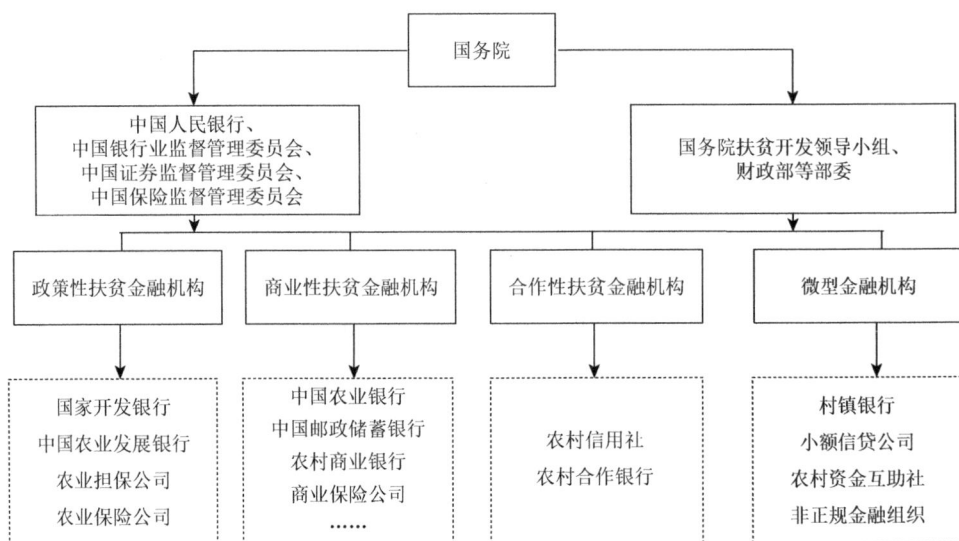

图 6-1 中国农村扶贫金融组织及其调控体系

2018 年 3 月，根据《国务院机构改革方案》组建中国银行保险监督管理委员会（简称银保监会），撤销原"中国银行业监督管理委员会"和"中国保险监督管理委员会"；2023 年 3 月，中共中央、国务院印发了《党和国家机构改革方案》，在中国银行保险监督管理委员会基础上组建国家金融监督管理总局，5 月，国家金融监督管理总局正式揭牌

（1）政策性扶贫金融机构。政策性扶贫金融机构包括国家开发银行[①]、中国农业发展银行等扶贫信贷机构和政策性农业担保、政策性农业保险公司，它们由国家财政出资，经营风险由国家财政全额承担，通过提供优惠信贷、优惠担保和优惠保险，不仅能引导商业信贷、商业担保、商业保险参与精准扶贫开发，而且通过政策性信贷扶贫先期重点支持贫困地区基础设施、基础项目开发、基础产业培育等准公共产业，为商业性金融扶贫改善基础条件，降低商业性金融参与扶贫的成本和风险。

（2）商业性扶贫金融机构。商业性扶贫金融机构包括中国农业银行、中国邮政储蓄银行、农村商业银行、地方股份制商业银行，以及商业保险公司[②]、商业担保公司等。它们以追求利润最大化为核心目标，在实现利润最大化目标与承担社

---

① 国家开发银行为中央金融企业，成立于 1994 年，是直属国务院领导的政策性银行；2008 年 12 月改制为国家开发银行股份有限公司；2015 年 3 月，国务院明确国家开发银行定位为开发性金融机构。开发性金融机构是政策性金融机构的深化和发展，是既开展政策性金融业务，又开展商业性金融业务的金融机构。国家开发银行下设扶贫金融事业部在 2021 年被党中央、国务院授予"全国脱贫攻坚先进集体"称号。为本书将 2020 年前国家开发银行依然划入到政策性扶贫金融机构。

② 商业保险公司主要包括中国人民保险集团股份有限公司、中华联合人寿保险股份有限公司等全国性商业保险公司，以及五家地方专业经营农业保险的公司[吉林安华农业保险股份有限公司、黑龙江阳光农业相互保险公司、上海安信农业保险股份有限公司（2021 年更名为太平洋安信农业保险股份有限公司）、安徽国元农业保险股份有限公司、法国安盟保险公司成都分公司]和中国渔业互保协会等，初步形成了农业商业保险、专业保险、合作保险、外资保险并存的农业保险经营格局。

会责任之间寻求均衡，在政府财政贴息、风险损失补偿机制诱导下，主要为商业性扶贫项目、扶贫产业、扶贫企业提供信贷、担保与保险服务。

（3）合作性扶贫金融机构。合作性扶贫金融机构包括农村信用社和农村合作银行，它们以合作制精神履行社区银行职责，动员当地储蓄资源，为当地扶贫提供小额信贷和产业扶贫信贷服务，发挥弥补商业金融缺陷的作用。

（4）微型金融机构。微型金融机构包括村镇银行、小额信贷公司、农村资金互助社和一些非正规金融组织等。它们是在 2006 年之后成立的具有普惠性质、服务"三农"的金融机构，在贫困地区具有弥补政策性金融、商业性金融、合作性金融服务不足的优势和特点，以提供小额信贷为主，以满足农村和贫困地区广泛存在的小额信贷需求，以其对借款者具有明显的信息优势和经营的灵活性而著称，在农村精准扶贫中是一支重要的新兴力量。

从调控体系来看，各类扶贫金融机构主要接受中国人民银行、中国银行业监督管理委员会、中国保险监督管理委员会、中国证券监督管理委员会等金融调控与监管部门的业务指导和风险监管。中国人民银行主要通过扶贫再贷款、再贴现、差别准备金率、窗口指导等政策工具对信贷机构进行调控，以保证它们有足够的流动性为贫困地区精准扶贫提供信贷支持；中国银行业监督管理委员会、中国保险监督管理委员会、中国证券监督管理委员会主要从市场准入、业务指导和风险监管等方面对金融机构参与精准扶贫提供监管职责。为了调动金融机构参与扶贫开发事业的积极性，国务院扶贫开发领导小组、财政部、国家发展和改革委员会等部委办分别从扶贫政策、财税政策、产业政策等方面对金融扶贫进行引导和激励。扶贫政策和产业政策对金融机构参与扶贫具有方向性的指引作用，也在金融需求端发力，促进扶贫金融需求有效增长；财政政策则利用其公共财政优势，通过财政贴息、信贷风险损失补偿、资本金补充、税收优惠等工具，对金融机构参与扶贫开发提供正向激励机制，以降低金融扶贫的成本与风险，提高金融机构参与扶贫的积极性。

6.1.2　中国农村反贫困金融制度基本框架

1986 年以来，我国政府开展了有组织、有计划的农村扶贫开发行动，先后制定和实施了《国家八七扶贫攻坚计划》（1994～2000 年）、《中国农村扶贫开发纲要（2001—2010 年）》、《中国农村扶贫开发纲要（2011—2020 年）》等扶贫开发战略规划，以科学指导我国分阶段的农村扶贫开发行动。为了提高各项扶贫资金的使用效益，1997 年 7 月 31 日国务院发布了《国家扶贫资金管理办法》，该办法明确规定了各项扶贫资金的扶持对象、使用条件以及总体目标，对科学合理地使用扶贫资金与加强扶贫资金的监管发挥了重要的作用。扶贫开发首先需要资金，才能启动科技、资本、劳动力、管理等潜在扶贫要素加入扶贫生产过程。资金短缺一直是制约贫困地区开发与发展的瓶颈因素。因此，遵循金融运行规律，积极配合国家财政扶贫开展好金融扶贫，对促进我国农村扶贫开发事业意义重大。为此，我国自 2000 年以来，在原有的农村扶贫金融制度基础上，不断推进农村扶贫金融服务创新，逐渐将信贷、保险、担保扶贫纳入金融扶贫范畴，丰富和发展了扶贫金融的内涵，进一步完善了我国农村扶贫金融制度。下面分两个阶段对我国农村扶贫金融制度运行情况加以考察。

（1）推进微型金融试点，启动微型金融、普惠金融扶贫。在 2000～2010 年，我国农村扶贫金融着力向微型化、普惠化和服务对象妇女化等方向发展，过去由正规金融机构垄断的农村扶贫金融制度结构得到逐步优化，微型金融和非正规金融扶贫制度得到国家认可和试点。主要表现在三个方面：一是从 2006 年起，国家先后在全国 1.36 万个贫困村试点建立了农村资金互助社，每个村的资金互助社一次性由国家财政扶贫资金资助 15 万元，作为初始经营资本，然后按入股自由、退股自愿的原则，在本村社吸收农民入社入股 3 万元到 5 万元不等。在互助社资金贷款上，按照"民有、民用、民管、民享、周转使用、滚动发展"的方式，支持本村村民积极发展农业和非农业生产。农村资金互助社模式不仅是财政扶贫资金信贷化配置和提高财政扶贫资金使用效益的一种新的尝试，而且是促进财政扶贫资金周转滚动使用的长效机制。二是改革扶贫贷款财政贴息政策，增强财政贴息政策的杠杆作用，引导金融机构扩大扶贫信贷规模。2001～2010 年，中央财政累计拨付扶贫贷款财政贴息资金 54.15 亿元，投入兴边富民资金 22.1 亿元，对全国人口在 10 万人以下的 22 个少数民族发布实施了《扶持人口较少民族发展规划（2005—2010 年）》，并实行专项财政扶持政策，投入各项财政扶贫资金 37.51 亿元。在财政贴息资金的撬动下，金融机构累计发放扶贫贷款 2000 亿元左右。尤其是 2008 年以来，国家全面改革了农村扶贫贷款管理体制，通过下放贴息资金管理权限、扩大扶贫贷款金融机构经营权限和引入市场化竞争机制等，明显提高了地方政府和金融机构参与农村扶贫开发的积极性，有效改善了贫困农户的贷款难问题。三是积极推进金融支持妇女扶贫。2001 年，国务院发布了《中国妇女发展纲要（2001—2010 年）》，其中"妇女与经济"领域的目标之一就是"缓解妇女贫困程度，减少贫困妇女数量"，国家宏观政策要求"确保妇女平等获得经济资源和有效服务。主要包括获得资本、信贷、土地、技术、信息等方面的权利；农村妇女享有与居住地男子平等的土地承包权、生产经营权、宅基地分配权、土地补偿费、股份分红等权利"，法律和部门政策中要求"制定减少妇女贫困的政策措施，增加贫困妇女的经济收入"。该纲要的发布为金融机构、企业等组织与妇女组织合作，面向农村妇女开展金融服务和相关培训，制定有利于贫困妇女的扶贫措施，保障贫困妇女的资源供给提供了有力支持。为了配合财政支持妇女扶贫行动，2009 年以来，金融部门组织实施了小额担保贴息贷款项目。截至 2011 年 7 月底，累计发放小额担保贴息贷款409.93亿元,其中农村妇女获得小额担保贴息贷款259.23亿元,使贫困妇女成为农村扶贫金融制度的直接受益者。[①]总之,在2000~2010年,我国农村贫困地区基础设施不断得到完善,贫困人口的生产生活条件得到了明显改善,贫困人口的温饱问题得到了根本性的解决。

（2）推动金融精准扶贫、金融业态全面扶贫。为了适应我国农村扶贫开发工作要促进共同富裕的新形势、新任务、新目标。2011年12月,国务院发布实施了《中国农村扶贫开发纲要（2011—2020年）》,为我国2011~2020年农村扶贫开发工作做出了科学规划和部署,将国家贫困标准提高到年人均纯收入2300元的水平,明确提出"到2020年,稳定实现扶贫对象不愁吃、不愁穿,保障其义务教育、基本医疗和住房"（即"两不愁三保障"）。2012年党的十八大以来,党中央和国务院基于2020年全面建成小康社会的宏伟目标,提出了精准扶贫战略。为了积极配合精准扶贫战略的实施,2013年12月18日,中共中央办公厅和国务院办公厅印发了《关于创新机制扎实推进农村扶贫开发工作的意见》,从多方面提出了农村金融精准扶贫方略,具体包括:充分发挥政策性金融的导向作用,支持贫困地区基础设施建设和主导产业发展;引导和鼓励商业性金融机构创新金融产品和服务,增加贫困地区信贷投放;在防范风险前提下,加快推动农村合作金融发展,增强农村信用社支农服务功能,规范发展村镇银行、小额贷款公司和贫困村资金互助组织;完善扶贫贴息贷款政策,增加财政贴息资金,扩大扶贫贴息贷款规模;进一步推广小额信用贷款,推进农村青年创业小额贷款和妇女小额担保贷款工作;推动金融机构网点向贫困乡镇和社区延伸,改善农村支付环境,加快信用户、信用村、信用乡（镇）建设,发展农业担保机构,扩大农业保险覆盖面;改善对农业产业化龙头企业、家庭农场、农民合作社、农村残疾人扶贫基地等经营组织的金融服务。2014年12月中国银行业监督管理委员会办公厅印发了《加强农村商业银行三农金融服务机制建设监管指引的通知》,其核心思想是"为推动农村商业银行进一步强化普惠金融理念,加快建立三农金融服务长效机制,持续提升服务三农的特色化、专业化、精细化水平",要求加强"农村商业银行支持三农发展的系列制度安排和能力建设"。2015年3月中国银行业监督管理委员会办公厅又印发了《关于做好2015年农村金融服务工作的通知》,就银行业金融机构改善农村金融服务、支持农业现代化建设有关事项进行了安排。2016年9月中国证券监督管理委员会发布《关于发挥资本市场作用服务国家脱贫攻坚战略的意见》,首次明确了资本市场的扶贫功能,为直接金融业态参与扶贫指明了操作方向。2017年11月,中共中央办公厅、国务院办公厅发布《关于支持深度贫困地区脱贫攻坚的实施意见》,提出中央统筹,重点支持"三区三州",新增脱贫攻坚资金、新增脱贫攻坚

---

① 中华人民共和国国务院新闻办公室:《中国农村扶贫开发的新进展》,2011年11月16日。

项目、新增脱贫攻坚举措主要用于深度贫困地区，具体举措中包括了加大金融扶贫支持力度。2018 年 6 月，中共中央、国务院发布《关于打赢脱贫攻坚战三年行动的指导意见》，在第五部分加强精准脱贫攻坚行动支撑保障中就提出加大金融扶贫支持力度，具体内容包括信贷、保险、基金、证券等多种金融扶持措施。2019 年 1 月，中国人民银行等五部委联合发布《关于金融服务乡村振兴的指导意见》，指出"建立完善金融服务乡村振兴的市场体系、组织体系、产品体系"，更好满足乡村振兴多样化、多层次的金融需求，推动城乡融合发展。

6.1.3　中国农村反贫困金融产品与服务供给格局

2011 年《中国农村扶贫开发纲要（2011—2020 年）》发布实施，以及国家贫困标准线提高至年人均纯收入 2300 元，标志着我国农村扶贫开发任务目标已由过去"重点解决温饱问题"阶段向"实现共同致富、全面建成小康社会"阶段转变；2013 年 12 月中共中央办公厅和国务院办公厅印发《关于创新机制扎实推进农村扶贫开发工作的意见》，标志着我国扶贫开发工作方式已由过去的"面上扶贫开发"阶段向"点上精准扶贫"转变。为此，2014～2019 年，国务院扶贫开发领导小组办公室、财政部、中国人民银行、中国银行业监督管理委员会、中国保险监督管理委员会、中国证券监督管理委员会等单位积极出台相应的制度和政策举措，激励农村金融机构积极开展农村扶贫金融产品与服务创新。在我国农村精准扶贫中各金融机构推出的农村扶贫金融产品归纳如表 6-1 所示。

表 6-1　精准扶贫中我国农村扶贫金融产品及供给机构

金融产品类型	具体品种	供给主体	政策支持主体	产品性质	受益对象
扶贫信贷	基础设施贷款	中国农业发展银行	中国人民银行、中国银行业监督管理委员会、国务院扶贫开发领导小组办公室、地方政府	政策性	贫困地区
	扶贫产业发展贷款	中国农业发展银行、中国农业银行		政策性、商业性	
	扶贫贴息贷款	中国农业银行、农村信用社、农村商业银行、中国邮政储蓄银行、新型农村金融机构		政策性	贫困农户
	小额信用贷款				
	青年创业贷款				贫困青年
	妇女小额担保贷款				贫困妇女
	教育扶贫贷款				贫困大学生
	农村产权抵押贷款				贫困农户
扶贫保险	基本农作物保险	农业保险公司	中国保险监督管理委员会	政策性	贫困地区农业经营者
	养殖保险				
	人寿保险	商业保险公司		商业性	贫困地区农户
	财产保险				

金融产品类型	具体品种	供给主体	政策支持主体	产品性质	受益对象
扶贫基金	扶贫产业发展基金	政府基金	财政部门	政策性	贫困地区
	扶贫信贷风险补偿基金	政府基金			扶贫金融机构
	社会扶贫基金	民间基金	社会资本	社会性	贫困农户
扶贫担保	扶贫信贷担保	农业担保公司	地方政府	政策性	贫困地区
扶贫证券	扶贫证券融资	产业经营主体	中国证券监督管理委员会	商业性	贫困地区企业
扶贫期货	扶贫保险＋期货、"互联网＋"期货	产业经营主体	期货交易所	商业性	贫困地区农业企业

资料来源：本书根据国家有关金融监管部门文件整理而得

从表 6-1 可知，在农村精准扶贫期间，我国农村扶贫金融产品得到极大的丰富和发展。从扶贫金融产品类型来看，有扶贫信贷产品、扶贫保险产品、扶贫基金产品、扶贫担保产品、扶贫证券产品、扶贫期货产品等六大类别。其中，扶贫信贷产品种类最多，包括基础设施贷款、扶贫产业发展贷款、扶贫贴息贷款、小额信用贷款、青年创业贷款、妇女小额担保贷款、教育扶贫贷款和农村产权抵押贷款等。可见，扶贫信贷制度是我国农村反贫困金融制度的核心，农村扶贫信贷产品和服务是我国农村反贫困金融产品和服务的基石。2016 年以来，保险扶贫发展势头加快，保险部门积极响应党中央精准扶贫号召，除了开展基础的基本农作物、养殖、人寿、财产等保险业务外，还创新涉农保险种类，例如，因地制宜地发展贫困地区特色险种，包括扶贫小额贷款保证保险、价格保险、产值保险、保险＋期货、"互联网＋"保险等。中国银行保险监督管理委员会数据显示，2020 年全年，农业保险为贫困户提供风险保障 1009 亿元，覆盖贫困户 1932 万户次，支付赔款 21.5 亿元，赔付贫困户 289.67 万户次。其中，在"三区三州"等深度贫困地区，农业保险为 157.46 万户次贫困户提供风险保障，支付赔款 3 亿元。

6.2　精准扶贫时期中国农村反贫困信贷可得性及影响因素分析

由于农村信贷扶贫在农村金融扶贫中最具有代表性，起步最早，影响最大，因而下面通过精准扶贫期间农村扶贫信贷（主要是小额扶贫信贷[①]）可获得性进行

---

① 我国金融机构开办的小额信贷主要有两种类型：一种具有商业性质，需要抵押担保条件；另一种具有福利性质，由财政贴息，损失由政府兜底，金融机构风险小。福利性质的小额扶贫贷款通常可获得性较高，商业性质的小额扶贫贷款发放数量则完全取决于贫困农户家庭的信用资源禀赋条件。为便于实证研究，这里主要考虑商业性质的扶贫小额信贷可获得性。

实证分析，以揭示我国精准扶贫时期农村反贫困金融制度运行的效果。

6.2.1　农村反贫困信贷可得性的理论假设

从理论上讲，对于存在信贷需求的贫困农户，除了农村经济发展水平和扶贫财政金融政策等因素外，家庭劳动力数量、就业状况、年人均收入水平、固定资产价值、社会资本、户主受教育程度、与金融机构的物理距离等，都可能是影响扶贫信贷可得性的重要因素。因此，在对这些因素进行实证研究之前，首先提出如下待检理论假设。

假设 1：户主受教育程度和家庭人口健康状况对扶贫信贷可得性具有正向作用。

户主受教育程度的高低将直接关系到贫困型农户家庭的科学技术获取能力、整体经营能力和市场驾驭能力。户主受教育程度越高，掌握技术的能力越强，对市场信息反应越敏感，对市场信息的捕捉能力与投资机会的甄别能力也越强，对国家扶贫政策的理解和把握也会越深刻，在扶贫金融机构进行信贷交易的过程中，价格谈判的能力也就越强，扶贫贷款的可得性就越高。同理，人口健康状况越好的家庭，其劳动力体力素质就越高，参加劳动获取收入的预期就越高，偿还银行贷款的能力就越强，发生信贷违约的可能性就越低，因而扶贫金融机构更愿意贷款，扶贫信贷可得性就越高。

假设 2：家庭劳动力数量、年人均收入水平对扶贫信贷可得性具有正向影响。

贫困农户家庭拥有的劳动力数量越多，通过农业生产或非农就业获取的农业收入和工资收入就越多，家庭消费后的储蓄能力就较强，因此也具有较高的贷款清偿能力，能够比较容易地达到金融机构的贷款条件。同时，劳动力数量越多的家庭，各项生产和生活开支数量也会相应地增加，当出现收不抵支或收支时隔较长时，就会产生生产资金或周转资金缺口，形成较强的贷款意愿，最终可能向金融机构提交扶贫信贷申请而获得贷款支持。对于人均收入水平较高的贫困农户家庭，能够接受的贷款利率上限水平相对更高，发展生产、获取高收入的冒险精神相对较强，具有较高的风险偏好，与金融机构逐利的本性"不谋而合"。所以，不论是基于贫困农户贷款需求，还是基于金融机构贷款意愿，家庭劳动力数量、年人均收入水平与扶贫信贷可得性均具有正向关系。

假设 3：家庭固定资产价值（不包含房屋及建筑物）对贫困农户信贷可得性具有正向促进作用。

在债务融资中，家庭有效的固定资产可以充当贷款抵押物。贫困农户家庭固定资产价值在扣除家庭负债后的净值越大，借款贫困户冒道德风险的可能性越低，借款贫困户和金融机构之间信息不对称程度就越弱，金融机构就越有积极性向该类贫困家庭贷款，其扶贫贷款可获得性就越高。反之，家庭固定资产价值越低，不仅扣除负债后的净值较低，而且能够充当有效抵押物的价值也较低，即使贫困型农户有较强的贷款需求，受家庭固定资产抵押条件的制约，也很难从正规金融机构获得商业性质的扶贫贷款。因此，家庭固定资产价值与扶贫信贷可得性之间必然存在正向关系。

假设 4：社会资本与扶贫信贷可得性具有正向关系。

社会资本是指贫困农户家庭的社会关系网络资源，包括亲戚、朋友、熟人关系圈。一般说来，在乡村熟人社会中，是否有亲戚、朋友在政府或金融机构工作，就代表了贫困农户家庭所拥有的社会资本情况。对于社会资本与农户贷款可得性之间的关系，张建杰（2008）认为，建立在亲缘和业缘基础上的社会资本对正规和非正规金融信贷可得性都发挥了"特质性"作用。马光荣和杨恩艳（2011）研究发现，社会网络较多的农户能够较容易地从非正规金融获得贷款。同样地，如果贫困农户家庭拥有的社会资源越多，就可能通过社会资本削弱贫困农户与金融机构之间的信息不对称程度，并且更容易满足金融机构贷款担保条件，同时，金融机构发放扶贫信贷的风险相对较小，贫困农户扶贫贷款的可得性就会越大。

假设 5：与金融机构的物理距离对贫困农户家庭扶贫信贷可得性具有负向影响。

贫困农户家庭与金融机构之间的物理距离较远，不仅会增加贫困农户借款的交通成本、时间成本、信息搜寻成本，还容易使贫困农户产生"弃贷"的念头，最终主动放弃向金融机构贷款。同时，从借贷双方信息沟通以及扶贫贷款资金使用的监督检查来看，也增加了较多的交易成本和风险隐患。可见，贫困农户家庭与金融机构之间的物理距离越远，双方信息不对称程度就越深，借贷双方融资意愿就越弱，这必然会降低贫困型农户的信贷可得性。

6.2.2　农村反贫困信贷可得性的调查方案与描述性统计

1. 样本选择

为了使样本数据尽可能真实地反映贫困农户融资状况，本课题组于 2014 年在西南地区国家级贫困县选择部分贫困型农户进行了预调查，以检验问卷调查表设计的有效性，并通过预调查所反映的问题修改和完善问卷调查表，使问卷调查中的问题及答案选项尽可能与实际情况相吻合，避免过大的调查误差出现。2015～2016 年，课题组正式确定了重庆等 17 个省（自治区、直辖市），对其部分国家级贫困县的贫困型农户进行了判别抽样问卷调查，2016～2017 年又在西南地区如贵州、重庆等省市选择了部分农村金融精准扶贫案例进行了典型调查，以便进行地方典型案例研究。

对贫困型农户大样本的判别抽样调查方法具体为：第一，以中、西部为重点，选择了重庆等 17 个省（自治区、直辖市），并在 592 个国家级贫困县名单中确定调查样本县（区）；第二，在各省区市的贫困县选取典型的贫困乡，并以其贫困村作为调查点；第三，逐一对该贫困村年人均纯收入在 2300 元以下的贫困型农户进行识别，或借助政府建档立卡贫困型农户确立调查样本进行问卷调查，以便进行量化研究；第四，对部分典型贫困村的贫困农户、创业大户和中小企业进行了实地深度调查，选择了部分贫困县政府扶贫办、金融办和农村资金互助社进行访谈调查，以便进行质性研究。

本次投放的问卷调查表共计 2430 份，而在各省区市最终调查获得的有效样本数量分别为：重庆 152 份、贵州 223 份、广西 128 份、四川 226 份、陕西 165 份、云南 178 份、湖南 125 份、湖北 142 份、山西 121 份、江西 143 份、内蒙古 59 份、河北 91 份、安徽 112 份、河南 37 份、甘肃 46 份、新疆 29 份、黑龙江 58 份，共计有效样本数为 2035 份，有效样本率为 83.74%，详见表 6-2 所示。

表 6-2　调查样本县（市、区）分布和有效样本数

省区市	调查样本贫困县（市、区）	发放问卷/份	有效问卷/份	有效样本率
重庆市	黔江、武隆、云阳、石柱、酉阳、奉节	170	152	89.41%
贵州省	麻江、雷山、黎平、榕江、从江、普定、台江、三都	260	223	85.77%
广西壮族自治区	上林、三江、西林、田东、凤山、巴马	155	128	82.58%
四川省	叙永、苍溪、通江、南江、南部、宣汉、平昌、仪陇	250	226	90.40%
陕西省	延川、丹凤、合阳、长武、白河、富平	190	165	86.84%
云南省	镇雄、双江、红河、泸水、永胜、武定、剑川	210	178	84.76%
湖南省	平江、新化、凤凰、安化	155	125	80.65%
湖北省	秭归、巴东、建始、咸丰、长阳、来凤、利川	160	142	88.75%
山西省	五台、大宁、广灵、永和、临县、代县、武乡	140	121	86.43%
江西省	莲花、赣县、安远、万安、永新、乐安	165	143	86.67%
内蒙古自治区	武川、兴和、商都	80	59	73.75%
河北省	平山、尚义、广宗	110	91	82.73%
安徽省	太湖、临泉、寿县、石台、岳西、萧县	130	112	86.15%
河南省	兰考、宜阳	60	37	61.67%

续表

省区市	调查样本贫困县（市、区）	发放问卷/份	有效问卷/份	有效样本率
甘肃省	文县、合水	65	46	70.77%
新疆维吾尔自治区	民丰、于田	50	29	58.00%
黑龙江省	延寿、桦川、抚远	80	58	72.50%
合计		2430	2035	83.74%

2. 调查方案设计

针对贫困农户的问卷共有五部分，分别为贫困农户的基本经济情况调查、金融需求状况及融资途径调查、小额扶贫信贷可获得性调查、扶贫信贷资金运用情况调查、扶贫信贷运用的有效性调查。在基本经济情况调查中，主要了解贫困农户的基本情况，如所在地区、家庭基本情况、生产情况。在贫困农户金融需求状况及融资途径调查中，主要了解贫困农户家庭收支、扶贫信贷需求以及获取扶贫信贷的途径。在贫困农户小额扶贫信贷可获得性调查中，侧重了解贫困农户获得扶贫信贷的数量、价格和期限情况，以及获得扶贫信贷的难易程度、获得扶贫信贷的便捷程度等情况。贫困农户扶贫信贷资金运用情况调查中，主要了解贫困农户获得的扶贫信贷的机构来源、扶贫贷款的具体情况（如数额、类型、期限、利率、还款方式）、扶贫贷款的具体用途以及获取扶贫贷款失败的主要原因。在贫困农户扶贫信贷运用的有效性调查中，问卷设计的问题主要集中在小额扶贫信贷与其他贷款的比较，如与其他贷款方式相比获得小额扶贫信贷的成本、难易程度、手续的烦琐程度，以及小额扶贫信贷在主观和客观方面对贫困农户的影响，最后是贫困农户对扶贫信贷制度进行主观评价。

3. 贫困农户信贷可得性的描述性统计分析

在发展中国家的农村贫困地区，强烈的信贷约束是阻碍贫困地区经济发展和脱贫致富的重要因素。这种强烈的信贷约束，一方面可能来自政府的金融管制、瞄准目标的指定和金融机构信贷配给与利率管制，另一方面内生性地来自贫困农户自身的信用条件，包括与贫困农户信贷交易成本高，抵押担保条件缺失，信息不对称、不完全等，而被金融机构排除在扶贫信贷门槛之外。我国自 20 世纪 90 年代中期以来，逐步推进了农村金融市场化改革，中国工商银行、中国农业银行、中国银行、中国建设银行等四大国有银行大量撤并农村营业网点，并上收信贷权限，政府逐渐清理、整顿、取缔农村合作基金会，非正规金融长期处于被抑制的状态，使得农村信用社不仅逐渐垄断了农村信贷市场，而且因为没有其他金融机构分担贷款压力而被迫成为服务"三农"的主力军。2006 年以来农村金融市场准入门槛的降低，使得新型农村金融机构如村镇银行、小额贷款公司、农村资金互助社等在各地不断涌现，但由于这些微型金融机构尚处于发展初期，营业网点较少、市场知晓度不高、决策透明度较低，导致贫困型农户仍难以十分便捷地从正规金融和新型金融机构获得具有商业性质的小额扶贫贷款。

表 6-3 显示，在精准扶贫期间调查的 2035 户有效样本贫困农户中，有 1712 户贫困农户具有信贷需求，提交过借款申请的贫困农户有 1503 户，但实际获得商业小额信用贷款的农户数只有 816 户，占调查样本农户总数的 40.10%，占有信贷需求的贫困农户总数的 47.66%，占申请贷款农户总数的 54.29%；提交过借款申请而未获得贷款的贫困型农户数有 687 户，占调查样本农户总数的 33.76%，占有信贷需求的农户总数的 40.13%，占申请贷款农户总数的 45.71%；而有信贷需求但未提交贷款申请的贫困型农户数为 209 户，占有信贷需求的农户总数的 12.21%。这说明我国贫困型农户的金融排斥现象依然十分严重，贫困型农户信贷可得性整体偏低，这成为贫困农户无法高质量摆脱"贫困陷阱"的重要原因之一。同时，从贷款来源渠道看，从正规金融机构获得扶贫贷款的农户数达 352 户，占所获得贷款农户的比重为 43.14%；从非正规金融机构获得贷款的农户数为 497 户，占比达到 60.91%。这说明非正规金融机构的发展在一定程度上对传统正规金融机构产生了"互补效应"，规范发展非正规金融机构对提高贫困型农户贷款可得性具有重要意义。

表 6-3　贫困农户扶贫信贷的可得性特征

问题	选项	户数/户	所占比例	累计比例
有信贷需求，是否获得贷款	提交申请获得贷款	816	47.66%	47.66%
	提交申请未获得贷款	687	40.13%	87.79%
	未提交申请未获得贷款	209	12.21%	100.00%
获得贷款的渠道（多选）	正规金融机构	352	43.14%	—
	非正规金融机构	497	60.91%	—
有信贷需求但未向金融机构申请贷款的主要原因（多选）	利率较高	192	91.87%	—
	手续烦琐	170	81.34%	—
	与金融机构间的距离远	154	73.68%	—
	家庭有借款不光彩	69	33.01%	—
	其他	34	16.27%	—

续表

问题	选项	户数/户	所占比例	累计比例
有信贷需求且提交贷款申请但认为未获得贷款的主要原因（多选）	借贷信息不畅通	303	44.10%	—
	没有抵押品或担保人	582	84.72%	—
	政府或金融部门没有熟人	479	69.72%	—
	没有好的扶贫项目	506	73.65%	—
	其他	101	14.70%	—

实际上，从表 6-3 还可以看出，影响贫困农户实际贷款意愿的因素是多方面的。如在 209 户有信贷需求但实际未向金融机构申请借款的农户中，认为利率较高的有 192 户，占比高达 91.87%；认为银行贷款手续烦琐的农户有 170 户，占比达到 81.34%；认为与金融机构距离较远的农户有 154 户，占比达到 73.68%；认为家庭有借款不光彩的农户有 69 户，占比达到 33.01%。这说明利率水平、贷款手续、融资便利度是制约我国农村贫困型农户实际贷款意愿的主要因素，"不轻言贷"的思想还比较严重。从贷款可得性的主要影响因素来看，在有信贷需求并提交贷款申请而未获得贷款的 687 户贫困农户中，认为借贷信息不畅通的农户有 303 户，占比为 44.10%；认为没有抵押品或担保人的农户有 582 户，占比为 84.72%；认为在政府或金融部门没有熟人的农户有 479 户，占比 69.72%；认为没有好的扶贫项目的农户有 506 户，占比为 73.65%；选其他原因的贫困农户 101 户，占比为 14.70%。可见，缺乏有效的抵押品和担保人、缺失优质高效的扶贫项目、社会资本水平普遍较低是导致贫困型农户扶贫信贷可得性低的主要原因。

6.2.3　精准扶贫时期中国农村反贫困信贷可得性的实证分析

1. 计量模型选取及说明

实证研究中，由于被解释变量"扶贫信贷可得性"是一个只有"获得"和"没有获得"这两种选择的变量，同时，解释变量主要涉及贫困农户家庭的一些资源禀赋属性等。若将被解释变量与解释变量设定为简单的线性回归模型，不仅会受到随机误差项异方差性的影响，最终使得参数估计失去有效性，而且即使用加权最小二乘法来修正随机误差项的异方差问题，也无法保证模型的预测值在(0, 1)之间。因此，为了克服线性回归的局限性，我们选择二项分布的 Probit 模型对贫困型农户扶贫信贷可得性的影响因素进行估计。模型的基本表达形式如下：

$$Y_{1i} = C_{1i} + \beta_{1ij}X_{1ij} + \mu_{1i} \tag{6-1}$$

式中，Y_{ij}（$i = 1, 2, 3$；$j = 1, 2, 3, \cdots, n$）为虚拟被解释变量，即二元选择变量，取值为 1 或 0，代表贫困农户对扶贫信贷的可得性，$Y_{11} = 1$ 代表贫困农户获得扶贫信贷，$Y_{11} = 0$ 代表贫困农户没有获得扶贫信贷，$Y_{12} = 1$ 代表贫困农户获得正规金融扶贫信贷，$Y_{12} = 0$ 代表贫困农户没有获得正规金融扶贫信贷，$Y_{13} = 1$ 代表贫困农户获得非正规金融扶贫信贷，$Y_{13} = 0$ 代表贫困农户没有获得非正规金融扶贫信贷；C_{1i} 为常数项；β_{1ij} 为解释变量的系数；X_{1ij} 为解释变量；μ_{1i} 为随机误差项。

2. 变量定义与指标设计

由于贫困农户获得商业性质的小额扶贫信贷会受到诸多因素的影响，本节基于前文的理论假设因素，进一步对贫困农户获取商业性小额扶贫信贷的影响因素进行实证分析，各变量的具体定义见表 6-4。

表 6-4　精准扶贫时期贫困户信贷可得性实证模型指标体系说明

变量	变量定义
	被解释变量
Y_{11}	贫困农户扶贫信贷的可得性：获得 = 1；没有获得 = 0
Y_{12}	贫困农户正规金融扶贫信贷的可得性：获得 = 1；没有获得 = 0
Y_{13}	贫困农户非正规金融扶贫信贷的可得性：获得 = 1；没有获得 = 0
	解释变量
$X_{111}/X_{121}/X_{131}$	户主文化教育水平：小学及以下 = 1；初中 = 2；高中 = 3；大专及以上 = 4
$X_{112}/X_{122}/X_{132}$	家庭劳动力数量
$X_{113}/X_{123}/X_{133}$	家庭成员平均健康状况：良好 = 1；一般 = 2；较差 = 3；很差 = 4
$X_{114}/X_{124}/X_{134}$	家庭年人均纯收入水平：2300 元及以下 = 1；2300 元以上 = 2
$X_{115}/X_{125}/X_{135}$	家庭固定资产价值：1 万元及以下 = 1；1 万~3 万元（含）= 2；3 万~5 万元 = 3；5 万元以上 = 4
$X_{116}/X_{126}/X_{136}$	家庭社会资本，即是否有亲戚朋友在政府或金融机构工作：无 = 1；有 = 2
$X_{117}/X_{127}/X_{137}$	家庭与最近金融机构的物理距离：很近 = 1；较近 = 2；一般 = 3；较远 = 4

注：2011 年国家确定的绝对贫困标准为家庭年人均收入 2300 元；2016 年提高到 3000 元

3. 实证结果与分析

运用 EViews 8.0 软件，分别对贫困农户家庭的扶贫信贷整体可获得性（Y_{11}）、正规金融扶贫信贷可得性（Y_{12}）以及非正规金融扶贫信贷可得性（Y_{13}）的影响因素进行了实证检验，检验结果报告如表 6-5 所示。

表 6-5　贫困农户信贷可得性影响因素 Probit 模型的计量结果

自变量	因变量		
	Y_{11}	Y_{12}	Y_{13}
C_{11}	1.651*** [3.332，0.001]		
X_{111}	0.204** [1.983，0.047]		
X_{112}	0.076 [1.164，0.244]		
X_{113}	−0.403*** [−5.043，0.000]		
X_{114}	0.126* [1.779，0.075]		
X_{115}	0.041 [0.584，0.557]		
X_{116}	1.052*** [6.854，0.000]		
X_{117}	−0.191** [−2.292，0.022]		
C_{12}		−2.412*** [−2.575，0.010]	
X_{121}		1.649*** [6.101，0.001]	
X_{122}		−0.357** [−2.204，0.027]	
X_{123}		−0.066 [−0.394，0.692]	
X_{124}		0.037 [0.258，0.796]	
X_{125}		0.058 [0.415，0.678]	
X_{126}		0.405 [1.318，0.187]	
X_{127}		−0.319* [−1.735，0.083]	
C_{13}			−0.362 [−0.413，0.672]
X_{131}			−0.546*** [−3.385，0.001]
X_{132}			0.134 [1.026，0.308]
X_{133}			−0.138 [−0.932，0.351]

自变量	因变量		
	Y_{11}	Y_{12}	Y_{13}
X_{134}			0.227* [1.835，0.066]
X_{135}			0.202 [1.641，0.100]
X_{136}			0.523** [2.028，0.042]
X_{137}			−0.232 [−1.506，0.132]
Y_{11} 样本数	1503		
Y_{11} = 0 样本数	687		
Y_{11} = 1 样本数	816		
Y_{12} 样本数	816		
Y_{12} = 0 样本数	464		
Y_{12} = 1 样本数	352		
Y_{13} 样本数	816		
Y_{13} = 0 样本数	309		
Y_{13} = 1 样本数	497		
LR statistic	195.5153	52.6176	71.5068
p	0.0000	0.0000	0.0000

注：[ ]中前一数值代表 z 统计量，后一数值代表接受或拒绝原假设的概率 p 值

***、**、*分别为 1%、5%、10%的显著水平

首先，在 1503 户有信贷需求且提交贷款申请的贫困农户中，成功获得商业性小额扶贫信贷的贫困农户有 816 户，可获得率达到 54.29%。而从正规金融机构获得贷款的贫困农户有 352 户，占获得信贷农户的比重为 43.14%；从非正规金融机构获得贷款的贫困农户有 497 户，占比为 60.91%[①]。这说明我国贫困农户扶贫信贷可得性整体偏低，扶贫对象目标存在一定程度的偏移。同时贫困农户从非正规金融机构获得贷款的成功率要高于从正规金融机构获得贷款的成功率。这主要是因为，与正规金融机构相比，非正规金融机构不仅具有交易成本优势，还具有明显的信息优势，非正规金融与贫困农户的亲近联系有利于降低借贷双方信息不对称带来的道德风险和逆向选择。

---

① 在获得贷款的 816 户贫困农户中，部分贫困农户扶贫贷款资金既来自正规金融，又来自非正规金融。因此，导致从正规金融获得贷款的农户数 + 非正规金融获得贷款的农户数之和大于获得贷款的贫困农户总数。

其次，从表 6-5 显示的贫困农户扶贫信贷整体可得性、正规金融的扶贫信贷可得性和非正规金融的扶贫信贷可得性影响因素的计量结果可知以下几点内容。

（1）贫困农户户主的文化教育水平（$X_{111}/X_{121}/X_{131}$）对其扶贫信贷的整体可获得性（Y_{11}）、正规金融扶贫信贷可获得性（Y_{12}）具有正向促进作用，并且分别在 5% 和 1% 的显著性水平下通过了检验，与假设 1 相吻合。而对贫困农户非正规金融扶贫信贷可获得性（Y_{13}）产生了明显的抑制作用，与假设 1 相悖。也就是说，贫困农户户主的文化教育水平越高，贫困农户家庭从正规金融机构获得扶贫信贷的可能性就越大，而从非正规金融机构获得扶贫信贷的可能性反而越小。究其原因主要有两个方面：一是户主的文化教育水平越高，对国家扶贫金融政策的了解和认识的程度越深刻，加之正规金融的贷款利率往往低于非正规金融贷款，因而一旦产生贷款需求，其自然会理性选择正规金融贷款。而相比正规金融机构，非正规金融机构虽然信贷手续简便、贷款条件门槛低，但其安全性、合规性和合法性受到社会质疑，最重要的是贷款利率往往也高于正规金融贷款利率。因此，文化教育水平较高的贫困农户自然会降低从非正规金融机构借款的意愿。二是户主文化教育水平越高，其金融交易谈判的能力就较强，且可能更擅长于生产性投资和经营管理，贷款资金使用效率的提高和收入获取会更有保障，金融机构会对该类农户形成较强的信贷偿还能力预期，其容易受到正规金融机构的青睐，因而贫困农户从正规金融机构获取贷款的可能性会明显提高。

（2）家庭劳动力数量（$X_{112}/X_{122}/X_{132}$）对扶贫信贷整体可获得性（Y_{11}）和非正规金融扶贫信贷可获得性（Y_{13}）有正向影响，但统计意义上并不显著；对正规金融扶贫信贷可获得性（Y_{12}）有显著的负向影响关系，与假设 2 相悖。这可能与我国贫困农户家庭整体劳动力素质、家庭负担、就业稳定性等存在密切的关联。如果贫困农户家庭的劳动力文化素质、劳动技能水平和身体健康水平较低，家庭负担较重，不但从农业生产产出获得的收入较低，而且外出务工时，主要从事的也是低技能且变动风险较大的工作，其非农收入也较低，从而导致家庭整体收入较低且不太稳定。即使家庭劳动力数量较多，但消费支出也较多，在短期内贫困农户家庭按期还款的能力较弱，因而使得从正规金融机构获取商业性扶贫信贷的可能性较小。

（3）家庭成员平均健康状况（$X_{113}/X_{123}/X_{133}$）对扶贫信贷整体可获得性（Y_{11}）具有负向影响，且在统计意义上显著。这表明贫困农户家庭成员健康状况越好，健康水平越高，其整体获得商业性扶贫信贷的可能性反而下降，与假设 1 相悖。可能的原因在于，受传统"无负债光荣"的"惜借"思想的影响，人口健康状况越好的贫困农户家庭，越希望通过辛勤劳动获取收入，以弥补其农业生产和生活所需资金，即使金融机构存在较多的可贷资金，贫困农户也不愿意借款。家庭成员健康状况对正规金融扶贫信贷可获得性（Y_{12}）和非正规金融扶贫信贷可获得性（Y_{13}）同样具有负向影响关系，但在 10%的显著水平下未通过检验。这不仅与样本容量小有关，而且可能是因为贫困农户存在的传统"负债不光荣"的思想依然严重，即使存在贷款需求，也不会轻易向正规或非正规金融机构借贷。

（4）家庭年人均纯收入水平（$X_{114}/X_{124}/X_{134}$）对扶贫信贷整体可获得性（Y_{11}）、正规金融扶贫信贷可获得性（Y_{12}）、非正规金融扶贫信贷可获得性（Y_{13}）均具有正向影响关系，除了对正规金融扶贫信贷可获得性不显著外，对整体扶贫信贷可获得性和非正规金融扶贫信贷可获得性均在 10%的显著性水平下正相关。这表明年人均纯收入水平越高的贫困农户家庭，从正规尤其是从非正规金融获取商业性扶贫信贷的可能性就越高。因为家庭收入水平是信用交易的初始条件，借款人的偿还能力、抵押担保能力、金融参与意愿和强度等信用禀赋特征，都与家庭收入水平高度相关。贫困农户家庭人均纯收入水平越高，其抵押担保能力和清偿债务的能力相对较强，金融参与意愿和积极性也相对较高（刘晓欣和周弘，2012），因而商业性扶贫信贷的可得性就会相应提高。就正规金融扶贫信贷可得性未通过显著性检验而言，主要是因为正规金融商业性扶贫信贷需要的信息条件较高，贷款手续较烦琐，贷款门槛较高，贷款过程较漫长，相比之下，非正规金融贷款要便捷得多，对于收入较高而又急需融资的贫困农户，在利率同等或差异不大的情况下更偏好选择向非正规金融机构进行借款。

（5）家庭固定资产价值（$X_{115}/X_{125}/X_{135}$）对贫困农户扶贫信贷整体可获得性（Y_{11}）、正规金融扶贫信贷可获得性（Y_{12}）以及非正规金融扶贫信贷可获得性（Y_{13}）均具有正向促进作用，但都没有在统计意义上通过显著性检验。其正向促进作用的结果与假设 3 相吻合，没有通过显著性检验可能与样本容量小和样本贫困农户家庭的固定资产价值普遍偏低相关。调查数据显示，家庭固定资产价值在 3 万元及以下的贫困农户累计占比约为 76.65%，说明绝大多数贫困农户家庭的固定资产价值量小、抵押能力不足，无法满足金融机构所需的抵押物条件。

（6）家庭社会资本①（$X_{116}/X_{126}/X_{136}$）对扶贫信贷整体可获得性（Y_{11}）、正规金融扶贫信贷可获得性（Y_{12}）以及非正规金融扶贫信贷可获得性（Y_{13}）均具有正向作用。证明贫困农户家庭拥有的社会资本越多，从金融机构获得扶贫信贷的可能性越高。从现实来看，从非正规金融机构获得扶贫信贷更需要良好的社会关系网，非正规金融的"关系借贷"现象普遍高于正规金融，因为"关系借

---

① 从实际情况来看，社会关系是一个复杂的人情关系网络，在农户融资过程中可以发挥担保和监督作用。而要用某一具体指标来准确衡量贫困农户的社会关系网络则十分困难。为便于研究，本书借鉴学界目前惯用的指标"借款者是否有熟人在政府或金融机构等部门工作"予以代替，因为该指标在农户融资担保能力挖掘中体现得更为直观。

贷"可以显著降低借贷双方的信息不对称程度（王定祥等，2011b）。而正规金融机构受到较强的金融监管约束，凭借社会关系提供贷款的行政处罚风险相对较高，可能是造成社会关系对正规金融信贷可获得性正向影响不显著的重要原因。家庭社会影响力对非正规金融扶贫信贷可得性具有显著的正向作用。这表明，社会关系网络越大的贫困农户家庭，其从非正规金融获取扶贫信贷的可能性就越大。主要原因是，贫困农户的社会关系越多，其现期或未来获取收入的能力就越强；并且，其经济金融活动的带动效应、示范效应、社会压力效应比较突出，按期还款的自觉性也会越高；同时，金融机构对贫困农户的信息了解就越充分，与贫困农户之间的信息不对称程度就越低，贷款风险也随之降低。尤其是对于非正规金融机构（如合会、民间借贷等）来讲，其信息获取能力更强，因而更有意愿为具有社会影响力的贫困农户放款。

（7）家庭与金融机构的物理距离（$X_{117}/X_{127}/X_{137}$）对贫困农户扶贫信贷可获得性具有负向作用。这就是说，贫困农户与金融机构之间的物理距离越远，双方达成信用交易的意愿就会越弱，贫困农户获得扶贫信贷的可能性必然会降低，这与假设 5 相符。因为借贷双方的物理距离越远，双方信息不对称程度及其导致的逆向选择和道德风险就可能越严重，不仅金融机构获取贫困农户家庭的信息成本、资金监督成本和贷款风险会提高，导致金融机构发放扶贫信贷的积极性下降；而且贫困农户发生借贷的交通成本、时间成本、谈判成本等交易成本也会显著提高，从而降低贫困农户提出贷款申请的意愿和强度，减少向金融机构融资的行为。故与正规金融机构的物理距离越远，贫困农户获得扶贫信贷的可能性就会越小。而非正规金融机构可以通过流动办公、流动服务缩小与贫困农户家庭的物理距离，减少借贷双方的信息不对称程度，使得非正规扶贫信贷交易合约达成的可能性增大，因而家庭与金融机构物理距离对贫困农户获得非正规金融扶贫信贷的约束要小得多，甚至可以忽略不计。当然，随着金融科技的发展、应用与普及，借款人与金融机构的物理距离之间形成的信贷约束逐渐会被淡化甚至被完全消解。

4. 实证结论

统计分析表明，精准扶贫时期我国贫困农户家庭的户主受教育文化程度、家庭人均纯收入水平、家庭固定资产价值普遍较低，以种植业为主的农业收入是其主要的收入来源；贫困农户信贷需求较为普遍，但以中短期和小额信贷需求为主，贷款主要用于消费性支出。在扶贫信贷可得性整体偏低的情况下，非正规金融凭借自身信息优势对正规金融扶贫信贷产生明显的"互补效应"。计量结果显示：精准扶贫时期我国贫困农户扶贫信贷可获得性受诸多因素的影响，但对正规金融扶贫信贷和非正规金融扶贫信贷可获得性的影响存在一定的差异。例如，户主文化教育水平、家庭年人均纯收入水平、家庭社会资本对整体扶贫信贷可得性均具有正向促进作用，家庭成员平均健康状况、家庭与最近金融机构的物理距离则对整体扶贫信贷可得性存在明显抑制作用；贫困农户家庭劳动力数量，以及固定资产价值普遍偏低，抵押担保功能薄弱，对贫困农户获得商业性扶贫信贷的促进作用不显著。贫困农户户主文化教育水平显著促进了正规金融机构扶贫信贷的获得，但家庭劳动力数量、家庭与最近金融机构的物理距离对获得正规金融机构扶贫信贷存在明显抑制，这说明人力资本状况越好的农户家庭，"惜借"现象可能越突出，而与金融机构的物理距离也压缩了贫困农户正规金融扶贫信贷的可得性。非正规金融机构扶贫信贷可得性对贫困农户家庭年人均纯收入水平和家庭社会资本具有更高的依赖性，非正规金融扶贫信贷可能更倾向于"关系借贷"。

6.3 精准扶贫时期中国农村反贫困信贷有效性及影响因素分析

农村扶贫信贷的有效性是检验农村反贫困金融制度运行绩效的重要内容之一。农村扶贫信贷的有效性是指扶贫信贷获取后是否能够成功促进贫困农户脱贫致富。本节将运用 Probit 模型分析方法分别对整体金融、正规金融、非正规金融扶贫有效性的影响因素进行实证检验，为制定有效的信贷扶贫制度提供重要的实证依据。

6.3.1 中国农村反贫困信贷有效性的理论假设

从理论上讲，农村扶贫信贷是否有效，关键是要看经过一段时间的信贷资金投入后，能否使贫困农户家庭的现期收入或未来收入有所增长，最终使贫困农户逐渐摆脱贫困。一般说来，扶贫信贷资金使用效果不仅受到自然环境、信贷项目用途（或资金使用领域）、信贷规模、贷款利率和贷款资金使用管理的影响，还会受到贫困农户家庭的户主文化教育水平、家庭劳动力数量、与金融机构的物理距离等因素的影响[1]。为便于实证分析，本节对农村信贷扶贫有效性的影响因素提出如下待检假设。

假设 1：户主文化教育水平、家庭成员健康状况对提升信贷扶贫的有效性具有正向激励作用。

贫困农户家庭的户主受到的文化教育水平越高，掌握的劳动技能以及拥有的市场化生产经营意识就越强，越能遵循市场经济规律和风险防范要求，科学合理

---

[1] 由于真实利率数据的获取较为困难，本节实证中并未考虑利率因素。

地使用扶贫信贷资金，并获得较高的投资回报率，实现脱贫致富。因此，户主文化教育水平与扶贫信贷资金的有效性必将具有正向关系。家庭成员的健康状况不仅对贫困农户的收入获取影响深远（杨国涛，2009），而且对贫困农户发展生产影响深远。家庭成员的健康状况越好，不仅意味着因病致贫返贫的可能性极大地减少，而且可以确保有身体健康的劳动力持续地投入农业生产和非农业生产，通过获取农业收入或务工收入来实现脱贫。因此，家庭成员健康状况必然与扶贫信贷的有效性具有正向关系。

假设 2：家庭人口规模对信贷扶贫的有效性具有负向影响，而家庭劳动力数量对信贷扶贫的有效性具有正向影响。

农户家庭人口规模越大，家庭消费性支出负担就越重，发生教育、疾病、住房等大额支出的可能性就越高，因而贫困发生率就可能越高（刘娟，2006），尤其是人口基数大、适龄劳动力少的家庭，更容易陷入贫困状态。此时，扶贫信贷资金即使能产生效益，但被家庭人口人均化后就降低了单位扶贫信贷的有效性。只有家庭劳动力数量占家庭人口基数的比重越大，家庭负担才会越小，自我脱贫的能力才会越强。在既定的扶贫信贷资金支持下，通过更多的劳动力与资金结合，能够带来更多的经济效益，从而加快实现脱贫。因为家庭劳动力数量越多，在扶贫信贷资金支持下，越能实现经营方式和收入来源的多样化，即使从事农业生产，也可以节省外雇劳动力的人工费用支出，从而有利于提高贫困农户自我资本积累能力。可见，家庭劳动力数量必然会促进信贷扶贫的有效性。

假设 3：生产性支出对信贷扶贫的有效性具有正向作用，消费性支出对信贷扶贫的有效性在短期具有负向作用，在长期具有正向作用。

将扶贫信贷资金用于购买种子、化肥、农机和引进先进生产技术等生产领域，这种生产性支出有利于实现扶贫信贷资金的资本化，即通过形成固定资产与其他生产要素发挥作用，持续地带来收入，最终提高贫困农户家庭的自我"造血"功能，促进自我资本积累，形成摆脱"贫困陷阱"的良性循环（师荣蓉等，2013），因而生产性支出必然与扶贫信贷的有效性正相关。如果扶贫信贷资金用于疾病、教育和生活性消费等，在短期无法直接带来收入从而实现脱贫，因而会降低扶贫信贷资金的有效性；但从长期来看，有利于促进贫困农户家庭健康和教育等人力资本积累，并通过未来更有效率的劳动带来持续稳定的收入，从而最终实现脱贫。可见，在金融扶贫中，积极发展消费性扶贫信贷业务仍然十分必要。

假设 4：扶贫信贷规模与其扶贫有效性具有倒"U"形非线性关系，农户家庭与金融机构的物理距离和信贷扶贫有效性具有负向关系。

如果存在投资机会并能够获得一定数量的扶贫信贷资金，贫困农户就可以通过发展生产来摆脱贫困。但信贷资本仍然会受到边际报酬递减规律的作用。在生产发展初期，资金作为可变要素，与土地、固定资产等不变要素的搭配比例还处于低水平状态；随着扶贫信贷资金投入的增长，单位扶贫信贷资金的边际产出具有递增趋势，最终达到顶峰；如果继续追加扶贫信贷资金投入，只会与越来越少的固定要素相搭配，因而扶贫信贷资金的边际产出进入递减状态。所以，扶贫信贷资金规模与信贷扶贫的有效性具有倒"U"形非线性关系，但是这种关系只能在同一样本主体的长周期中才能观察到。本书由于调查样本观察周期比较短，短期只能验证扶贫信贷规模对扶贫有效性是否有正向促进作用。贫困农户与金融机构的物理距离越远，不仅使得贫困农户获取扶贫信贷资金的交易成本增加，降低扶贫信贷资金偿还贷款后的净收益，而且金融机构也无法有效地指导和监督贫困农户合理有效地使用资金，因而会制约信贷扶贫有效性的提高。

假设 5：农业生产方向对信贷扶贫有效性具有不确定性，家庭年人均纯收入水平对信贷扶贫有效性具有正向促进作用。

贫困农户的资金用途具有多样性，既可以用于传统种植和养殖业，也可以用于非农业生产经营，还可以用于教育、健康等人力资本积累。前两者属于生产领域，后者属于消费领域。如果仅考虑生产领域，扶贫信贷资金投入传统种植和养殖业农业生产活动（尤其是种植业对自然环境的依赖性较强），具有天然的弱质性和产出的不确定性，加之贫困地区自然环境恶劣、灾害频发、抵御灾害能力较弱，通常只有通过发展特色效益农业，提高农业经营组织化程度，才能提高扶贫信贷的有效性。如果扶贫信贷资金投资于非农业，少了自然风险作用，在同等条件下有助于提高信贷扶贫的有效性。如果家庭年人均收入水平越高，满足家庭消费支出就越有保障，贫困农户获得的扶贫信贷资金就越有可能专项用于生产领域，通过发展生产获得现期收入，从而提高金融扶贫的有效性。

假设 6：社会资本对信贷扶贫的有效性具有正向促进作用。

社会资本不仅可以通过熟人机制和降低信息不对称程度便利贫困农户获得扶贫贷款，而且可以通过熟人担保监督机制和外部声誉机制对贫困农户如何合理地使用扶贫资金形成监督和压力。贫困农户家庭的社会关系资本丰富，贫困农户在使用扶贫信贷资金时，不仅容易通过熟人获取生产经营所需要的市场、技术等关键信息，增强扶贫信贷的有效性，而且这些熟人网络会对贫困农户如何使用扶贫资金提供必要的辅导、帮助、建议甚至是监督，保障扶贫信贷资金在生产经营中有效发挥作用。因此，社会关系资本对信贷扶贫的有效性具有正向作用。

6.3.2　精准扶贫时期中国农村反贫困信贷有效性的实证分析

1. 计量模型选取及说明

信贷扶贫是否有效是一个只涉及两种回答的问题，即扶贫信贷资金使用后增加了家庭收入或者没有增加家庭收入。因此，若信贷还本付息后使家庭收入增长，则信贷扶贫是有效的；反之，若信贷还本付息后家庭收入没有增长，则信贷扶贫是无效的。信贷扶贫的有效性属于离散型变量，如果建立一般线性回归模型进行拟合回归，就会出现随机误差项的异方差现象。所以本节选择二项分布的 Probit 模型，对我国农村扶贫信贷有效性的影响因素进行实证分析。模型的表达式为

$$Y_{2p} = C_{2p} + \lambda_{2pq} X_{2pq} + \delta_{2p} \qquad (6\text{-}2)$$

式中，Y_{2p}（$p = 1, 2, 3$）的取值为 1 或 0，为虚拟因变量，取值为 1 时为有效，代表扶贫信贷资金使用后带来的收入在还本付息后还有剩余，使贫困农户达到增收脱贫的效果；取值为 0 时为无效，代表扶贫信贷资金使用后带来的收入不足以偿付本息，使得贫困农户不仅没有增收，贫困反而会加深；Y_{21} 为整体信贷扶贫的有效性；Y_{22} 为正规金融扶贫信贷的有效性；Y_{23} 为非正规金融扶贫信贷的有效性。C_{2p} 为常数项。λ_{2pq}（$q = 1, 2, 3, \cdots, m$）为解释变量系数。X_{2pq} 为解释变量。δ_{2p} 为随机误差项。

需要指出的是，在扶贫开发中，由于各种投入要素取得收入至少需要经过 1 年的时间，因此在调查中特地设置了 2015 年的扶贫贷款和其他要素投入数据，用 2016 年增收效果作为产出评价指标。也就是说，在进行有效性评价中，所有解释变量均采用 2015 年的数据，所有被解释变量均采用 2016 年的数据，由于贫困农户绝大多数贷款都是期限在 1 年以内的短期贷款，所以我们将产出滞后较长的年限进行屏蔽，假定扶贫贷款产出滞后时间均为 1 年。同时，本节所指的扶贫信贷包括贫困农户获得的小额信用贴息贷款和商业性扶贫贷款，其中调查数据显示，70%以上贫困农户获得的扶贫贷款是小额信用贴息扶贫贷款。因为不需要抵押担保，并且有政府贴息政策强力支持，贫困农户获取这类贷款相对比较容易。

2. 变量定义与指标设计

考察信贷扶贫是否有效，核心是要检验贫困农户在获得信贷资金并投入生产经营后，所获得的生产经营性收入能否在扣除本金和利息之后还有剩余，只有有剩余才能真正起到扶贫的作用。因此，在对我国农村扶贫信贷有效性的影响因素进行实证检验时，选取的被解释变量包括贫困农户扶贫信贷的有效性 Y_{21}，贫困农户正规金融扶贫信贷的有效性 Y_{22}，贫困农户非正规金融扶贫信贷的有效性 Y_{23}；对于解释变量即影响因素的选取，主要包括户主文化教育水平、家庭劳动力数量、家庭成员平均健康状况、家庭社会资本、农户家庭与金融机构的物理距离、家庭人口规模、扶贫贷款用途、获得扶贫贷款规模、家庭从事的农业生产方向、家庭年人均纯收入水平等。具体的指标选取及其定义见表 6-6。

表 6-6　扶贫信贷有效性实证指标体系

变量	变量定义
	被解释变量
Y_{21}	贫困农户扶贫信贷的有效性：有增收效果 = 1；无增收效果 = 0
Y_{22}	贫困农户正规金融扶贫信贷的有效性：有增收效果 = 1；无增收效果 = 0
Y_{23}	贫困农户非正规金融扶贫信贷的有效性：有增收效果 = 1；无增收效果 = 0
	解释变量
$X_{211}/X_{221}/X_{231}$	户主文化教育水平：小学及以下 = 1；初中 = 2；高中 = 3；大专及以上 = 4
$X_{212}/X_{222}/X_{232}$	家庭劳动力数量
X_{213}	家庭成员平均健康状况：良好 = 1；一般 = 2；较差 = 3；很差 = 4
$X_{214}/X_{224}/X_{234}$	家庭社会资本，即是否有亲戚朋友在政府或金融机构工作：无 = 1；有 = 2
X_{215}/X_{225}	农户家庭与金融机构的物理距离：很近 = 1；较近 = 2；一般 = 3；较远 = 4
X_{216}	家庭人口规模
$X_{217}/X_{227}/X_{237}$	扶贫贷款用途：生产性支出 = 1；消费性支出 = 2；其他支出 = 3
$X_{218}/X_{228}/X_{238}$	获得扶贫贷款规模：5000 元及以下 = 1；5000～1 万元（含）= 2；1 万～5 万元（含）= 3；5 万元以上 = 4
$X_{219}/X_{229}/X_{239}$	家庭从事的农业生产方向：种植业 = 1；养殖业 = 2；种植业和养殖业均有 = 3；其他 = 4
X_{2110}	家庭年人均纯收入水平：2300 元及以下 = 1；2300 元以上 = 2

3. 数据来源

本节实证使用的样本数据，是 2015～2016 年本书对重庆等 17 个省区市的国家级贫困县的抽样贫困农户进行问卷调查获取的。由于在 2035 户调查样本贫困农户总量中，只有 1503 户贫困农户提交过贷款申请，最终只有 816 户贫困农户成功获得扶贫贷款，所以本节的有效样本贫困农户数为 816 户。其中，从正规金融机构获得扶贫贷款的贫困农户为 352 户，从非正规金融组织获得扶贫贷款的贫困农户为 497 户。

4. 实证结果与分析

信贷扶贫有效性的增强不仅有助于促进贫困农户脱贫致富，而且也有助于提高金融机构持续扶贫的积极性，促进扶贫金融供给持续增长。然而，信贷扶贫有效性的实现会受到诸多因素的影响，为了检验各种因素的作用效果，我们利用 EViews 8.0 软件进行 Probit 模型计量检验，计量结果报告于表 6-7 中。

表 6-7　扶贫信贷有效性影响因素 Probit 模型计量结果

自变量	因变量		
	Y_{21}	Y_{22}	Y_{23}
C_{21}	−2.781 [−1.516，0.129]		
X_{211}	1.642*** [4.716，0.000]		
X_{212}	−0.132 [−0.585，0.548]		
X_{213}	−0.242 [−1.133，0.317]		
X_{214}	0.228 [0.537，0.609]		
X_{215}	−0.612** [−2.188，0.029]		
X_{216}	−0.253** [−1.978，0.049]		
X_{217}	0.023 [0.074，0.952]		
X_{218}	0.454** [2.157，0.032]		
X_{219}	0.073 [0.402，0.695]		
X_{2110}	0.812** [3.093，0.002]		
C_{22}		−5.382 [−1.388，0.155]	
X_{221}		1.415 [1.391，0.170]	
X_{222}		−0.051 [−0.162，0.892]	
X_{224}		0.234 [0.247，0.823]	
X_{225}		−1.619* [−1.678，0.092]	
X_{227}		0.667 [1.187，0.278]	
X_{228}		1.561** [2.425，0.016]	
X_{229}		0.352 [0.883，0.374]	
C_{23}			−6.564** [−1.993，0.048]

续表

自变量	因变量		
	Y_{21}	Y_{22}	Y_{23}
X_{231}			2.186*** [2.751, 0.007]
X_{232}			−0.903* [−1.961, 0.050]
X_{234}			0.767 [1.001, 0.327]
X_{237}			0.175 [0.349, 0.738]
X_{238}			0.015 [0.049, 0.972]
X_{239}			0.515 [1.454, 0.157]
Y_{21} 样本数	816		
$Y_{21}=0$ 样本数	410		
$Y_{21}=1$ 样本数	406		
Y_{22} 样本数	352		
$Y_{22}=0$ 样本数	198		
$Y_{22}=1$ 样本数	154		
Y_{23} 样本数	497		
$Y_{23}=0$ 样本数	245		
$Y_{23}=1$ 样本数	252		
LR statistic	116.2189	51.9537	59.9216
p 值	0.0000	0.0000	0.0000

注：[ ]中前一数值代表 z 统计量，后一数值代表接受或拒绝原假设的概率 p 值

***、**、*分别代表 1%、5%、10%的显著性水平

首先，调查数据显示，在 816 户获得贷款的贫困农户中，有 406 户贫困农户扶贫信贷资金使用后所带来的收入，在还本付息后有一定的剩余，对贫困农户提高资本积累和生活水平起到了正向促进作用，扶贫信贷有效率达到 49.75%。其中，正规金融信贷扶贫的有效率为 43.75%，非正规金融扶贫信贷的有效率为 50.70%。表明我国农村信贷扶贫有效性整体偏低，正规金融信贷扶贫有效性要低于非正规金融信贷扶贫的有效性，主要是非正规金融中有一部分是贫困农户向亲戚朋友拆借的无息借款，贷出方没有参与剩余价值的分割，使得贫困农户剩余资金相对较多。因此，高度重视非正规金融在提高农村扶贫有效性中的积极作用就显得十分必要。同时创新正规金融扶贫信贷产品，降低扶贫信贷服务成本，为贫困农户提

供便捷价廉的扶贫信贷支持，必将有助于提高正规金融扶贫信贷的有效性。

其次，计量结果表明，贫困农户家庭禀赋要素给扶贫信贷有效性带来了不同程度的影响，具体表现在以下几个方面。

（1）户主文化教育水平（$X_{211}/X_{221}/X_{231}$）对整体信贷扶贫的有效性（Y_{21}）和非正规金融信贷扶贫的有效性（Y_{23}）具有显著的正向促进作用，与假设1相吻合。因为文化教育水平越高的户主，其创业就业和生产经营能力越强，利用贷款获得的边际回报率就越高，因而总体上有利于提高信贷扶贫的有效性，加之非正规金融中亲朋好友的贷款利率偏低甚至没有利率，户主较高的文化教育水平会通过劳动技能的传递，使贷款的边际回报率更高。户主的文化教育水平对正规金融信贷扶贫的有效性（Y_{22}）虽然具有正向促进作用，但未通过10%的显著性检验，可能是符合条件的贫困农户样本容量偏小所致，另外，正规金融扶贫贷款获取周期较长，使用周期较短，获取难度较大，也会部分抵消户主文化教育水平对正规金融扶贫贷款有效性的正向激励作用。

（2）家庭成员平均健康状况（X_{213}）对整体信贷扶贫的有效性（Y_{21}）具有明显的负向作用，与假设1不相吻合。这可能与我国农村医疗和养老保障制度不健全有关。长期以来，贫困农户在医疗、养老等方面难以享受到合理的服务水平，"就医难、看病贵、大病拖"和"留守孤寡老人"成为影响贫困农户健康状况的主要因素。即使健康状况较好的贫困农户家庭，也可能会把扶贫信贷资金投入生活消费性领域，用于健康、教育等人力资本积累，导致短期内农业生产所需的资金短缺，不利于在短期内提高扶贫信贷的增收效果从而阻碍贫困农户逐渐摆脱贫困。

（3）家庭劳动力数量（$X_{212}/X_{222}/X_{232}$）对整体信贷扶贫的有效性（Y_{21}）、正规金融信贷扶贫的有效性（Y_{22}）和非正规金融信贷扶贫的有效性（Y_{23}）均产生了负向激励作用，与假设2不一致。这可能与贫困农户家庭通过生产经营或外出务工而获取收入的能力不足有关。调查数据显示，大约有80%的贫困农户家庭有劳动力外出务工，但真正通过务工收入脱贫致富的贫困农户家庭只有20%左右（王定祥等，2011a）。因为贫困农户家庭的劳动力在获得贷款支持后，可能在城市仍然主要从事工资水平较低的体力工作，在农村仍然固守少量土地从事传统农业生产经营。如果从事的职业效益低，即使家庭劳动力数量提高，也无助于增强信贷扶贫的有效性。

（4）家庭人口规模（X_{216}）对整体信贷扶贫的有效性（Y_{21}）具有显著的负向作用，这与假设2相一致。这是因为，较多的贫困农户家庭上有老、下有小，单位劳动力的家庭抚养负担比较重，家庭消费性支出数额也相对较高，扶贫贷款多数被用于教育、医疗等消费性支出，短期内不利于贫困农户收入增长。同时，家庭人口规模越大，在经济进入新常态和农业机械化的背景下，贫困农户家庭劳动力更容易处于隐性失业状态，即使获得了扶贫贷款，也难以找到合适的务工机会或投资项目，从而使扶贫贷款的边际回报率难以提高，贷款扶贫的有效性难以增强。

（5）家庭社会资本（$X_{214}/X_{224}/X_{234}$）对整体信贷扶贫的有效性（Y_{21}）、正规金融信贷扶贫的有效性（Y_{22}）以及非正规金融信贷扶贫的有效性（Y_{23}）均有正向促进作用，但统计意义上都不显著。从理论上讲，若借款者有亲戚朋友在政府或金融部门工作，不仅可以在贷前推介贷款项目，降低贫困农户与金融机构之间的信息不对称程度，使贫困农户能够较容易获得扶贫贷款，而且可以利用亲戚朋友这一信息传输和监管机制对贫困农户贷后资金使用进行监督指导，使贫困农户更加科学有效地使用扶贫贷款，提高贷款的边际回报率，增强扶贫贷款在脱贫中的有效性。事实上，亲戚朋友向金融机构介绍贫困农户，也包含着亲戚朋友对贫困农户需要进行声誉担保和监督。计量结果显示，社会关系资本的监督约束机制的作用尽管不够显著，但仍然是存在的，说明还需要采取措施加强贫困农户社会资本对其贷后资金使用的监督约束职责，这对于降低金融机构贷后监督成本和风险也具有积极的意义。

（6）农户家庭与金融机构的物理距离（X_{215}/X_{225}）对整体信贷扶贫的有效性（Y_{21}）和正规金融信贷扶贫的有效性（Y_{22}）具有明显的负向作用，与假设4高度吻合。这是因为，贫困农户与金融机构的物理距离越远，在正规金融机构向贫困农户提供扶贫贷款后，金融机构与贫困农户的贷后信息不对称程度就越严重，金融机构对贫困农户承担的贷款使用监督成本就越高，贫困农户对贷款资金使用的道德风险就可能越严重，甚至完全脱离贷款合约规定的贷款使用项目，在风险防控不到位的情况下最终导致贷款资金使用后的边际回报率下降。这不仅会削弱正规金融机构扶贫信贷的有效性，而且会造成金融机构不良扶贫信贷资产上升。

（7）获得扶贫贷款规模（$X_{218}/X_{228}/X_{238}$）对整体信贷扶贫的有效性（Y_{21}）、正规金融信贷扶贫的有效性（Y_{22}）以及非正规金融信贷扶贫的有效性（Y_{23}）均有正向促进作用，且正规金融扶贫信贷在5%的显著性水平下通过了检验。说明正规金融扶贫信贷对促进贫困农户脱贫增收具有明显的规模经济效应。非正规金融扶贫信贷虽然与其扶贫的有效性呈正相关，但未通过显著性检验。主要原因是非正规金融扶贫信贷规模一般都比较小，不足以在短期内对贫困农户产生明显的脱贫增收效果，非正规金融扶贫还处于规模不经济阶段，需要适度扩大规模才能提升其扶贫的有效性。

（8）扶贫贷款用途（$X_{217}/X_{227}/X_{237}$）和家庭从事的农业生产方向（$X_{219}/X_{229}/X_{239}$）对整体信贷扶贫的有效性（Y_{21}）、正规金融信贷扶贫的有效性（Y_{22}）以及非正规金融信贷扶贫的有效性（Y_{23}）虽然都有正向促进作用，但均未通过统计显著性检验。主要是因为贫困农户获得的扶贫信贷资金有一部分投向了盖房、看病、子女上学等消费性支出，短期内难以带来经济收益，从而降低了扶贫信贷脱贫增收的效果。即使有部分贫困农户按照贷款合约规定，将获得的扶贫贷款投向了生产性领域，但贫困农户从事的生产活动主要是传统的种植和养殖业，农业的低效性和高风险性决定了投资农业的扶贫信贷资金使用的边际效益天然较低。不过，在贫困地区，随着家庭农场、种植和养殖大户及农民专业合作社等新型农业经营主体的培育和带动，贫困农户农业生产经营的组织化程度得到明显提高，这对于增强贫困农户扶贫信贷资金的脱贫增收效果具有积极的意义和作用。

（9）家庭年人均纯收入水平（X_{2110}）对信贷扶贫有效性（Y_{21}）具有显著的正向激励作用，与假设 5 高度吻合。这是因为，贫困农户家庭人均收入水平越高，其消费水平会相应提高，参加教育培训的机会也相应增多，使得家庭人力资本积累水平相应上升。同时，高收入水平也促进了贫困农户生产性资本积累，有条件采购先进的生产工具、引进先进的技术，从而提高扶贫信贷资金使用的边际回报率，显著增强金融扶贫的效果，从而摆脱"贫困循环的陷阱"。

5. 实证结论

本节在理论假设的基础上运用 Probit 模型分析方法，对我国整体信贷扶贫的有效性、正规金融信贷扶贫的有效性以及非正规金融信贷扶贫的有效性影响因素进行了实证检验。调查发现：以信贷为核心的金融手段在我国农村扶贫中起到了一定程度的减贫效果，但扶贫的有效性整体偏低。非正规金融信贷扶贫的增收脱贫效果略高于正规金融。要增强信贷扶贫的有效性，需要促进非正规金融的发展，更需要进一步挖掘正规金融信贷扶贫的潜力，加强对贫困农户贷后资金使用的指导与监管，增强扶贫信贷的有效性。计量结果显示：我国信贷扶贫的有效性偏低受众多因素的影响，而且这些因素对正规金融和非正规金融信贷扶贫的有效性影响具有一定的差异。其中，户主文化教育水平、扶贫贷款规模、家庭年人均纯收入对整体信贷扶贫的有效性具有明显的正向激励作用，而农户家庭与金融机构的物理距离、家庭人口规模对信贷扶贫的有效性产生了明显的抑制作用。家庭社会资本、扶贫贷款用途以及家庭从事的农业生产方向对信贷扶贫有效性的正向激励作用但不显著。家庭劳动力数量和家庭成员平均健康状况无助于增强扶贫信贷的脱贫增收效果。

6.4　本　章　小　结

本章在考察精准扶贫时期中国农村扶贫金融制度运行特征的基础上，进一步立足于我国农村精准扶贫期间的调查证据和时空背景，运用 Probit 模型分析方法，分别对中国贫困农户信贷可得性与有效性影响因素进行了实证检验，以此间接判断精准扶贫时期中国农村反贫困金融制度运行的有效性。研究的主要结果如下。

（1）通过对中国农村扶贫金融组织体系结构、扶贫金融制度基本框架以及扶贫金融产品与服务供给格局三个维度的考察发现，在农村精准扶贫期间，我国农村扶贫金融制度的运行特征是：金融扶贫必须与其他扶贫机制有机结合，配合专项扶贫、社会扶贫与行业扶贫，充分调动信贷、担保和保险等多种金融机构和金融手段，坚持发挥市场机制、政府机制及社会机制的作用，积极助力农村精准扶贫的有效开展。

（2）统计分析表明，农村精准扶贫期间，我国贫困农户的金融排斥现象十分严重，贫困农户商业性扶贫信贷可得性整体偏低，非正规金融的发展在一定程度上对传统正规金融产生了"互补效应"。通过 Probit 模型对扶贫信贷可得性影响因素的实证分析表明，户主文化教育水平、家庭年人均纯收入水平、家庭社会资本对整体扶贫信贷可得性及正规扶贫信贷可得性均具有积极作用；贫困农户家庭固定资产价值偏低，削弱了扶贫信贷可得性；家庭劳动力数量和家庭成员平均健康状况对扶贫信贷可得性的影响不稳定，容易受其他因素的制约。非正规金融扶贫信贷可得性对家庭年人均纯收入水平和家庭社会资本有较强的依赖性，更倾向于"关系借贷"。贫困农户与金融机构的物理距离强化了正规金融扶贫信贷的排斥现象，降低了贫困农户的信贷可得性。

（3）运用 Probit 模型对中国农村扶贫信贷有效性及影响因素的实证分析表明，金融手段在我国农村扶贫开发中发挥了积极作用，但金融扶贫有效性整体偏低，非正规金融扶贫信贷对贫困农户的增收脱贫效果略高于正规金融。我国金融扶贫效率偏低受众多因素的影响。其中，户主文化教育水平、扶贫贷款规模、家庭年人均纯收入对整体信贷扶贫的有效性有明显的正向激励作用，而贫困农户与金融机构的物理距离、家庭人口规模对金融扶贫的有效性有明显的抑制作用。家庭社会资本、扶贫贷款用途以及家庭从事的农业生产方向对信贷扶贫有效性具有正向激励作用但不显著。家庭劳动力数量和家庭成员平均健康状况无助于增强扶贫信贷的有效性。

第7章　精准扶贫时期中国农村反贫困金融制度创新的地方实践

党的十八大以来，随着我国农村精准扶贫战略的深入推进，金融机制在农村精准扶贫中的功能和作用也日益得到各地的高度重视，甚至一些地区对农村金融反贫困制度进行了大胆的探索，陆续推出了一些创新性、典型性的反贫困金融机制和金融服务模式，并取得了相应的脱贫效果，为全国层面的农村反贫困金融制度创新积累了宝贵的经验。因此，在对未来我国农村反贫困金融制度构建机制和战略进行研究之前，对农村精准扶贫期间一些地方反贫困金融创新实践的典型案例进行分析，并总结其经验教训，对于更好地推进反贫困金融政策研究甚至是当今的相对贫困治理的金融机制无疑具有重要的借鉴意义。本章旨在从我国东、中、西部地区各选出一个在农村精准扶贫过程中具有典型性、代表性的反贫困金融创新案例进行对比研究，并从中总结反贫困金融创新实践的基本经验，为进一步对未来我国农村反贫困金融制度战略设计及政策研究提供有益的经验和启示。

7.1　精准扶贫时期农村反贫困金融制度创新实践的典型地方样本

7.1.1　广东清远模式：金融＋财政＋企业联合反贫困

1. "双到"反贫困开发政策

广东清远市，是 1988 年 1 月 7 日经国务院批准设立的地级市，位于广东省中部地区和北江中下游地带，是珠江三角洲的重要开放地区之一，也是粤北山区经济、政治、文化交流的中心之一，是广东省面积最大的地级市。尽管清远市位于我国改革开放的前沿阵地广东省，但也是国家反贫困改革的重要试验区，是广东省反贫困开发"双到"政策的策源地。

反贫困"双到"是指在农村反贫工作中，规划要落实到户，责任要落实到人。这个概念是由广东省在中国扶贫计划落实中创造出来的,清远市是反贫困开发"双到"政策的积极支持和推动者。2017 年 3 月，清远市召开农村工作暨扶贫开发工作会议，提出扶贫开发"双到"工作要以"产业扶贫、技能培训和转移就业、金融扶贫、社会扶贫以及两项工程"等"五大品牌"为抓手，深入了解当地具体情况，做好分析研究，真正做到农村精准扶贫，并且要管好用好每一笔扶贫资金，帮扶工作不能再停留于慰问式层面，而是要针对贫困户的实际情况，制定出切实有效的帮扶项目，要由"输血"型反贫困转变为"造血"型反贫困，种养结合、长短结合，切实推动反贫"双到"工作有力有序开展。

数据显示，自 2010 年以来，清远市获得的各类反贫困资金，主要用于各县（市、区）贫困村的反贫困产业、贫困户住房改造援建、村基础设施改造、养老和儿童福利机构建设、残疾人托养康复中心建设、经济困难大学新生入学、村小学建设以及农村敬老院建设等项目，促进贫困地区的经济发展，改善困难群体的生活困境，让"消除贫困、实现共同富裕"的理念深入人心，得到了社会的广泛认同。截至 2016 年 6 月，全市 284 个重点帮扶村累计投入帮扶资金 18 亿元，村均投入 634 万元；投入到户资金 2.1 亿元，户均投入 6819 元；累计投入帮扶单位自筹资金 4.2 亿元，村均投入 147.8 万元（李伶俐和苏婉茹，2018）。

2. 金融反贫困模式和效果分析

广东清远作为国家反贫困改革试验区，也是农村精准反贫困政策的发源地。清远市委、市政府高度重视反贫开发工作，不断加强开发机制探索和创新。精准扶贫时期，清远在驻村帮扶、贫困户精准识别、反贫困基层组织建设等方面不断创新机制，走出了一条具有清远特色的精准反贫困开发模式，也就是当地政府、银行、农户和农业龙头企业之间携手合作的农村金融反贫困模式。具体做法如下。

（1）"银行 + 财政"：单干到合作。资金不足是制约地区经济发展的重要因素，"银行 + 财政"模式主要用于农村精准反贫困中资金十分紧缺的项目和产业，这也是农村精准反贫困的第一步。清远市扶贫办主要通过帮扶农业合作社、专业大户来精准带动贫困户致富。从 2009 年起，清远市扶贫办与中国农业银行阳山县支行开始启动农村创业小额贷款。在村级互助资金中，清远市扶贫办为每个行政村提供 10 万元作为贷款风险基金，并与中国农业银行阳山县支行共同筛选出本身有发展前景又可以带动一片、扶住一片的项目与特色产业，对其扩大放款额度，消除其发展中的资金阻碍。同时清远市扶贫办对中国农业银行的助贫贷款提供担保并监督贷款资金的使用。截至 2016 年第一季度，中国农业银行阳山县支行已发放农村创业助贫小额贷款 126 笔，共计 630 万元。

（2）"银行 + 财政 + 保险"：先富带后富。当贫困户的经营逐渐步入正轨后，为了维持生产以及扩大生产规模，需要更多的资金支持，但同时也意味着更大的风险。而"银行 + 财政 + 保险"助贫模式有更好的风险共担特质，具有更强的普适性，能够使更多的农户受益。该模式在清远的具体做法是，由地方政府成立担保基金，向农民专业合作社、农村集体经济组织、专业种养大户等提供贷款担保，保险公司对借款户的贷款本金提供保证保险，中国农业银行则将担保基金放大 10 倍，为符合规定的农户提供贷款。同时，贷款人申请此类贷款需要绑定两个以上的贫困户，让该贫困户在自己的果园或农场工作，带动他们就业脱贫。这些贷款户被称为"帮扶经纪人"，这种带有帮扶机制的模式，在精准扶贫时期中取得了十分明显的效果。

（3）"银行 + 公司 + 农户"：单点到普惠。除了以上金融反贫困合作模式外，中国农业银行清远分行还以支持反贫困农业龙头企业为切入点，将金融反贫困与企业、农户深度融合，形成了"银行 + 公司 + 农户"的农村金融反贫困模式。该模式的重点是需要找到国家反贫困龙头企业和广东省重点农业龙头企业，以这样的企业为"单点"平台，中国农业银行再挑选出合作农户，由该龙头企业为农户提供担保，中国农业银行为农户提供贷款，以此来解决贫困农户资金不足的问题。此外，该龙头企业也会用生产优势为其担保的贫困农户提供产品生产、购买和技术支持，不仅使贫困农户获得了贷款资金的支持，还通过产品购买大大减少了农业生产和农产品市场销售风险。

7.1.2　湖南模式：互联网 + 金融反贫困

1. 湖南贫困人口状况

湖南省地处中国中部和长江中游地区，因大部分区域处于洞庭湖以南而得名"湖南"。在精准扶贫期间，湖南省共有 51 个贫困县，包括 37 个国家武陵山片区和罗霄山片区特困县，3 个片区以外的国家扶贫开发工作重点县和 11 个省级扶贫开发重点县。在"十二五"期间，全省减少贫困人口 541 万人，反贫困取得了显著成效。湖南省扶贫办的数据显示，在湖南贫困地区，截至 2015 年底还有约 465 万贫困人口。更为棘手的是，这些贫困人口中，70 万人生活在高寒山区、石漠地区、地质灾害多发区等不适宜人口居住的地区，无法发展大规模的农产品生产，还有约 180 万人是因病致贫，其中不少人是丧失劳动能力者和年老体衰者，这里的扶贫工作都是"难啃的硬骨头"，脱贫任务艰巨而重大。2016 年 1 月 31 日，湖南省委扶贫开发暨全面建成小康社会推进工作会议中明确提出，确保到 2020 年实现贫困人口全部脱贫、贫困村全部退出、贫困县全部"摘帽"。根据湖南省扶贫办的数据，2020 年湖南 51 个贫困县全部摘帽、6920 个贫困村全部出列、682 万建档立卡贫困人口全部脱贫、贫困地区农村居民人均可支配收入增加到 2020 年的 12 406 元。在脱贫攻坚战场上，湖南取得了全面胜利，脱贫攻坚目标全部实现。

2. 金融反贫困模式探索

脱贫致富的根本是要把贫困地区的农产品转化成市场需要的商品，并且能够通过营销渠道顺利实现农产品的价值，形成贫困农户的收入。针对贫困地区农产品滞销、影响收入增长和脱贫致富的难题，在精准扶贫期间，湖南省政府因地制宜，根据当地贫困山区和贫困县的农产品进城需求，探索出了一条精准扶贫新路径：互联网＋金融反贫困模式。2016 年 4 月，湖南省商务厅和湖南省扶贫办联合印发了《关于引导和促进电商扶贫的实施意见》，将电子商务与金融联合反贫困作为精准反贫困的重要措施，并在城步苗族自治县正式启动了推进电商＋金融反贫困专项行动。具体做法如下。

（1）大力开展金融服务，推广网上银行使用。电子商务是一种新型创业模式，初期会产生购买电脑等设备、租用厂房、垫付物流成本等方面的开支，通过接入电商销售体系的"互联网＋贫困农户"模式虽然是一种新型反贫困模式，但是当时多数贫困户家庭收入水平普遍偏低，无法承担电商销售成本。于是，湖南省政府积极动员农村金融机构，大力开展反贫困金融创新与金融支持，将电商扶贫纳入扶贫小额信贷支持范围，对开办网点、从事网贷生产销售的贫困户可以依据《关于进一步明确全省扶贫小额信贷贴息工作的通知》（湘扶办联〔2015〕25 号）所规定的贷款贴息政策，给予扶贫小额信贷贴息支持。鼓励运营金融机构在贫困村建立金融扶贫服务站，为贫困户提供小额信贷、支付结算、信用评级等基础金融服务，并为贫困农户开通网上银行交易功能，为其提供方便快捷的支付功能与安全的支付保障。

（2）支持利用第三方电子商务平台，开展"农产品进城""工业品下乡"。湖南省在农村反贫困工作中竭力推广"互联网＋金融反贫困"模式，结合当地特色农产品，形成"互联网＋农特产"，解决多个贫困地区农产品滞销的难题。例如，永州市江永县率先建成了全省首家县级电子商务官方平台——五香网，与京东、天猫等签订战略合作协议，建设江永五香特产、绿色果蔬等网上商城。2015 年以来，该县有 7460 户贫困农户参与了电商产业，84 个贫困村中有 62 个村创办了网店和电商服务站。在电子商务的推动下，该县的夏橙、蜜橘等多种特色农产品的收购平均价均上升，使农民的平均收入增加了 756 元，贫困户人均增收 500 元，4233 户贫困农户成功脱贫（李伶俐和苏婉茹，2018）。同时，通过便捷的电子商务平台，贫困农户可以购买所需的农药、化肥、种子等生产资料或者必要的农业生产设备，解决了部分地区农业生产资料购买难的问题，为贫困农民的生产生活带来了极大的便利。

（3）普及电子商务应用，完善电子商务以及物流合作体系。当时在贫困山区只有极少数的农户会使用电脑，多数人都不懂电子商务甚至有些排斥这种网络营销方式，因此必须做好电子商务技术人员的培训以及对贫困农户电子商务知识的科普。2016 年湖南省商务厅共安排 8000 万元资金用于电商反贫困，分配至每个贫困县 100 万元资金，用于产品包装、平台销售、农户培训等，对推进农村反贫困工作发挥了重要的作用。到 2018 年，已有京东集团、惠农网等多家知名电商企业把电商反贫困列为重点推广工程，致力于农村电商平台的打造。并且还吸引了大量的大学生创业团队加入进来，带动贫困农户运用电子商务的积极性。湖南省通过实施"电商企业＋合作社＋基地＋贫困户＋金融""电商网店＋贫困户＋就业＋金融"等方式，帮助和吸引贫困农户参与农产品电子商务交易。除了完善的电子商务平台，便利的物流仓储也是发展电子商务的要素之一。

7.1.3　重庆模式：五大金融精准反贫困机制

1. 重庆贫困人口状况

重庆市是中国人口最多、面积最大、成立时间最晚的直辖市，区域间、城乡间自然条件、资源禀赋、发展现状和发展潜力等差异较大，具有突出的二元经济结构特征。为了促进区域合理分工，实现区域错位发展、协调发展，避免同质化恶性竞争，2013 年，中共重庆市委四届三次全会综合考虑资源、人口、环境、社会、经济、文化等因素，将重庆全市划分为"一圈两翼"①发展区域，并提供功能定位明确与差异化的调控政策，来驱动各区域协同发展，以破解不断加剧的城乡二元经济结构。从精准扶贫期间的脱贫难度来看，重庆市农村贫困面较广，贫困程度较深。重庆市扶贫办的数据显示，在农村精准扶贫期间，全市 38 个区县中，有扶贫开发任务的区县达到 33 个，占比高达 86.8%。其中，国家扶贫开发工作重点县 14 个，市级扶贫开发工作重点县 4 个；全市有贫困村的乡镇达 855 个，占全市乡镇总数的 81.9%。截至 2015 年底，全市共有贫困村 1919 个，贫困人口 165.9 万人。重庆市农村贫困人口主要集中在秦巴山片区和武陵山片区，这里既是少数民族集聚地区，又是自然环境恶劣的地区，两地的贫困人口达到 95.4 万人，占全市贫困人口总数的 57.5%，是农村精准扶贫的重点帮扶区域（李伶俐等，2018b）。

2. 金融精准反贫困机制创新

党的十八大以来，重庆市委、市政府坚持把脱贫攻坚作为头等大事、第一民生工程和"一把手工程"来抓。重庆市扶贫系统遵循国务院扶贫开发领导小组办公室的政策指示，按照市委、市政府的工作要求，以到人到户精准反贫困为导向，以机制创新为动力，将金融精准反贫困作为脱贫攻坚的重要举措，准确把握金融助推脱

---

① "一圈"指的是以重庆市主城区为核心形成一个大约以 1 小时通勤距离为半径的"一小时经济圈"。"两翼"则包括渝东北翼和渝东南翼，分别以万州区和黔江区为中心，形成两个城镇群。

贫攻坚工作的总体要求，努力让每一位有金融需求的农户都能享受到创新性金融带来的便利。并且重点针对武陵山片区和秦巴山片区两个特困连片地区，积极创新反贫工作思路和方式，动员各金融机构扎实有效推进五大金融反贫困机制创新。

具体说来，这五大金融精准反贫困机制是：第一，精准选择金融帮扶对象，将建档贫困户、搬迁移民家庭、助贫经济组织等纳入金融支持对象，量身定制金融产品和服务，以点带面，定向支持，动态随访。第二，抓住金融反贫困工作重点区域，加大信贷和直接融资的支持力度，完善金融基础设施，引导各项金融资源向重点贫困区县倾斜，做好片区反贫的重点支持、精准对接。第三，金融资金重点支持贫困地区的生产、商贸流通和投资领域，发挥好金融反贫的内在支撑价值，增强贫困地区和贫困农户自我"造血"功能。第四，围绕基础设施建设、特色产业、个人创业就业、居民财产性收入等领域，创新金融反贫实施方式，提升贫困地区和贫困人口自我发展的能力。第五，做好金融反贫困的货币信贷政策、监管和服务政策、财税政策的配套支持，明确政策分工和着力点，优化金融精准反贫困的政策环境。上述五大金融精准反贫困机制可概括为金融帮扶对象精准、金融反贫困区域精准、金融资金用途精准、金融反贫困方式精准和金融反贫困政策精准。

上述五大金融精准反贫困机制的具体做法主要体现在以下四个方面。

（1）健全金融精准反贫困的体制机制。首先，良好的金融反贫体制是实施反贫工作的重要保障。2015 年来，重庆市不断深化银监局、证监局、保监局、市财政局、扶贫办、市农委、金融办等多部门参与的大金融精准反贫困工作机制，统筹推进货币信贷、调查统计、支付结算、征信管理、货币金银、科技服务等多层次的金融扶贫基础服务，在黔江、云阳、巫溪等区县启动了银行与政府联合共建金融扶贫示范区（县）。其次，2015 年来，中国人民银行重庆营业管理部会同市扶贫办、财政局、农委、发改委、林业局等五个市级部门共同制定了《重庆市金融业贯彻落实"精准扶贫、精准脱贫"行动方案》，并会同市财政局出台了渝东北、渝东南地区财政金融奖补措施，会同市扶贫办、财政局启动了助贫小额信贷发放工作，同时引导金融机构加强了贫困地区的金融服务，灵活运用货币政策工具，全面下调了贫困地区支农再贷款利率并优先投放，创新推出了助贫再贷款政策工具。

（2）鼓励金融机构合理加大信贷资金投放，研发特色金融反贫产品。难以获得足额的信贷资金支持是农民无法脱贫的主要障碍之一。如果缺乏资金支持，政府的大部分反贫政策方针、政策引导都将收效甚微。作为国有金融航母和赴港上市的领军城市商业银行——重庆银行，生于巴渝，扎根地方，与直辖市重庆共同腾飞，致力于重庆金融的发展。在此次金融反贫困战役中，重庆银行更是以义不容辞的勇气和担当，在脱贫攻坚中敢于"亮剑"，将金融资金投入贫困地区农户，取得了一定成效。例如，2016 年 1～3 月，重庆银行针对彭水苗族土家族自治县精准金融反贫困项目累计发放贷款 3 亿元，主要用于彭水苗族土家族自治县第二中学、思源实验学校、长滩小学等教育事业及贫困村镇基础设施建设，减轻了政府和农民家庭负担。此外，重庆银行还推出了"三卡"工程，即精准反贫困就学卡、就业卡和就医卡，用以资助彭水苗族土家族自治县贫困中小学生完成学业，帮助贫困大学生就业，支持有合适项目的贫困群众开展脱贫创业。在彭水苗族土家族自治县试点成功后，重庆银行还将这些措施运用到其他 15 个连片贫困区县，全力支持金融脱贫的攻坚战。

（3）深入反贫一线实地调研，探索发展农村互助金融组织。由于各贫困地区的贫困原因因地而异，复杂多变，因此了解贫困地区和贫困人口的具体情况和脱贫需求，精准制定反贫困工作方向和重点措施，是精准脱贫的首要前提。通过深入反贫一线实地调研，掌握贫困地区的金融发展水平，探索建立农村互助金融组织，形成农民的互助金融机制，能有效提高农民发展的积极性，减轻政府和金融机构反贫困压力。早在 1988 年，重庆市就按照国务院要求，根据当地农户具体情况，开展了小额信贷反贫困试点，成立了开县民丰互助合作会（现开州区民丰互助合作会）。自成立以来，重庆市扶贫办在经费、培训、改制、贴息等各方面持续给予大力支持。截至 2017 年底，该合作会总资产近 2.6 亿元，累计投放各类小额贷款近 20 亿元，户均贷款余额 2.5 万元，17 万农户受益。该合作会的不良贷款率一直保持在 1% 以内，在自身财务风险可控的前提下，为开县（现开州区）贫困农户成功脱贫做出了巨大贡献。

（4）加大反贫困贷款贴息力度，降低贫困地区融资成本。除了金融机构和农民互助社提供的农户贷款，2010 年以来重庆市扶贫办也在逐步加大反贫困信贷贴息力度。从贴息标准来看，从 2010 年起，重庆市扶贫办将 3% 的反贫困贷款贴息标准提升至 5% 的水平。反贫困贴息贷款规模由 2009 年的 3 亿元扩大到每年的 20 亿元左右，贴息资金每年达到 1 亿元左右。贴息领域由以前单一的种植养殖业扩大到涵盖旅游、加工业、小型基础设施、反贫困培训等多样化领域；贴息主体由以前单一的农户扩大为龙头企业、家庭农场、合作社、种养大户以及工业园区。2014 年下达小额到户贷款贴息资金 1940 万元，向 2.2 万户贫困户发放贷款 4 亿元；下达项目贷款贴息资金 4815 万元，支持 100 余家反贫困企业发展产业，贷款规模达 24 亿元，切实为贫困农民提供了大量贷款，并降低了融资成本，有力地推动了重庆市中药业、果蔬业等特色农业的发展，使当地贫困农户人均增收 1000 余元（李伶俐等，2018b）。

7.1.4 甘黔桂模式：特色产业 + 科技 + 金融反贫困

1. 甘黔桂贫困状况

甘肃、贵州、广西三省（简称甘黔桂）都是革命老区和少数民族聚集区，经济发展水平低，所辖贫困地区自然条件恶劣、生产资源匮乏、基础设施比较薄弱，贫困人口基数大、反贫困难度非常高。

（1）甘肃省是全国最贫困的省份之一，少雨缺水是该地区农业农村发展的最大障碍。解决农村贫困人口的温饱问题始终是多年来甘肃省农村工作的头等大事。按照年人均收入 2300 元的贫困标准，甘肃省贫困人口由 2011 年底的 842 万人减少到 2015 年底的 317 万人，贫困发生率由 2011 年的 40.5% 下降到 2015 年的 15% 左右，贫困地区农民人均纯收入由 2010 年的 2599 元增加到 2014 年的 4897 元[①]。截至 2015 年底，甘肃省经过近 30 年的扶贫开发，虽然贫困地区发展迅速，基础设施和村落面貌发生巨大变化，但仍面临着诸多困难和问题：贫困地区农业生产基础条件差，靠天吃饭的局面尚未得到根本性改变，反贫困工作任务依然十分艰巨。在农村精准扶贫期间，省委、省政府提出，要树立"大扶贫"的观念，继续加大扶持力度，以贫困村为主战场，以贫困人口为精准帮扶对象，坚持强化整村推进、劳动力培训转移、产业化反贫困三项重点反贫困工作，进一步创新反贫困开发工作机制，促进农民持续增收，不断提高精准反贫困开发水平，不断开创甘肃省农村精准反贫困开发新局面。

（2）贵州省是一个多民族交汇融合的内陆省份。中华人民共和国成立以来，贫困问题一直是制约贵州经济社会发展的核心问题，也是贵州省各级政府始终面临的头等大事和重大民生工程。贫困人口多，贫困发生面广，贫困发生程度深，是多年贵州农村贫困的基本状况。数据显示，2014 年贵州全省有农村贫困人口 623 万人，占全国贫困人口总数的 8.9%，贫困发生率为 18%；全省 88 个县（市、区）中有国家扶贫开发重点县 50 个，占比为 56.8%，有 934 个贫困乡、9000 个贫困村；在国家确定的 11 个集中连片特困地区中，涉及贵州省的有武陵山区（16 个县）、乌蒙山区（10 个县）、滇桂黔石漠化区（44 个县）3 个片区 70 个规划县，覆盖全省85.3% 的面积[②]。贵州省面临着经济发展滞后、生态环境脆弱、公共产品缺乏以及人口素质落后等多重制约，精准扶贫期间贵州省的任务艰巨而繁重。

（3）广西壮族自治区是紧邻越南的多民族聚居的边陲省份，全区集"老、少、边、山、穷、库"于一身，是全国脱贫攻坚的主战场之一。2015 年底，全区有建档立卡贫困人口 452 万人，贫困发生率 10.5%；有 5379 个贫困村、54 个贫困县（国定贫困县 33 个、区定贫困县 21 个），其中有 20 个深度贫困县、30 个深度贫困乡镇和 1490 个深度贫困村[③]。贫困人口主要为少数民族贫困户，分布于自然条件差、地理位置远、资源匮乏的山区，脱贫难度非常大。

---

① 《甘肃：精准脱贫转入总攻》，http://www.xinhuanet.com/politics/2016-01/09/c_128611643.htm，2016 年 1 月 9 日。

② 《全国扶贫主战场的贵州答卷——贵州扶贫开发工作综述》，https://www.gov.cn/xinwen/2015-10/18/content_2948819.htm，2015 年 10 月 18 日。

③ 《广西脱贫攻坚"十三五"规划执行进展情况》，http://nynct.gxzf.gov.cn/xxgk/zdlyxxgk/shgysyjslygk/t6665285.shtml，2020 年 10 月 12 日。

2. 金融反贫困模式创新

甘黔桂都是我国贫困问题较为严重的地区，反贫困任务艰巨而繁重。党的十八大以来，党中央和国务院推行了农村精准扶贫战略，为积极响应党中央新的扶贫开发战略，甘黔桂不仅因地制宜地探索精准反贫困与反贫困经济发展新思路，而且也积极探索金融反贫困模式，将金融机制与科技和特色产业有机结合，探索出了一条有效的金融反贫困开发模式。具体做法如下。

（1）实施科技与金融联合反贫困新模式。甘肃省农村人口多，耕地面积少，干旱少雨，为了解决农民的温饱问题，必须改善灌溉等农业生产条件。在反贫困开发工作中，甘肃省利用中国农业发展银行的反贫困贷款，大搞梯田建设，兴建水利工程，在干旱区实施大规模、大范围的雨水利用工程，有效地改善了农业生产的基本条件。此外，甘肃省贫困地区地处偏远，信息不畅通，交通不便利，文化科技落后，也必须将科技发展与推广作为反贫困的重要战略之一。基于此，甘肃省农村信用社积极发放农村科技培训、农村科技创业反贫困贷款，每年支持培训乡村干部以及农业技术人员达40万人以上，并通过发放小额信用贷款的方式，大力推广地膜粮食温饱工程、膜际栽培技术等多种实用技术，大幅度提高了粮食产量，彻底解决了农民的温饱问题，金融反贫效果立竿见影。例如，高原夏菜是甘肃省榆中县第一大支柱产业。兰州银行榆中支行特意为该农作物推出了"夏菜种子贷""夏菜农机贷"等专门的金融产品，充分利用了金融＋科技＋产业的多重优势，有力地解决了贫困农户贷款难的问题。

（2）建立特色产业与金融联合反贫困新机制。贵州省提出，要想做好农村精准反贫困，必须狠抓金融支持下的产业。于是，在金融支持下，大力调整农业产业结构，因地制宜发展农产品加工、生态畜牧业、乡村旅游等特色产业，帮助贫困农户就业、生产、增收，是贵州省探索的主要金融反贫困模式。例如，国家开发银行贵州省分行早在2012年就将开发性金融与贵州省情相结合，贷款服务覆盖71个扶贫开发重点县，致力于支持贵州特色农业发展，助力农民脱贫致富。国家开发银行贵州省分行通过机制创新，把中长期信贷资金优势和政府的组织优势相结合，形成"开行小额农贷"产品。该行结合各产业的特点，设计出了专门的小额信用贷款模式，解决了农民贷款无法提供抵押物、利率高等难题，为贫困农户提供了低成本、高效率的融资支持。

（3）积极探索保险与信贷联合反贫困模式。由于当时贫困农户的收入主要来源于农业生产，农业生产经营极易受到外界自然环境和市场价格波动的影响，多数贫困农民的生产设备较为落后，根本无法抵御自然灾害的侵袭。为了在贫困地区有效实施精准反贫困政策，客观上需要借助保险机制防止因灾致贫，并通过其他途径提高农户抵御风险的能力，在天灾出现时将损失降到最低，而农业保险是增强农民抗风险能力最常用的手段。旱涝灾害、泥石流是广西最常见的自然灾害，急需大力推广农业保险。2016 年初，广西壮族自治区尝试利用农业保险推进整县脱贫，为信贷反贫困风险分担创造了良好的条件，实现保险与信贷联动反贫困，受到国务院扶贫开发领导小组办公室等部门的高度重视，是社会力量参与脱贫的有效对接。同时，广西在贫困县极力加大农业保险宣传推广力度，增强贫困农户农业保险意识，并通过政府承担一定的农业保险保费补贴，减轻了农民购买农业保险的负担，推动了农业保险与反贫困信贷的有机结合，使之成为广西农村精准反贫困的坚强后盾，为其他地区推行保险与信贷联合反贫困模式提供了很好的样本。

7.1.5　贵州赤水模式：反贫困信贷资本化

1. 贵州赤水贫困状况

赤水市位于贵州省西北部，森林覆盖率高达 80.3%，在贵州省排名第一。赤水市因美丽而神秘的赤水河贯穿全境而得名，更因中国工农红军四渡赤水以及赤水丹霞世界自然遗产而扬名中外。统计数据显示，2015 年全市共有贫困户 11 075 户，贫困人口 2.38 万人。其中，通过政策、资金扶持脱贫的有 2876 户共 9559 人，占贫困人口的 40%；通过社会保障维持特殊困难群体生活的贫困户有 8199 户共 14 241 人，占贫困人口的 60%。对于无劳动能力的农村贫困人口（如五保户和纯低保户）实行制度兜底，确保保障水平不低于国家贫困标准。"十二五"期间，赤水市举全市之力，不断探索反贫困开发新措施，实现了元厚、官渡等 6 个乡镇脱贫摘帽，贫困乡镇发生率下降到零；实现了桂圆林、龙宝等 20 个贫困村贫困出列，贫困村发生率下降到 31%；减少贫困人口 3.17 万人，贫困发生率下降到 7.46%；2015 年农村居民人均可支配收入达到 9235 元，贫困群众生产生活条件得到有效改善（李伶俐和苏婉茹，2018）。

2. 金融反贫困模式创新

2016 年，赤水市计划实现片区县减贫摘帽，农村居民人均可支配收入突破万元大关；完成所有贫困村（31 个）出列，50%以上贫困村集体经济收入超过 10 万元；减少贫困人口 14 862 人（省下达指标 2100 人，遵义市下达指标 2300 人），贫困发生率控制在 3%以内，率先全面建成小康社会。为打赢脱贫攻坚大决战，赤水市高度重视金融反贫困机制，并积极创新金融反贫困模式，将财政与金融有机结合，大胆探索贫困户反贫困信贷资本化的路径，缓解了反贫困产业的融资难题。

（1）创新推出"企业＋专业合作社＋贫困户＋特惠贷"模式。为了切实解决建档立卡贫困农户贷款难、担保难、抵押难、贷款贵、还款难的问题，特别是针对已建档评级授信的贫困信用农户一时找不到好的发展项目从而不敢贷，信用社担心贫困农户贷款后项目失败而畏贷、惜贷等问题，由赤水市财政、扶贫办、农信社联合创新推出"特惠贷＋小康贷"金融产品，特惠贷与小康贷享受同等低利率，探索"企业＋专业合作社＋贫困户＋特惠贷"模式，让贫困户通过入股分红、借贷收息、自主发展等方式脱贫。贫困户用其贷款指标入股企业或专业合作社，既可规避自身生产规模小而盈利受限的难题，也可解决企业大规模融资难的问题。截至 2015 年底，已发放特惠贷 2097.83 万元，涉及贫困户 474 户，帮助农户从事农产品加工及生态食品包装等。在特惠贷的工作基础上，提炼出了"四个零"的反贫困工作经验，即政策宣传"零折扣"、群众办事"零障碍"、服务群众"零距离"、民生监督"零缺位"。

（2）积极探索反贫困金融与产业培育无缝对接机制。赤水风景名胜区属于国家级风景名胜区，素有"千瀑之市""丹霞之冠""竹子之乡""桫椤王国"之誉，其得天独厚的美景与自然资源蕴含着无限的发展潜力。为了推进农村精准反贫困进度，赤水市政府立足于当地丰富的旅游资源，成立政府产业发展基金，并将其中的一部分作为信贷风险担保补偿基金，对金融机构参与反贫困产业的培育提供风险补偿，从而调动了农村信用社等农村金融机构对旅游产业提供信贷支持的积极性，全市旅游产业按照"全景式打造""全社会参与""全产业发展""全方位服务""全区域管理"的原则，带动了贫困农户由原先旅游发展的旁观者、局外人变为现在的参与者与受益人。2016 年，赤水旅游产业增加值实现 26.2 亿元，占地区生产总值的比重为 31%，累计投入旅游扶贫资金 3100 万元，撬动社会资金 8000 万元，建成示范乡村旅游点 15 个、农业观光园 12 个，6 个村列入全国乡村旅游扶贫重点村，全市旅游从业人员达到 7 万人，带动贫困户 1 万人，人均增收 1500 元以上①。

7.2　样本地区农村反贫困金融制度创新实践的比较分析

上述五个典型地区都是原国家重点扶持的贫困地区。由于反贫困具有准公共产品属性，而金融的本性是按市场机制运行，坚持有偿有息的信用原则，这自然使得各地的农村反贫困金融创新具有市场＋政府有机结合的共同属性。但同时，各地资源禀赋不同，造成贫困的原因各异，使得各地反贫困的路径存在明显的差异，导致金融反贫困的具体模式也存在明显的区别。

---

① 《贵州赤水：全域旅游"带"出脱贫"新风景"》，http://news.gog.cn/system/2017/11/22/016235094.shtml，2017 年 11 月 22 日。

7.2.1 样本地区农村反贫困金融制度创新实践的共性分析

对比上述五个典型地区农村金融精准反贫困的具体做法不难发现，各地在农村金融精准反贫困创新实践中主要体现了以下三个方面的共性特征。

（1）金融反贫困着力帮助贫困者解决资金短缺问题。资金短缺曾经是过去农村反贫困开发中的主要难题。为了攻克这一难题，各地方政府均高度重视金融在农村精准反贫困中的重要作用，并利用财政补贴、财政担保等杠杆机制，吸引金融机构积极参与农村精准反贫困，以缓解财政反贫困资金短缺、社会资本参与率低的困局。而金融反贫困的基础是信贷反贫困，在准确扶贫期间，各地政府始终把解决贫困者贷款难问题作为推动精准反贫困的重要抓手，这也成为农村金融反贫困的首要任务。例如，广东省清远市采用了财政贴息下的银行贷款反贫困模式，帮助反贫困产业、反贫困项目、贫困农户解决资金紧缺问题。湖南省通过反贫困小额信贷支持电商反贫困，同时鼓励金融机构在贫困村建立金融扶贫服务站，为贫困户提供小额信贷、支付结算、信用评级等基础金融服务。重庆市不断创新金融反贫困机制，研发个性化的金融反贫困产品，以满足贫困农户的信贷资金需求。贵州省赤水市通过创新特惠贷产品以解决贫困农户、脱贫产业贷款难、贷款贵的问题。可见，上述案例地区，都是在围绕反贫困融资问题而推进农村反贫困金融制度创新。

（2）金融反贫困需要政府、银行、企业协同发力。在农村精准反贫困中，贫困农户需要依托经济效益显著的反贫困产业，通过企业模式下的就业和运营管理来实现脱贫，或者通过反贫困项目创业来脱贫。无论是哪种反贫困方式，都首先需要资金的介入。无论是政府财政资金，还是金融资金，都是有限的。仅靠财政反贫困资金，不仅容易增加财政负担，而且财政也无力完全应对；仅靠银行贷款，银行因惧怕风险也不愿借款。因此在农村精准扶贫时期，建立政府部门、金融机构、企业联动反贫困机制具有内在的必然性。上述五个地区均通过政府部门积极引导、金融机构大力参与，带动社会资本进入，依靠扶持企业带动贫困农户就业，有力地支撑了贫困地区经济发展和贫困农户的脱贫致富。例如，广东清远模式就是将金融机构、政府、农户、企业有机结合起来，财政和金融为接纳贫困人口就业的企业提供资金支持，带动了贫困农户工资性收入的增长，实现了精准脱贫的阶段性目标。湖南创新性地将政府支持下的电商反贫困与金融反贫困有机结合，解决贫困农户农产品销售难的问题，结合特色支柱产业和物流体系，助力农户脱贫。重庆市通过财政补贴、创业贷款、大企业辅导等联合支持机制，支持有合适项目的贫困农户开展脱贫创业。这些都是政府机制、金融机制与社会机制联合参与反贫困的有益尝试。

（3）金融反贫困注重贫困户"造血"能力的培养。与财政反贫困注重社会效益、追求社会稳定不同，金融反贫困则更加注重经济效益，并按照市场机制原则配置金融资源，以增强贫困者的"造血"功能、提升反贫困金融运行可持续性为目标。因此，各地在推进金融精准反贫困中，除了将政策性金融资金用于反贫困产业的基础设施等领域外，商业性、合作性反贫困信贷资金都投向能够产生直接经济效益的反贫困项目、反贫困产业、反贫困企业或贫困者个人，尤其更加注重培育新型农业经营主体，发展壮大地方特色支柱产业，在企业与贫困者之间建立稳定的劳资关系，以解决贫困者的稳定就业问题，从而从根本上增强贫困者自身的"造血"功能。除了解决贫困农户就业外，提升贫困农户教育和技术等人力资本水平，也是增强其"造血"功能的重要环节。例如，甘黔桂地区和广东清远地区就把科技与金融有机结合，通过反贫困信贷大力支持贫困户农业技术培训，推动科技创业，推广多种实用技术，支持贫困农户参与合作社对接大市场，扩大生产经营规模，以提高自身独立的"造血"功能。

7.2.2 样本地区农村反贫困金融制度创新实践的差异分析

比较发现，上述五个地区在推进农村精准反贫困中，虽然都积极借助金融机制反贫困，但在金融反贫困的耦合机制与模式上存在明显的区域差异。这主要体现在以下三个方面。

（1）金融深化程度不同，政府与金融机构合作方式有差异。通过贫困地区多年的金融反贫困实践探索，各地政府都意识到仅仅依靠政府财政或者金融机构无法从根本上解决农村贫困问题。因此，各地都以"政府＋金融机构"合作模式来开展金融反贫困工作。但是，由于各地金融资源的分布不均，金融发展水平、自然资源禀赋、经济发展基础和外部市场环境不同，政府与金融机构的合作方式也大相径庭。例如，位于中国南方的广东省金融较为发达，广东省清远市政府除了与银行合作解决反贫困资金紧缺难题外，还成立了政府担保基金，向农民专业合作社、农村集体经济组织、种植养殖专业户等提供贷款担保，并鼓励保险机构提供信贷保险，政府与金融机构探索出了反贫困产业链前、中、后端多样化分工合作支持农村精准反贫困模式。而在金融发展水平较为落后的西部地区如甘黔桂地区，贫困发生率高，贫困人口基数大，财政反贫困资金成为撬动金融反贫困的重要"杠杆"，政府主要通过财政贴息、风险分担等传统手段吸引金融机构参与反贫困，财政与金融在反贫困产业链上的分工合作机制并不明显。

（2）地方产业发展不同步，金融支持方向、目的有差异。金融反贫困要充分考虑当地的经济发展水平、资源环境约束以及区位优势特征，要与当地的产业发展相配合，通过金融支持产业发展来带动贫困群体的创业就业。原贫困地区基本都远离大市场，商品化程度低，物流成本高，产业发展滞后，这一方面需要财政加大物流等基础设施建设，改善产业发展的条件，另一方面需要借助金融机制大力支持有发展前景、市场接受度高、需求量大、有地方特色的自然垄断性反贫困支柱产业，助力其发展与壮大，这样不仅能最大限度地发挥金融资本的功效，又能通过高收益预期降低金融支持风险。但是，上述五个样本地区由于产业发展基础和种类不同，金融支持的方向和目的也各有差异。例如，湖南省政府根据当地贫困山区和贫困县城的农产品进城难的事实，推行了"电商＋金融"精准反贫困模式，农村电商的快速发展产生了大量的资金需求，为此，湖南省政府和农村信用社将电商反贫困纳入反贫困小额信贷支持范围，大力开展金融支持农产品电子商务，以提高农产品销售收入。而贵州、广西等地，则有丰富的自然资源，独特的风土人情，反贫困金融资本主要向旅游产业倾斜，助推了当地特色产业的发展，实现了贫困农户与特色产业发展的有机对接，对促进贫困农户脱贫致富奔小康发挥了积极作用。

（3）金融发展现状各不相同，金融支持的方式因地而异。在农村精准反贫困中，金融反贫困不仅仅是信贷反贫困，还有金融理念的传播、制度更新以及农业保险、网上银行等服务。在农村金融精准反贫困的进程中，金融支持也应当根据贫困农户多元化金融需求而出现多样化、协同化。据此，除了保障基本的信贷资金需求外，各地区也根据金融发展的具体情况实施了差异化的金融反贫困措施。例如，重庆市为了推进精准反贫困，大力发展普惠金融，在贫困县发展村镇银行、小贷公司和农村资金互助组织，积极推行小额信贷模式和反贫困信贷股权化试点，致力改善反贫困金融生态环境。在自然灾害多发的甘肃省，则积极利用农业保险来降低贫困农户因灾害遭受巨额损失的风险。总之，金融反贫困不只是信贷反贫困，还包括保险反贫困、担保反贫困等，在各地体现出了信贷与其他金融反贫困有机配合模式的差异性。

7.3　样本地区农村反贫困金融制度创新实践的经验逻辑

7.3.1　农村精准扶贫中金融反贫困发挥效用的经济学逻辑

上述五个地区农村金融反贫困创新实践，都不同程度地取得了明显的成效，其背后的经济学逻辑主要有以下三个方面。

（1）科技与金融联合反贫困，既解决了反贫困生产要素中驱动要素的短缺问题，也提升了反贫困经济效率。在反贫困生产要素中，资金是唯一能发挥先导性作用的要素，科技是决定反贫困产出效率的关键要素。图 7-1 中，G_f 代表反贫困贷款，G_r 代表投入反贫困生产中的资金总量。G_r 由两部分资金构成：一是贫困户的自有资金 G_0，另一部分是反贫困贷款 G_f，贫困户将两种资金统筹起来，购买反贫困生产要素 W（假如均投入农业生产），包括劳动力 L、土地 S（如土地流转）、农业生产资料 P_m。然后在反贫困技术（A）培训指导下，将劳动力（L）、土地（S）和农业生产资料（P_m）投入反贫困产业生产过程 P，最终生产出物质形态发生变化、价值发生增值的产品 W'，产品 W' 通过专业合作社等渠道销售实现其价值并产生增值。这样，价值就从产品资金 W' 转化为货币资金 G_r'。贫困户通过销售（如湖南的农产品电商）所得到的货币资金 G_r'，就是其总资金投入 G_r 的回流。G_r' 由两部分资金组成：一是原来投入的货币资金 G_r，二是新增价值 ΔG_r。由于 G_r 中既有贫困户投入的自有资金 G_0，也有金融机构发放的反贫困贷款 G_f，而反贫困贷款是需要偿还的。因此，G_r 就被分解为 G_0 和 G_f。对于新增价值 ΔG_r，贫困户既要将一部分作为使用反贫困贷款的代价（利息）付给金融机构，又要留下一部分作为自有资金 G_0 的增值，以此作为其生产经营的必要报酬，从而实现脱贫目标。当贫困者从 G_r 中分离出 G_f，又从 ΔG_r 中分离出 ΔG_f 后，便将两者合并起来作为 G_f' 偿还给金融机构。于是，整个反贫困贷款参与一次反贫困生产过程便完成了。可见，无论是重庆、甘黔桂，还是广东清远的精准扶贫，都离不开反贫困贷款的支持。在其他资金缺失的情况下，通过反贫困贷款，将土地、劳动力、农业生产资料等潜在的反贫困生产要素转化为现实的反贫困生产要素，在科技反贫困（如广东清远模式）的推动下提高生产效率，从而促进反贫困产出倍增，并通过市场售卖环节实现贫困农户收入增长和脱贫致富。

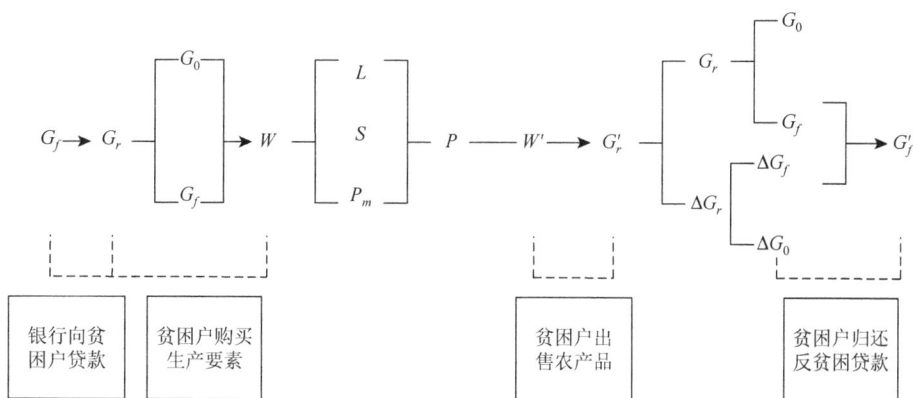

图 7-1 反贫困贷款在反贫困生产过程中的循环

（2）反贫困贷款分贷统还的资本化运作模式，既实现了贷款使用的规模经济，又解决了激励相容问题。在上述五个地区，贵州赤水采用的是小额反贫困信用还款分贷统还模式，或者称为资本化模式。基本流程如图 7-2 所示，假定某贫困地区有 n 户建档立卡贫困户，反贫困信贷银行（如农村信用社）给每户贫困户核定 5 万元的小额信用反贫困贷款指标，贫困户可以自己使用该贷款指标，也可以入股给新型农业经营主体。对贫困户来讲，如果自己使用不仅可能找不到良好的资金使用项目，而且也无法产生贷款使用的规模经济效应，最终导致贷款预期收益低，甚至无法还本付息。贵州赤水支持贫困户自愿将信贷指标转借给新型农业经营主体，新型农业经营主体获得贷款指标后每年按照 3% 的利率向贫困户支付借款利息 1500 元（可以视作资本分红），贫困户获得资本性收入；贫困户又通过在新型农业经营主体处就业获得工资性收入，从而稳定实现收入增长和脱贫致富目标。这样，反贫困信贷银行将反贫困贷款实际贷给新型农业经营主体使用，并由新型农业经营主体按规定的时间统一偿还银行贷款。显而易见，新型农业经营主体由于没有足够的抵押担保品，处于融资困境之中，而贫困户的贷款指标为信用贷款，不需要任何抵押担保品，加之若干贫困户的贷款指标归集在一起就变成了大额贷款。这不仅可以有效满足新型农业经营主体的贷款需求，解决其抵押难、融资难的问题，而且因为新型农业经营主体拥有规模经营的土地、技术和管理经验，资金使用的边际效益更高，能够获取显著的规模经济效应，使得反贫困贷款的产出效率得到大幅度提升，借此也提高了新型农业经营主体信贷偿还能力，同时还有政府扶贫办的贷款贴息，因此显著降低了银行贷款的风险，提高了银行参与反贫困的积极性。而对于政府扶贫办来讲，也培育了特色产业，提高了反贫困开发成效。可见，小额反贫困贷款分贷统还的资本化运作模式在贫困户、新型农业经营主体、贷款主办银行、政府扶贫办之间有效地实现了激励相容。

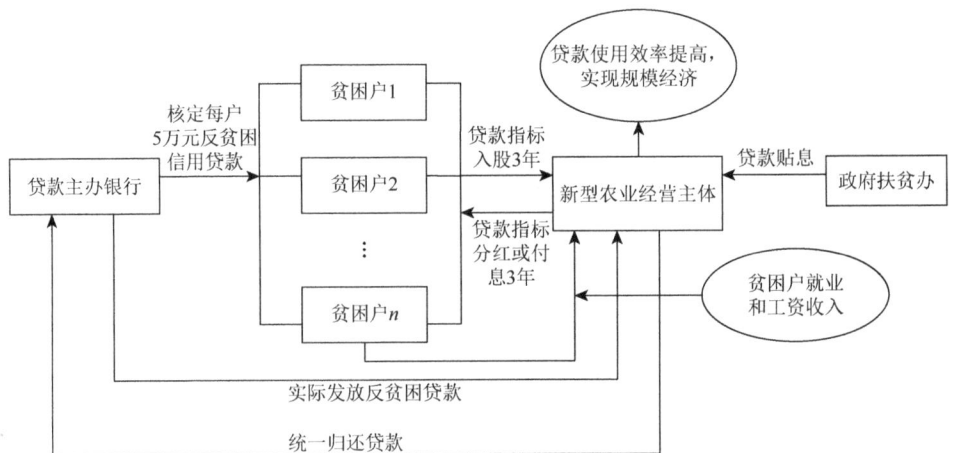

图 7-2　反贫困贷款分贷统还（资本化）的运作逻辑

（3）财政与保险机制的介入从贷前、贷后环节分散了银行反贫困信贷风险，为银行参与反贫困提供了有效的正向激励。比较各地的信贷反贫困模式不难发现，财政与信贷联合反贫困，即财政通过贷款贴息、信贷风险损失补偿等措施激励银行发放反贫困贷款，基本上是所有样本地区的共同做法，财政支持反贫困信贷的介入力度普遍较大，而在广西、甘肃、广东清远等地，农业保险得到重视和推广。如果说财政贴息是在银行贷款前为银行降低了部分反贫困成本和风险，那么财政风险补偿基金和农业保险则是通过分散贷款后的风险而向银行提供正向激励的。财政风险补偿是在银行贷款发生损失后才予以弥补；农业保险则是在反贫困对象在农业生产经营环节遭遇自然或市场风险时，对其遭受的损失进行保险赔偿，以降低贫困户的损失，这也变相稳住了贫困户对银行贷款的偿还能力，增强了银行反贫困放贷的信心。可见，正是因为有财政担保和农业保险的护航，银行才会积极参与到农村精准反贫困事业中，推动样本地区反贫困开发事业取得明显的成效。

7.3.2　样本地区农村反贫困金融创新的经验分析

对比上述五个样本地区农村反贫困金融创新的具体做法和取得的成效，不难总结出以下三条农村反贫困金融制度创新的基本经验。

（1）政府机制、市场机制和社会机制有机结合是有效促进农村反贫困金融创新的基础。中国农村经济是主要以农户家庭为单位的小农经济，原贫困地区尤为如此，由此产生的资金需求也呈现出分散性大、额度小、机动性大的特点。所以，为贫困农户提供反贫困贷款必然伴随高成本、高风险、低收益，威胁金融机构的财务可持续性。过去政府单一的无偿性财政反贫困资金支持已无法满足日益增长的反贫困资金需求，必须使用金融资金来满足巨大的反贫困资金需求。而金融反贫困需要遵循金融规律，考虑风险与财务可持续性。五个样本地区金融反贫困的具体做法，基本上都将财政、保险与银行贷款有机结合，利用了政府机制、市场机制和社会机制的比较优势，有效地分散了银行反贫困贷款的风险，提高了信贷机构创新反贫困信贷产品的积极性，为各地农村精准扶贫任务的按期完成发挥了重要的推动作用。因此，充分发挥政府、金融机构、社会部门的合力作用，既是扩大金融反贫困规模的关键，也是增强金融反贫困可持续性的重要基础。

（2）增强反贫困对象的"造血"功能是推进金融反贫困实现良性循环的关键。金融的有偿性决定了金融反贫困的对象只能是家庭有劳动能力的暂时性贫困型农户，通过他们的劳动带来收入从而逐步实现脱贫。而贫困农户使用资金大致有生产性和消费性两种用途。如果用于生产性，经营得好可以在短期内带来收入，而偿还反贫困贷款就有较强的资金保障，银行信贷风险相对比较低；如果用于消费性，如教育、生活、疾病等支出，短期内可能无法产生收入，会影响反贫困信贷安全，但长期来看一些支出项目如教育等则有利于贫困户的人力资本积累，未来可以带来持久性的收入，增强其持久性的"造血"能力。所以，样本地区在针对贫困户家庭提供反贫困贷款时，主要是发放到能提升贫困户"造血"功能的资金用途上，如教育、就业、创业和生产性贷款，而生活性用途主要依靠财政提供最低生活保障来满足。由此可见，提高贫困对象自身的"造血"功能，不仅是贫困者持久脱贫的需要，也是保障金融反贫困安全、实现反贫困信贷资金良性循环的关键之举。

（3）支持和培育反贫困特色产业项目是增强农村金融反贫困可持续性的保障。从中观层面来看，金融的偿还属性决定了金融资源必须向能拉动贫困户就业和获得持久收入的特色产业配置，只有这样才能产生可持续的反贫困效果。农村金融精准反贫困就应充分考虑当地经济发展水平、资源环境特征与人才素质高低，制定相应的产业扶持措施。如上述样本地区都无一例外地将新型农业经营主体纳入反贫困信贷支持的对象，通过选准反贫困项目和产业，定向精准培育具有反贫困带动功能的种植养殖大户、家庭农场、农民专业合作社及农业企业，对反贫困效果显著的新型农业经营主体持续加大反贫困信贷力度，有力地促进了样本地区特色产业的培育和发展。同时，由于特色产业具有自然垄断性和持久经营性，不仅能稳定带动贫困农户就业脱贫致富，而且能够通过获得超额垄断利润，为银行在贫困地区培养优质信贷客户、持久支持贫困地区新型农业经营主体和特色产业发展创造良好的经济条件。可见，支持和培育特色产业项目，有利于增强农村金融反贫困的可持续性。

7.4　样本地区农村反贫困金融创新实践的政策启示

基于上述样本地区农村反贫困金融创新实践的经验逻辑，针对我国未来相对贫困治理的农村反贫困金融制度创新，可以得出如下政策启示。

7.4.1　推进金融反贫困创新需要培育脱贫地区有效金融需求

金融反贫困首先是建立在符合金融运行逻辑的反贫困产业、反贫困项目、反贫困对象基础上的，是建立在有效金融需求基础上的反贫困。因此，未来要促进金融加强相对贫困治理，需要加快巩固脱贫地区特色产业，培育若干有机联系、错位竞争的新型农业经营主体，打破低收入农户小规模家庭经营模式，发展能带动低收入农户就业的多种形式的规模经营组织，努力提高脱贫地区特色产业的集约化、专业化、组织化、社会化经营水平，从根本上提升脱贫地区的有效金融需求，积极培养脱贫地区优质金融客户；应积极推动科技与金融的联合反贫困，充分利用当地特色资源优势，进行技术和信贷支持，大力发展龙头企业，积极推广企业＋金融＋脱贫户模式，促进低收入农户就地就业。深入挖掘低收入农户与新型农业经营主体的金融需求潜力，以特色产业发展激活金融需求，用反贫困金融服务带动特色产业发展，实现脱贫致富。可见，推进金融反贫困创新，需要加快发展特色产业，切实增加脱贫地区的有效金融需求。

7.4.2　推进金融反贫困需要建立政府、金融与社会联合推动机制

在未来相对贫困治理中，金融反贫困是一项具有显著正外部性的系统性工程，不是单由金融机构可以完成的，而是需要财政、银行、保险等机构协同配合：一是需要充分发挥政府的导向作用，通过政府提供贷款贴息、风险补偿等为银行降低反贫困成本和风险，确保其能获得财务上的可持续性；二是银行等金融机构需要积极承担反贫困社会责任，通过低收入农户信贷产品和服务的创新，掌握风险管理技术，增强风控能力，以降低信贷风险；三是应积极引导社会资金介入，以支持农业龙头企业为切入点，将金融反贫困与新型农业经营主体和低收入农户深度融合。龙头企业等新型农业经营主体连接着大市场，可为低收入农户提供担保、技术、就业等支持，低收入农户位于生产端，专门负责生产，低收入农户可以将其反贫困贷款指标转让给新型农业经营主体，通过收取利息或分红来获益与规避风险。

7.4.3　推进金融反贫困需要构建广泛的信贷风险分担机制

在未来农村相对贫困治理中，信贷是核心，是解决反贫困产业、反贫困项目、反贫困对象资金紧缺问题的关键途径。显然，结合样本地区的经验，推进信贷、担保、保险机制共同反贫困，建立反贫困信贷风险共担机制，对提高信贷反贫困数量和质量具有极为重要的现实意义。因此，要调动信贷反贫困的积极性，一方面，需要加大农业保险对脱贫地区的覆盖面，丰富农业保险品种，鼓励脱贫地区商业保险的发展，调动低收入农户参与农业保险和人寿保险的主动性与积极性；另一方面，应该在脱贫地区积极推进担保、抵押融资业务，促进农村产权抵押贷款政策尽快落地，积极发展信用保险，为银行信贷反贫困提供安全阀。

7.4.4　推进金融反贫困需要优化金融反贫困环境

样本地区的反贫困经验表明，推动金融反贫困，提高低收入农户金融意识，优化社会诚信环境十分重要。因此，在未来的农村相对贫困治理与脱贫成果巩固

提升中，首先应当积极宣传普惠金融理念，转变农户不轻言贷款的传统思维，在有产业项目支撑的条件下，积极动员低收入农户承接银行的小额信用贷款，并接受相关部门和银行的指导，谨慎使用好信贷资金。其次，在低收入农户申请借款时，当地政府和主办金融机构应协同做好资金用途、资金效益、资金安全偿还等方面的审查，合理地为低收入农户提供信用担保，帮助他们设计生产发展和资金使用偿还方案，并及时免费提供技术指导。最后，建立健全农户信用档案制度，提高农户诚信意识，缓解农村信息不对称，降低农村信贷介入的信息搜寻成本。

7.5　本章小结

本章选取了农村精准扶贫期间五种地方典型的农村反贫困金融创新案例，分别是广东清远、湖南、重庆、甘黔桂、贵州赤水农村反贫困金融创新案例，通过详细介绍各地区反贫困背景，分析金融反贫困模式与效果，探究五个地方案例的共性与差异，分析农村反贫困金融制度创新取得成效的经济学逻辑和基本经验，最后从全国层面提出农村反贫困金融制度构建与创新的政策启示。研究结果如下。

（1）通过对比研究发现，五个典型地区农村金融精准反贫困的共性特征是：各地金融反贫困都是极力帮助贫困者解决资金短缺问题；金融反贫困都需要政府、银行、企业协同发力；金融反贫困都特别注重贫困户"造血"能力的培养。但五个地区在金融反贫困的耦合机制与模式上存在明显的区域差异，即金融深化程度不同，政府与金融机构合作方式有差异；地方产业发展不同步，金融支持方向、目的有差异；金融发展现状各不相同，金融支持的方式因地而异。

（2）研究表明，农村金融精准反贫困要取得成效，首先要建立在符合金融运行逻辑的反贫困产业、反贫困项目、反贫困对象基础上，建立在有效金融需求的基础上，因此加快发展反贫困特色产业，切实培育有效金融需求能为金融反贫困带来事半功倍的效用。同时，精准反贫困属于准公共产品，具有巨大的风险性与脆弱性，而金融资本具有典型的逐利属性，作为具有履行公共产品与公共服务供应职责的财政服务就具有介入的必然性，金融反贫困需要遵循市场金融运行规律，建立政府、金融与社会联合推动机制，在反贫困与维持金融机构商业可持续性两个方面寻求均衡。

（3）各地农村金融反贫困制度创新取得的基本经验是：政府机制、市场机制和社会机制有机结合是有效促进农村反贫困金融创新的基础；增强反贫困对象的"造血"功能是推进金融反贫困实现良性循环的关键；支持和培育特色产业项目是增强农村金融反贫困可持续性的保障。

（4）五个地方典型案例带给我们的启示是，提高信贷反贫困数量和质量依赖于广泛有效的信贷风险共担机制，在建立健全政策性农业保险制度的同时，应积极促进农村产权抵押贷款政策在脱贫地区落地。同时，强化低收入农户的金融意识，优化金融反贫困环境可显著增强反贫困效果。更为重要的是，由于各地资源禀赋差异，金融发展水平以及劳动力素质各异，未来各地区在制定反贫困金融机制与政策时，应结合地区具体情况，因地制宜地创新相对贫困治理中的反贫困金融模式。

第8章 相对贫困治理的中国农村反贫困金融制度创新：目标、机制与模式

金融是反贫困的核心要素和重要杠杆，也是我国建立农村脱贫成果巩固提升长效机制和农村相对贫困治理长效机制的重要内容。而实现金融反贫困与脱贫成果巩固，就需要建立相应的体制、机制与模式。当前，我国已从精准扶贫战略实施阶段进入全面巩固脱贫攻坚成果、推进乡村振兴、解决相对贫困、实现共同富裕的新阶段，为了减少金融巩固脱贫攻坚与相对贫困治理过程中的不确定性和偶然因素，达到预期的脱贫成果巩固效果，就迫切需要对农村金融反贫困机制与模式进行创新，优化金融反贫困的体制机制，建立缓解相对贫困的长效机制，健全新阶段的农村反贫困金融制度。为此，本章将在前文理论、实证与实践经验研究的基础上，着重就相对贫困治理中国农村反贫困金融制度创新的目标、机制与模式进行深入研究，从而为我国构建一套有效的、可持续的农村反贫困金融制度框架和促进脱贫成果巩固提升与相对贫困治理的金融支持机制及模式的形成提供重要参考。

8.1 相对贫困治理中中国农村反贫困金融制度创新的目标

现今，我国已如期完成了全面消除绝对贫困的历史性任务，高质量地实现了脱贫攻坚的既定目标。然而，脱贫攻坚战的胜利并不代表贫困问题的终结，我国步入"后扶贫时代"，国家脱贫工作的重心也转向解决相对贫困问题。20世纪80年代中期以来，我国就开始制定有针对性的金融反贫困政策，虽与其他反贫困政策配合实现了绝对贫困的消除，但从精准扶贫时期到如今的相对贫困治理，金融反贫困并没有达到预期的反贫困效果。一方面，由于反贫困工作的非营利性，主要依靠的都是政府的完全支持，真正市场化的金融机构或是制度对农村特别是低收入群体的支持存在较大缺口，导致很多农村地区资金缺乏，严重制约了这些地区的经济发展；另一方面，虽然40年来持续性地开展金融反贫困工作，但缺失相关的配套制度导致金融反贫困失去了基础性的保障，或是既有制度的错位安排影响了金融反贫困的有效性。既有研究表明，金融反贫困效果是金融反贫困配套制度的函数，在其他条件不变的情况下，金融反贫困效果的高低直接受制于金融

反贫困制度的优劣。因而未来构建中国农村反贫困金融制度，就是为了完善农村金融服务体系，解决相对贫困人群融资难问题，促进普惠金融更好、更快、更可持续地服务于相对贫困地区（即脱贫地区）和相对贫困人群。因此，未来中国农村反贫困金融制度构建的基本目标是：反贫困金融制度结构健全、反贫困金融制度功能互补、反贫困金融制度运行高效、反贫困金融制度运行法治化。

8.1.1　农村反贫困金融制度结构健全

鉴于我国连片脱贫地区较多和脱贫对象分散导致的脱贫成果巩固中金融需求多样化的客观现实，建立多层次的结构健全的农村反贫困金融制度十分必要。并且，农村脱贫成果巩固目标下的金融政策的推进，必须要以配套的制度作保障。健全的农村反贫困金融制度，不仅可以减少金融机构在参与脱贫成果巩固和相对贫困治理中面临的不确定性，而且也可以为相对贫困地区经济主体提供透明和可预期的融资渠道。农村反贫困金融制度与一般的农村金融制度不同，它主要针对农村地区的低收入群体，是一种具有普惠性质的特殊的制度安排。反贫困金融由于其普惠的特殊性，不仅要追求经济效率，更要追求社会公平，因而不能也不可能依靠单一的商业金融力量达到金融公平的目标，需要反贫困金融体系中的各个功能主体环节相互配合、协调运作。一个健全的农村反贫困金融制度结构应当包括农村反贫困金融组织制度、农村反贫困金融资源开发制度、农村反贫困金融产品创新与交易制度、农村反贫困金融调控制度和农村反贫困金融监管制度等五个方面。

（1）农村反贫困金融组织制度目标。在农村脱贫成果巩固和相对贫困治理中，带动农户反贫困的经济主体结构有反贫困项目主体、反贫困企业主体和农户自身三种类型，他们的金融需求规模大小不一、种类丰富多样，有基础设施建设类金融需求，有产业发展类金融需求，也有生产发展、人力资本积累和技术进步等方面的金融需求。在这些金融需求中，基础设施建设社会效益明显、公共性较强，需要政策性反贫困金融组织支持；产业发展项目经济效益显著，需要商业性反贫困金融组织支持；低收入农户生产发展、人力资本积累和技术进步的金融需求规模小，需要互助合作金融、微型金融、民间金融等具有普惠性质的金融组织支持。因此，对应于脱贫成果巩固和相对贫困治理中不同层次的金融需求，农村反贫困金融组织制度建设的具体目标是，构建政策性、商业性与普惠性反贫困金融组织等多元化主体并存和分工协作的农村反贫困金融组织体系及准入退出制度规范，以适应相对贫困地区农村经济主体多样化、多层次的金融需求结构。

（2）农村反贫困金融资源开发制度目标。农村反贫困金融资源是金融反贫困存在和发展的基石，没有可持续的农村反贫困金融资源供给，就谈不上农村反贫困金融资源的可持续配置。农村反贫困金融资源具体包括存款、保险、基金、证券等资源。当前，挖掘相对贫困地区的存款是脱贫成果巩固中放贷的基础；开发保险需求，是促进相对贫困地区保险事业发展的关键；促进基金和证券资源的开发，可以有效缓解相对贫困地区的融资难题。这就需要借助农村反贫困金融资源开发制度进行规范。其建设的基本目标是，构建存款、保险、基金、证券等多种资源并存的立体型反贫困金融资源开发制度，防止相对贫困地区金融资源流失，积极利用发达地区金融资源，促进金融资源开发高效和可持续，以满足相对贫困地区经济发展对金融资源的需求。

（3）农村反贫困金融产品创新与交易制度目标。农村反贫困金融资源的高效配置，需要依托金融机构金融产品的创新与信用交易，才能将金融资源配置到扶助对象手中，并通过扶助对象的有效利用，促进其生产发展和人力资本积累。因此，金融机构对反贫困金融产品的创新能力以及金融产品交易的便捷性、价格的合理性对脱贫成果巩固和相对贫困治理具有重要的意义。同时，反贫困金融产品创新具有较高的风险，对金融机构高效配置反贫困金融资源形成了一定程度的制约。因此，农村反贫困金融产品创新与交易制度构建的基本目标是，建立促进反贫困金融产品创新与交易的激励约束机制和制度规范，既要确保相对贫困对象的金融需求得到便捷、价格合理的满足，也要激发金融机构创新和交易反贫困金融产品的积极性，并能实现其财务可持续性，这就是激励相容目标。

（4）农村反贫困金融调控制度目标。农村反贫困金融调控的对象是金融资源的使用主体和配置主体，调控主体是政府相关行政金融机构，如中国人民银行、国家金融监督管理总局、中国证券监督管理委员会、财政部等。调控的核心是促进反贫困金融资源高效配置，并促进反贫困金融健康发展，从而使反贫困金融资源供需双方实现双赢目标。因此，农村反贫困金融调控制度建设的基本目标是，构建富有弹性的农村反贫困金融调控工具、机制和制度规范，引导金融机构积极创新反贫困金融产品和服务，公平、便捷、价格合理、高效地配置金融资源，以尽可能满足相对贫困地区多层次金融的有效需求；同时，通过运用适当的激励政策工具，促进金融机构持续健康发展。

（5）农村反贫困金融监管制度目标。农村反贫困金融监管的对象是反贫困金融资源配置的主体即金融机构，监管的主要内容是反贫困金融资源配置精准性、反贫困金融产品创新频率和反贫困金融运行的风险性。反贫困金融资源开发与配置既可以促进经济发展，也可能会积累一定的金融风险。同时，反贫困金融资源配置的比较效益偏低，也可能使得金融机构缺乏持续参与反贫困的动力。为了促进反贫困金融资源合理、公平配置，需要建立农村反贫困金融监管制度。其基本目标是，通过构建农村反贫困金融监管制度，约束监管主体和金融机构的行为，促进农村反贫困金融资源精准、安全、便捷、高效配置，引导金融机构积极承担和履行反贫困社会责任，推动农村反贫困开发事业健康发展，促进脱贫成果更有效地巩固提升。

8.1.2　农村反贫困金融制度功能互补

农村反贫困金融制度作为一种专门支持农村弱势群体的金融制度安排，在农村脱贫成果巩固和相对贫困治理中具有自身独特的功能，产品类型包括信贷、保险、基金和证券等反贫困金融供给。因而从产品的角度来划分，农村反贫困金融制度又有反贫困信贷制度、反贫困保险制度、反贫困证券制度、反贫困基金制度四种类型。它们在农村脱贫成果巩固和相对贫困治理中主要有如下三种具体功能。

（1）融资功能。融资功能是指金融机构和金融市场为反贫困开发者、低收入农户的生产经营活动提供融资，以满足他们的有效资金需求。在上述四种农村反贫困金融制度中，信贷反贫困、证券反贫困、基金反贫困就具有融资功能。其中，信贷反贫困属于银行主导的间接融资功能，证券反贫困属于证券市场主导的直接融资功能，基金反贫困属于政府或社会主导的间接融资功能。信贷反贫困融资功能具有普遍性、普适性，当前，脱贫地区任何经济主体（包括企业、低收入农户）只要达到银行信贷条件，均可通过信贷渠道融资；证券反贫困融资功能具有高门槛性、针对性，主要适用于脱贫地区具有反贫困带动效应的大中型企业，在符合资本市场准入门槛的情况下，优先被允许进入资本市场（如主板市场、二板市场、三板市场）通过发行股票、债券融资；而基金反贫困融资功能则具有引导性、社会性和补充性的特点，如政府扶贫开发引导基金、私人反贫困基金、彩票基金等，主要用在脱贫地区基础设施、基础产业、教育和人力资本积累等领域，因而属于补充性融资性质。

（2）融智功能。融智功能是指金融机构为相对贫困地区经济主体和低收入农户的生产经营活动提供投资咨询、项目咨询、管理咨询、支付结算服务、理财管理等。而信贷反贫困、保险反贫困、证券反贫困、基金反贫困均具有融智功能。它们均可以为融资主体提供投资咨询、项目咨询、技术和风险管理咨询活动，帮助相对贫困地区经济主体解决投资与生产经营中的一些技术和经营管理方面的难题，促进相对贫困地区经济发展。而金融机构在推进信贷反贫困的同时，也为相对贫困地区经济主体提供支付结算、个人理财、代收代付等服务，便于为相对贫困地区经济主体节约交易成本。

（3）风险分担功能。对于相对贫困地区企业和农户来说，能够通过金融机制来分担风险的情形主要有两种类型。一是融资环节的风险，主要是相对贫困地区借款主体缺乏抵押担保品而无法贷款，或者借款后无力偿还而给银行带来风险。

前者可以通过政策性融资担保机制为借款者提供担保，借款风险在银行和担保机构之间进行分担；后者则通过银行购买信用保险，将坏账风险转移给保险公司。二是生产经营环节的风险，包括灾害引发的自然风险和市场价格波动引发的经营风险，这类风险可以由保险机制来分担，当相对贫困地区生产经营者在投保后发生了损失，就可以向保险公司理赔，从而减轻风险带来的损失，也可以在风险发生的情况下保证借款者的还款能力不至于快速下降，从而有助于银行信贷资金安全，提高银行发放反贫困信贷的积极性。

上述三种功能的基石是反贫困融资和风险分担功能，二者具有相互依赖、相互补充的关系。反贫困融资功能的发挥会产生风险，从而影响金融机构放贷的积极性。这就需要担保和保险机制的介入，以分担风险；而分担风险可以更好地促进银行放贷，促进相对贫困地区发展经济和增加收入，进而降低金融支持风险。可见，实现信贷反贫困、保险反贫困、证券反贫困和基金反贫困的功能衔接、分工互补、合作共赢的金融支持格局，是未来农村反贫困金融制度建设的基本目标。

8.1.3 农村反贫困金融制度运行高效

农村反贫困金融制度运行的高效性既是农村反贫困金融制度建设的核心目标，也是农村反贫困金融制度的生命线。

（1）农村反贫困金融制度运行高效性的内涵。农村反贫困金融制度的高效性，是指农村反贫困金融制度在运行中发挥作用的程度强和速度快。换句话讲，就是在既定的考察时间段内，通过金融支持，使接受金融支持的对象实现反贫困的速度快和程度强。如果通过一段较短时间的金融反贫困，能够使反贫困对象在既定的考察期内实现反贫困，那么，农村反贫困金融制度运行在微观上就是高效的。同样地，如果在既定的较短时间内，通过金融支持，能够使连片低收入地区经济得到快速发展，使大多数人逐步摆脱相对贫困，并巩固脱贫成果，那么，农村反贫困金融制度运行在宏观层面上讲就是高效的。可见，农村反贫困金融制度运行的高效性可以从微观和宏观层面进行考察。

（2）农村反贫困金融制度运行高效的前提。农村反贫困金融制度运行高效，需要依靠良好的运行机制，主要包括市场金融机制、政府金融机制和社会金融机制，这三种机制缺一不可。由于反贫困具有强烈的公益性，仅靠市场金融机制是无法有效提供金融服务的；同样，反贫困开发中仍有些反贫困项目、反贫困产业经济效益明显，符合市场金融机制的基本要求，仅靠政府金融机制也是无法有效提供金融服务的；而在政府金融机制和市场金融机制都无法顾及的偏远山区和小额零星需求，就需要发挥社会金融机制的作用。我国过去的金融反贫困，主要是政府金融机制取代了市场金融机制的地位，农村地区难以建立起有效的金融市场制度，导致农村反贫困金融制度运行效率低下，反贫困金融供求缺口较大。当前，要实现反贫困金融供求平衡，促进相对贫困地区更好地利用金融手段提升巩固脱贫成果，客观需要在农村反贫困金融制度运行中充分发挥市场金融机制、政府金融机制和社会金融机制的分工协同作用。

（3）农村反贫困金融制度高效运行的体现。农村反贫困金融制度运行是否高效，关键是看通过金融支持能否使低收入农户的生产发展、收入增长和持续致富。金融要促进低收入农户实现反贫困，关键是要设法使接受金融支持的农户实现收入的长期可持续增长。其收入增长的实现途径不外乎有农业收入和非农业收入两个部分，其中非农业收入主要是工资性收入和财产性收入。要促进农业收入增长，就需要为低收入农户或脱贫户谋划特色农业生产，并提供相应的信贷和保险支持，同时政府相关部门配套提供技术、经营管理经验和对接市场等智力支持；而要促进非农业收入增长，就需要为其提供各种就业途径或创业支持，通过获得工资性收入来实现收入增长。此外，金融支持低收入农户的教育和人力资本积累，提高低收入农户家庭劳动力的教育文化与技术水平，有助于增强农户家庭劳动者的就业能力和对未来获取收入的预期，从而使其能在未来逐步致富。

（4）农村反贫困金融制度有效运行要兼顾公平。效率和公平是农村反贫困金融制度构建的两个基本标准。只有追求效率，才能尽快实现持续致富；而只有追求公平，才能保障农村反贫困金融制度的全覆盖而不出现金融服务的空白区域，使每位反贫困扶助对象在普惠金融的阳光下均有同等机会享有获得金融支持的权利，促进社会稳定进步。因此，我国农村反贫困金融制度创新，必须将追求效率与实现社会公平有机结合，通过运用金融手段更好地促进我国的脱贫成果巩固进程和相对贫困治理，在既定的期限内富有效率地实现脱贫成果巩固与乡村振兴衔接目标，并向实现共同富裕的目标迈进。

8.1.4　农村反贫困金融制度运行法治化

2014 年 10 月，党的十八届四中全会发布《中共中央关于全面推进依法治国若干重大问题的决定》，将依法治国提高到国家的战略层面。依法治国是我国社会主义市场经济建设的客观需要。在推进农村反贫困金融制度的构建过程中，同样需要法治作为保障。这是因为，法治可以为农村金融反贫困当事人之间的利益提供法律保护和索偿权的保障，可以固化金融反贫困供求双方的利益边界，减少双方利益的不确定性，避免金融反贫困中各种风险责任和利益纠纷的无处裁决。同时，将农村反贫困金融制度上升到法治高度，通过立法机关严格立法，建立起完备的农村反贫困金融法律体系，可以确保农村反贫困金融制度运行的稳定性和连贯性，也可以增强金融机构参与反贫困的积极性。

　　要促进农村反贫困金融制度法治化，就需要借鉴国际经验，加快立法进程，为农村金融反贫困提供良好的法律环境。例如，美国为了促进金融反贫困，颁布了《社区投资法》，规定金融机构必须将一定比例的资金贷放到本社区。同样，印度通过立法强制商业银行在农村设立营业网点、规定农业贷款比例，以法律形式明确要求金融机构扩大农村地区金融服务，在享受政策优惠的同时受到法律的保护。根据目前我国农村脱贫成果巩固的实际情况，应该加快建立健全"农村政策金融法"、"农业信贷法"、"政策性农业保险法"、"民间借贷法"、"农村金融促进法"和"农村土地、房屋等产权抵押融资法"等法律。在这些法律条件具备的情况下，执法部门和司法部门才能做到有法可依，金融机构也才有稳定的法律保障以积极推动农村金融产品和服务的创新；此外，农村反贫困金融制度的法治化，还需要立法、执法和司法部门建立起协同法律治理机制，提高农村反贫困金融法律运行效率，切实维护反贫困金融债权，为农村反贫困金融体系高效运行创造一个良好的法律环境。

8.2　相对贫困治理中中国农村反贫困金融制度创新的机制设计

　　我国农村反贫困金融制度创新，关键是要建立政府机制、市场机制和社会互助机制协同运行的金融支持机制，最终形成金融组织多元、功能各异、相互补充的农村普惠金融服务体系，积极有效地持续参与农村脱贫成果巩固提升与相对贫困治理进程。

8.2.1　政府金融反贫困机制

　　农业信贷补贴理论认为，农村地区收入和储蓄水平低，资本积累能力不足，需要依靠政府成立政策性金融机构从外部注入资金。同时，反贫困开发首先是具有广泛社会效益和生态效益的事业，具有公共产品性质，这恰好是政府的应尽之责。尤其是农村地区基础设施建设和基础产业培育阶段，不仅投资规模和资金需求巨大，而且短期经济效益不明显，从经济效益角度看蕴含着巨大的投资风险；即便是在一些生产性领域，由于农村地区多数低收入户和企业从事的是农业生产经营活动，农业风险高，经营规模小、比较效益低、抵押担保品缺乏，有可能难以达到商业性金融机构的条件，在有金融需求的情况下就会面临融资难的问题。这就需要建立政府主导的政策性信贷和政策性保险等政府金融反贫困机制，让政策性信贷和政策性保险在脱贫成果巩固与相对贫困治理中首先发挥基础性作用。政府金融反贫困机制包含政策性信贷反贫困机制、政策性保险反贫困机制和政策性担保反贫困机制等三种类型，图 8-1 显示了政策性信贷和政策性保险反贫困运行机制。

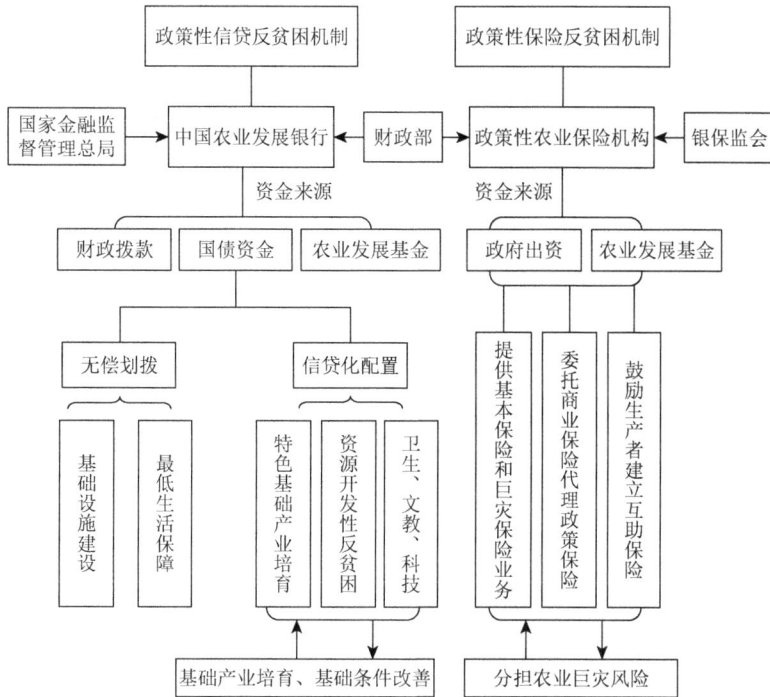

图 8-1　政府政策性信贷和政策性保险反贫困运行机制

1. 政府政策性信贷反贫困机制

政府金融反贫困机制本质上属于财政反贫困。在现实的反贫困实践中，政府对财政反贫困资金的配置大致有如下两种方式和运行机制。一是财政无偿性反贫困。就是财政部门通过政府反贫困行政系统（如国务院扶贫开发领导小组办公室，现为国家乡村振兴局），将财政资金无偿地配置给相对贫困地区。其基本情形有：对相对贫困地区交通、通信、互联网、基本农田、农业水利等具有公共产品属性的基础设施建设进行无偿性财政投资，以改善相对贫困地区物流、价值流、信息流等公共发展条件；对持久性低收入农户提供最低生活保障制度，由财政无偿兜底脱贫。二是财政信贷化有偿反贫困。就是将部分财政反贫困资金注入政策性银行，通过政策性银行低息甚至无息贷款的方式将财政反贫困资金配置给反贫困项目、反贫困企业或低收入农户。这即是政府政策性信贷反贫困机制，也是国际通行的做法，例如法国就是由政府专门建立一个隶属于财政部的农业政策性银行，主要任务就是贯彻执行国家政策，履行政府对农村的反贫困与开发职能，并利用信贷化机制，提高财政反贫困资金的使用效率，实现财政反贫困资金的循环可持续利用，减少政府反贫困财政稀缺压力。

在我国政府政策性信贷反贫困机制构建中，应确立中国农业发展银行的反贫困功能定位：首先，应通过制定农村政策性金融组织的相关法规，明确中国农业发展银行的组织性质定位，即提供农村公共金融服务的专门金融机构。与开发性金融应当有所区分，中国农业发展银行还经营纯公共性融资业务，如无息反贫困贷款。而开发性金融提供的金融服务集中体现在准公共金融服务领域，如收费性基础设施的优惠利率贷款等，它要求较高的经营利润，但低于纯商业金融服务的经营回报。其次，明确中国农业发展银行是财政反贫困资金信贷化配置的唯一通道，使中国农业发展银行不仅成为全国财政支农资金信贷化配置的机构，也应该成为财政反贫困资金信贷化配置的唯一机构（王定祥等，2010），且应当使财政资金、金融债券成为中国农业发展银行的主要资金来源，并受财政部管辖，同时接受国家乡村振兴局、国家金融监督管理总局等相关监管部门的监督。在财政反贫困资金信贷化配置过程中，扶持对象主要专注于农村基础设施建设、开发性建设及卫生、文教、科技等投入和基础产业的初期培育。

2. 政府政策性保险反贫困机制

在我国，脱贫地区的主导产业基本上为农业。农业虽然可以为生产者带来收益，能吸引市场主体投资，具有私人产品属性，但是与工业和服务业相比，农业不仅要面临市场与经营风险，而且还要面临其特有的自然灾害风险。农业又是国民经济的基础产业，使得农业具有公共性质，需要政府予以特别的支持。长期以来，脱贫地区的农业表现出较大的脆弱性，主要表现为自然环境恶劣，如山高坡陡、土壤贫瘠、灾害频繁，农业经营规模小，劳动生产率低，产品自给率高，商品化程度较低。要促进这些地区农业经济发展，就需要因地制宜地发展特色效益农业，提高农业规模化、商品化、组织化经营程度。而在对脱贫地区传统农业进行改造中，低收入户仍然是重要的生产主体，他们可能通过加入专业合作社，借助专业合作社连接大市场的优势，实现农产品的商品化销售，从而获取农业收入来实现反贫困致富；他们生产的农产品也可能通过当地农业企业的收购加工获得经营性收入，或者自身被雇用于农业企业务工就业获取工资性收入来实现稳定脱贫。无论采取哪种形式，脱贫地区现代农业发展是促进低收入农户持续反贫困致富的基础产业。这种改造后的农业生产经营模式，仍然摆脱不了自然灾害和市场价格波动的威胁，尤其是一些大旱大涝、地震等巨灾的破坏，可能使农业大幅减产甚至绝收。为了分担这些地区农业发展的风险，降低各种风险给农业生产经营带来的损失，抑制灾害致贫返贫发生，客观需要建立政策性保险反贫困机制，通过政府提供政策性反贫困保险保驾护航。

由于我国脱贫地区面积较广，各地自然禀赋和面临的自然灾害差异较大，可以考虑在每个省区市建立一个政策性农业保险分支机构，由中央或地方财政出资，在这些地区继续大力开展政策性农业保险业务，提高农业政策性保险的广度和深度。政策性农业保险机构如果没有在脱贫地区开办营业网点，也可以委托其他商业保险机构在这些地区开办政策性农业保险业务，实现政策性农业保险反贫困机制在脱贫地区的全覆盖。

3. 政府政策性担保反贫困机制

在商业信贷反贫困中，信贷对象主要是新型农业经营主体、其他企业和低收入农户。脱贫地区的新型农业经营主体和其他资源开发企业尚处于培育阶段，产出和收入水平低，缺乏有效的抵押品，是制约他们向银行进行商业信贷融资的关键因素。同样地，低收入农户在创业就业过程中，也需要商业金融资金，相比新型农业经营主体，他们的抵押品更加缺乏，更难以满足银行商业信贷的抵押条件，因而面临的融资难问题更加突出。为了促进相对贫困地区经济主体的商业性信贷融资，政府就需要出资组建政策性反贫困担保融资机构，通过政策性反贫困担保融资机构，向当地经济主体的商业性信贷融资提供担保。其运行机制如图 8-2 所示，当银行的商业性贷款借款主体违约而无法回收资金时，由政策性反贫困担保融资机构代为偿还，以规避银行商业性反贫困信贷的风险。此时，政策性反贫困担保融资机构将在法律权限内处置借款主体提供的反担保物[①]，并接受政府补贴以维持其可持续经营。

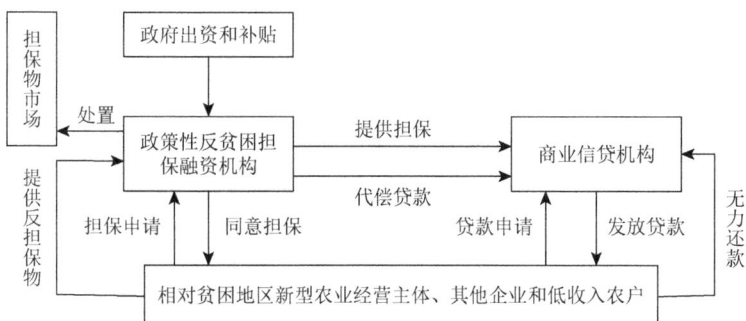

图 8-2 政府政策性担保反贫困运行机制

[①] 反担保物是担保物的一种，即民事主体为保障担保人将来承担担保责任后对债务人的追偿权的实现而设定的担保物，可以作为反担保物的财产是建筑物、建设用地使用权等财产或者财产权利。

图 8-2 中，脱贫地区借款主体首先向商业信贷机构（即银行）提出贷款申请，并向政策性反贫困担保融资机构提出担保申请，在担保机构同意担保的情况下向其提供反担保物并缴纳担保费，在政策性反贫困担保融资机构向商业信贷机构提供担保后，银行向借款主体发放贷款。当借款主体违约无力偿还贷款时，由担保机构按一定比例（如 80%）代为偿还，之后由担保机构按法律规定在担保物市场处置变现反担保物，以补偿担保损失。在当前我国脱贫地区，脱贫成果巩固同乡村振兴衔接依然离不开这种金融扶持模式，这可以有效解决农村抵押融资难的问题。

8.2.2　市场金融反贫困机制

当前我国农村反贫困金融制度是在市场经济条件下建立起来的。市场经济运行规律及其基本特征就是能够按照效益最大、效率优先和效能最高原则，在供求机制、价格机制和竞争机制作用下交易和配置资源，实现资源的高效使用和产出的最大化，以满足人们的现实需求。农村反贫困金融制度创新的目的，同样要遵循供求机制、价格机制和竞争机制，实现反贫困金融资源的高效率配置。因此，遵循市场经济运行规律，按照商业金融运行逻辑，创新市场金融反贫困机制，充分发挥市场机制对反贫困金融资源配置的决定性作用，是未来农村反贫困金融制度创新的基本要求，也是提高农村反贫困金融制度运行效率的必要条件。市场金融反贫困机制的基础是依靠商业性金融机构，在供求机制、价格机制和竞争机制作用下，向相对贫困地区满足商业金融运行目标与要求的企业和低收入户提供商业性金融支持，以促进相对贫困地区产业发展和低收入户的增收致富。实践证明，市场金融机制在反贫困金融资源配置中是富有效率的。在相对贫困地区，要发挥商业性反贫困金融在反贫困开发中的积极作用，降低财政性反贫困的压力，就需要在这些商业利益目标可以实现的领域，建立起市场机制主导下的商业性反贫困金融制度，让供求双方自主定价和自主配置反贫困金融资源。

可见，市场金融反贫困机制的本质就是商业性金融反贫困，追求商业利润是其首要动机。对于那些有劳动能力、经济效益显著的生产经营项目的企业和低收入农户，只要其能够满足基本的商业金融条件，商业性金融反贫困机构是完全可以介入的。因此，构建市场金融反贫困制度，最主要的就是健全商业性反贫困金融机构和市场体系，完善商业性反贫困金融价格机制和竞争机制（图 8-3），按照适应多层次农村商业性反贫困金融需求的要求，发展多元化的农村商业性反贫困金融组织，最终建立起以中国农业银行、农村信用社、农村商业银行、中国邮政储蓄银行为主导，以村镇银行、小额信贷机构等微型金融机构和商业保险机构为补充的分层次、分工协作、富有竞争的农村商业性反贫困金融服务体系（王定祥等，

2010)，并以证券市场直接融资支持作为补充。如图 8-3 所示，结合我国的实际，在当前脱贫成果巩固提升、相对贫困治理阶段，我国市场金融反贫困机制的创新可以从以下四个方面着手。

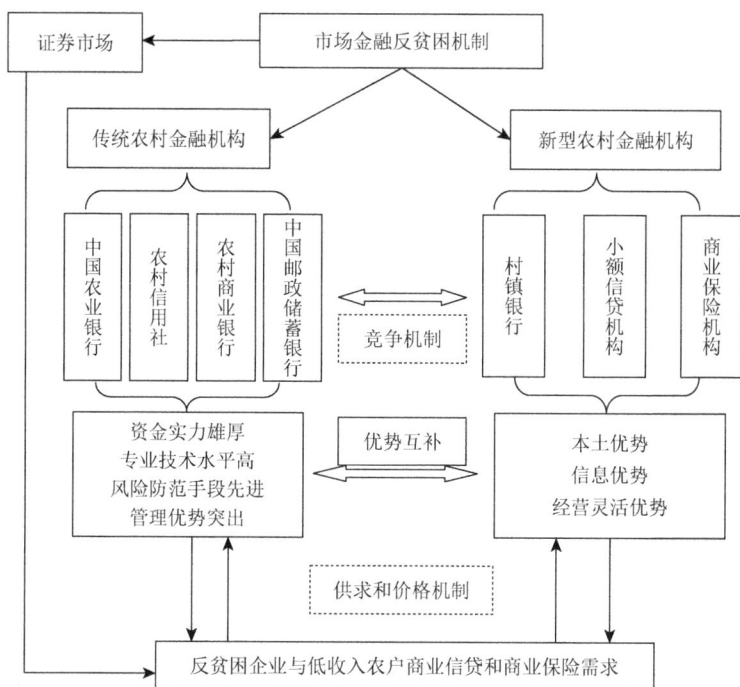

图 8-3　市场金融反贫困运行机制

（1）巩固和发展现有农村商业性小额信贷机构。截至 2020 年末，我国已经发展了 7551 家小额信贷机构和 1637 家村镇银行（王定祥等，2021）。这些微型金融机构建立的初衷就是为农村低收入群体提供金融服务。对于已经建立起来的商业性金融机构，应围绕反贫困功能弱化、服务目标偏离严重、财务不可持续等问题，着力从考核机制、金融监管和风险补贴方式等方面进行改进，解决好小额信贷公司的资金来源渠道狭窄和反贫困金融中财务不可持续的问题。可以建立硬性的信贷考核指标，允许具备条件的商业性金融机构吸收部分社会资金，并对完成反贫困信贷指标并接受金融监督合格的商业性金融机构，给予税收减免和补贴性奖励等政策。

（2）健全大银行主导下的商业性反贫困金融服务体系。传统大银行包括中国农业银行、农村信用社、农村商业银行、中国邮政储蓄银行等，具有资金实力雄厚、专业技术水平高、风险防范手段先进、管理优势突出等优点，需要挖掘这些传统农村金融机构商业性反贫困潜力，一方面应积极引导这些机构向相对贫困地区符合商业信贷条件的新型农业经营主体和资源开发企业提供价格合理、高效便捷的大额和小额信贷支持；另一方面，积极鼓励这些大型金融机构与微型金融机构协作。因为微型金融机构具有本土优势、信息优势、经营灵活优势，将大银行的优势与小额信贷机构的优势结合，不仅可以拓展大银行的市场空间，降低大银行的经营成本，而且可以有效解决小额信贷机构的资金来源问题，提高小额信贷机构的信贷投放规模和经营管理能力。因此，应当积极鼓励大银行与一些基层的金融组织（如村镇银行、小额信贷机构）相连接，形成大小银行合力参与商业金融反贫困的运作机制。

（3）积极发展脱贫地区商业保险。在我国农村地区，还有许多乡镇和村存在商业保险服务盲区。脱贫地区企业和农户具有较大的财产保险、人寿保险、意外事故保险、火灾保险等保险需求，这些保险需求需要商业性保险机构来提供。一方面，应鼓励大型商业保险机构积极在这些地区开办营业网点，通过税收减免政策支持发展商业保险；另一方面，应组建地方商业保险机构，支持地方商业保险机构将营业网点和业务覆盖到这些地区，实现脱贫地区政策性保险和商业性保险协调发展，以分担各种发展风险。

（4）积极构建证券市场反贫困融资机制，促进脱贫地区经济发展。证券市场融资是脱贫地区有实力的企业融资的基本途径。由于证券市场完全按照市场机制运行，充分体现了市场金融运行规律，以追求金融效率为根本目标，因而讲求社会效益的反贫困功能在证券市场天然显得比较微弱，但我国证券市场的反贫困金融功能仍有较大的挖掘空间。在各级证券市场，只要脱贫地区的企业符合了市场准入条件，中国证券监督管理委员会就可以优先将上市资格赋予这些地区的企业，让脱贫地区具有显著反贫困带动效应的企业在证券市场发行股票、进行债券融资，从而借助资本市场的资金巩固发展脱贫地区的经济。

需要指出的是，为了引导和动员商业金融机构介入反贫困，尤其是商业信贷机构参与农村反贫困开发与脱贫成果巩固，政府通常会采取财政贴息或信贷风险损失部分补偿等调控方式，来降低商业信贷参与反贫困和脱贫成果巩固的成本和风险，以实现商业信贷的财务可持续性目标。

8.2.3　社会金融反贫困机制

在金融反贫困中，往往存在着市场金融机制和政府金融机制都无法覆盖或无法充分提供金融服务的领域，如在一些偏远山区低收入户的一些小额零星信贷需求。在这类地区，市场机制和政府机制发挥作用的金融运行成本高昂，又存在严重的信息不对称，此时就需要发挥社会互助合作和民间金融机制的作用，通过各类社会互助机构和民间非正规金融机构提供小额信贷来进行补充性反贫困。商业金融机构出于营利性的经营目标，不愿为低收入农户提供资金支持。但社会互助机制主导下的非正规金融（含民间金融①）和互助合作金融具有经营上的灵活性、高效性，以及服务对象的低门槛性，同时，具有明显的借款人信息优势，经营规模小，本土适应性强，因而能够比较容易地在经营风险较小的条件下满足社会零星反贫困金融需求，在一定程度上弥补低收入农户在金融服务方面的缺失。其运行机制如图 8-4 所示。

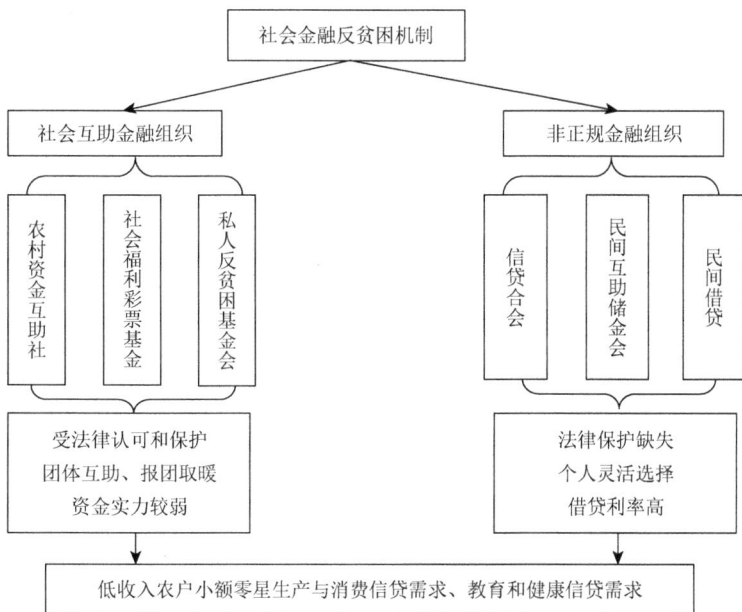

图 8-4　社会金融反贫困运行机制

社会金融反贫困机制主要包括社会互助金融组织和非正规金融组织两个部分。其中，社会互助金融组织主要是指农村资金互助社、社会福利彩票基金和私人反贫困基金会等各种互助信贷、基金等，这些组织的融资具有受法律认可和保护、团体互助、抱团取暖、资金实力较弱的特点；非正规金融组织是指信贷合会、民间互助储金会、民间借贷，这些组织的融资具有法律保护缺失、个人灵活选择和借贷利率高（亲戚、朋友借款除外）的特点。从我国实际来看，当前农村社会金融反贫困机制建设的重点应包括以下三个方面。

（1）加强农村资金互助社建设。目前农村资金互助社的资金来源有两个：一

---

① 邓路等（2014）研究发现，地区制度环境越差，民间金融融资越盛行，民间金融对于当地企业的业绩有负面影响，但如果民间金融能够被良好的制度环境所约束，其负面作用会被大大削弱。因此，促进民间金融规范化发展至关重要。

是通过原扶贫办投入的财政反贫困资金，一般一次性投入 15 万～20 万元资本金；二是吸收的社会资金或民间资金，如由互助社的社员出资 3 万～5 万元，最终形成总资本金 20 万～30 万元的经营规模。农村资金互助社的反贫困效果开始推出时比较显著，但政府拨付规模小且不可持续，社员资金能力有限，后续资金来源的缺失成了其运行过程中的最大问题。同时互助社也没有专业的经营人员，导致其反贫困功能大打折扣。因此，有必要解决社会反贫困机构的后续资金和专业人员问题。建议政府首先应从反贫困性财政资金预算中提取 5%左右，建立全国农村反贫困信贷基金。其次，通过各地乡村振兴办渠道，将农村反贫困信贷基金分发到各地农村资金互助社。比如，每个农村资金互助社每年新增 10 万元的财政性反贫困信贷基金，然后逐步收回信贷资金实现滚动发展。再次，调动社员入社的积极性，切实为社区农户提供低利率（利率低于商业银行基准利率）信贷服务，真正体现社会互助性质。最后，将农村资金互助社打造成真正的金融机构，需要有正式的营业场所、管理章程和专业人员队伍，以及加强硬件和软件建设，改善农村资金互助社的人力、物力、资金和环境条件等要素，并将其纳入规范的金融运行与监督范畴，体现互助合作的本质要求。

（2）健全反贫困基金机制。反贫困基金是国际上通用的一种反贫困金融机制，最大特征是使全社会共同分担反贫困风险。一般说来，反贫困基金有政府反贫困基金、企业反贫困基金、私人反贫困基金和彩票反贫困基金等四种形式。目前我国反贫困基金主要是政府反贫困基金和少量的私人反贫困基金，反贫困功能还比较弱，应当借鉴国际经验，重点发展企业反贫困基金和彩票反贫困基金，通过发行反贫困或乡村振兴彩票建立全社会反贫困基金，专门资助脱贫地区弱势群体的人力资本积累和生产发展。

（3）引导非正规金融组织规范发展。在我国农村一些偏远乡镇和村，还存在一些金融服务盲区，正规金融机构介入成本高，非正规金融组织在支持当地经济发展中发挥了重要作用。为了促进这些地区经济发展，同时避免非正规金融发展带来的局部性金融风险，既需要采取非正规金融深化发展政策，通过降低市场准入、税费减免等措施鼓励其发展，又要通过加强管理和考核，促进非正规金融组织规范发展。

8.2.4 政府＋市场＋社会联合反贫困金融机制

在农村反贫困金融制度运行中，政府机制、市场机制、社会机制缺一不可，政府机制是农村反贫困金融制度运行的基础，市场机制是农村反贫困金融制度高效运行的保障，社会机制是农村反贫困金融制度运行的有益补充。因此，让政府机制、市场机制和社会机制在农村反贫困金融制度运行中不仅能充分发挥效用，而且能体现机制之间的相互衔接、分工协作，共同促进脱贫地区经济发展、社会进步与低收入人口反贫困致富，无疑成为农村反贫困金融制度建设的根本目标。因此，农村反贫困金融制度运行有效的核心内涵就是通过协同发挥市场、政府和社会机制在反贫困金融资源配置中的作用，使脱贫地区经济社会得到持续快速的发展，实现低收入农户增收致富。其联合运行机制如图 8-5 所示。

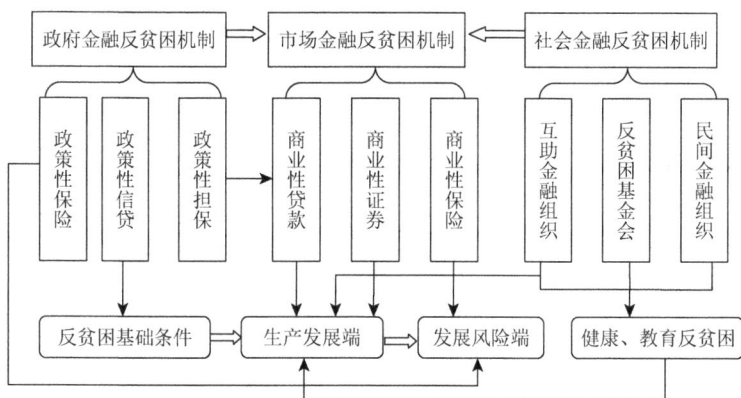

图 8-5　反贫困价值链上的政府 + 市场 + 社会联合反贫困金融运行机制

从图 8-5 可见，政府政策性反贫困信贷主要作用于相对贫困地区基础条件端，为脱贫地区生产发展提供公共基础条件，同时为商业金融机制介入降低了成本和风险，也可以对商业金融机制介入反贫困发挥先期引导作用；政策性担保机构为商业信贷参与反贫困提供担保，以降低风险，促进商业信贷支持脱贫地区产业和特色农业生产，从而直接促进低收入人口就业和经济发展；政策性保险和商业性保险介入反贫困主要是为生产发展端分担风险，以此可以提高商业性反贫困的积极性；社会金融反贫困机制则通过互助金融、基金金融、民间金融等形式支持低收入农户健康、教育等人力资本积累，也可以支持其生产发展，从而补充政策性、商业金融反贫困的不足。所以，混合型反贫困金融机制实际上是在反贫困价值链的上、中、下游分别确定不同的金融反贫困机制，实现上、中、下游分工合作、相互补充、相互促进的运行格局。

反贫困价值链上的联合反贫困金融运行机制的形成，既具有内生性，也具有外生性。一方面，政府金融反贫困机制、市场金融反贫困机制和社会金融反贫困机制天然具有不同的利益追求目标和功能属性，因而自然对应并服务于反贫困价值链上不同的金融需求环节，体现出自上而下、彼此分工、相得益彰的自然分工模式；另一方面，因为反贫困具有强烈的公益性，自然对市场金融反贫困机制形成强烈的排斥，因而为了减轻政府金融反贫困机制运行的负荷，增强市场金融反贫困机制的积极性，政府会采取包括财政、金融等政策手段引导商业性金融组织甚至非正规金融机构参与反贫困开发进程，从而逐渐形成联合反贫困金融运行机制。在当前我国脱贫成果巩固与乡村振兴和相对贫困治理中，这种分工协作支持模式仍具有强大的生命力，可以充分发挥各种金融机制的优势，来共同促进脱贫地区的经济发展和低收入农户增收致富。

8.3　相对贫困治理中中国农村反贫困金融制度创新模式及适应性

市场经济的本质是供求主体多元、决策自主、价格诱导、积极竞争。金融反贫困就是在遵循市场经济基本运行规律的基础上，通过政策的引导和支持，因地制宜地探索和构建由政策性、商业性、社会性金融反贫困机制分工或合作参与的多元化反贫困金融模式以及"财政＋银行＋保险"和"财政＋金融＋科技＋销售"的联合反贫困模式，从而为相对贫困地区和低收入人群提供属性多元、功能多样的金融服务，以满足反贫困价值链上的资金需求，促进反贫困由"输血"型转向"造血"型，实现相对贫困地区经济可持续发展和低收入农户增收致富。

8.3.1　农村政策性金融反贫困模式

反贫困所具有的准公益属性，决定了政策性金融介入反贫困的必然性。为了促进相对贫困地区基础设施建设和低收入农户健康、教育等人力资本积累，应当在我国进一步完善以下三种农村政策性金融反贫困模式，以持续巩固提升脱贫成果，促进脱贫地区经济发展与乡村振兴。

1. 政策性信贷支持基础设施反贫困模式

在过去扶贫开发中，我国政策性信贷介入扶贫主要集中在两个领域：一是贫困地区成片基础设施建设和资源开发。基础设施建设扶贫是产业反贫困的前提，国家将基础设施（高铁、高速公路等）布局在贫困地区，可以打通人流、物流（路通）、信息流（网通）、价值流（金融流动办公）的通道，为产业培育、产业发展、产品商品化、经济货币化创造良好的条件。基础设施建设需要大量的资金支持。由于投资回收周期长，投入资金量大，商业信贷通常不愿进入，主要依靠财政资金和政策性金融支持。二是高山易地生态搬迁扶贫中的基础设施建设和基础产业培育。对于那些不适合居住和发展农业生产的地区，进行居民整体易地搬迁，将贫困居民迁入有住房、能够为劳动力提供就业机会、医疗养老等社会保障基础条件较好的地区。在易地移民搬迁过程中，需要大量的资金投入，需要财政投资和政策性信贷发挥主导作用。图 8-6 展示了在目前的相对贫困治理阶段，参考我国过去扶贫开发中的反贫困模式，可采用的相对贫困地区基础设施开发的政策性信贷反贫困模式。

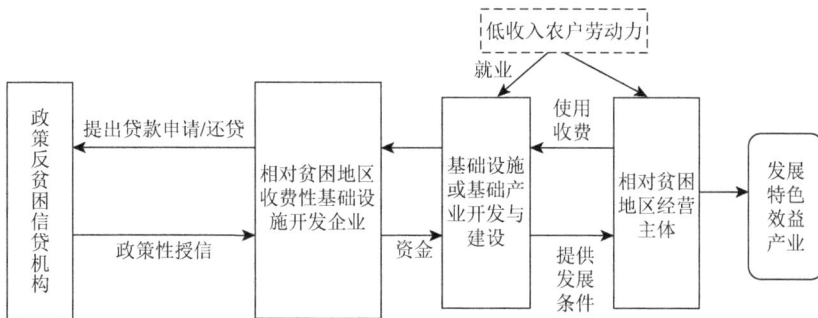

图 8-6　政策性信贷支持基础设施反贫困模式

在该模式中，政策性反贫困信贷机构要以保本微利为基本目标，因而一般以收费性的基础设施和资源开发为服务对象。那么，收费性基础设施开发企业首先向政策性反贫困信贷机构提出贷款申请，然后政策性反贫困信贷机构进行审核并同意进行政策性授信放贷；收费性基础设施开发企业在获得贷款后，将信贷资金投入基础设施或基础产业的开发与建设，而基础设施或基础产业的开发与建设，可以改善相对贫困地区经营主体的公共生产经营条件，促进相对贫困地区发展特色效益产业，促进低收入户农业和非农业收入的增长与反贫困致富，因而一些基础设施项目可以通过收费机制向使用者收费，作为基础设施开发企业还款的资金来源和保障。

2. 政策福利型小额信用贷款反贫困模式

在精准扶贫时期，政策福利型小额信用贷款是直接针对暂时性贫困型农户发展生产和促进其教育、健康等人力资本积累而开发的一种政府主导型精准信贷反贫困模式。该模式下的小额信用贷款的基本特点是：信用额度通常在 10 万元或 5 万元以下；贷款无须任何抵押，或只需公务员担保；利率实行低息或免息；期限为 1 年；政府对小额贷款机构的利率实行全面贴息，信贷风险由财政补偿；发放贷款的金融机构不仅包括小微信贷机构，甚至还包括农村信用社；贷款用途多样化，但主要是低收入农户发展生产、创业及教育、健康等人力资本积累。随着我国步入"后扶贫时代"，该贷款的适用对象可相应调整为低收入或相对贫困农户。其运行流程如图 8-7 所示。

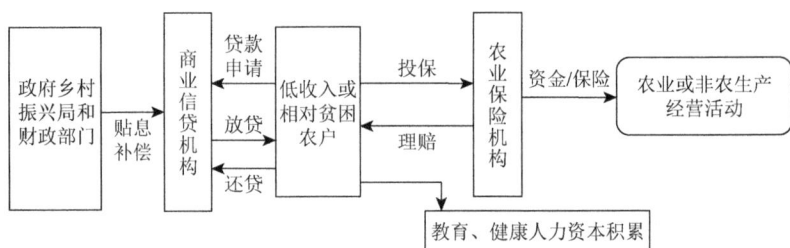

图 8-7 　政策福利型小额信用贷款反贫困模式

由有信贷需求的低收入或相对贫困农户向商业信贷机构提出福利型小额信贷申请，商业信贷机构在政府的政策激励下对申请人的信贷资格、资金用途和公务员担保等信用条件进行审核，审核合格后发放贷款；借款低收入农户按照协议规定的用途使用资金，包括发展特色种植养殖、子女教育和家庭成员疾病治疗等。如果这些资金使用恰当，就可以在短期或长期带来收益，形成还款资金来源，从而保证该模式的良性循环。

纯福利型信贷反贫困模式主要适用于老、少、边、穷地区和高寒山区，这些地区通常呈现成片相对贫困的情况。相对贫困程度最深，持续时间很长，低收入人口众多，土壤条件差，生态环境恶劣，交通通信等基础设施落后，经济商品化和市场化程度低，尚处于自给自足的小农经济状态。通过政府补贴利息，精准满足成片低收入户家庭的资金需求，促进其发展小型生产和人力资本积累，对脱贫成果巩固和相对贫困治理意义重大。除了一些成片的相对贫困地区适用纯福利型信贷反贫困模式外，还可以适用于点状低收入户，即在非成片的相对贫困地区因疾病、教育、意外伤害、事故等原因暂时陷入低收入的个别家庭。通过对这类家庭提供福利型信贷支持，如对适龄孩子的高中、大学教育进行财政资助，推行大学教育零利率贷款计划，为相对贫困家庭生产提供短期低利率信贷等，可以有效发挥福利型信贷的反贫困作用。

3. 分贷统还福利型小额信用贷款反贫困模式

在如图 8-7 所示的低收入农户福利型小额信用贷款反贫困模式中，单个农户的贷款额度小，不具有规模经济效应，并且一些低收入农户虽然享有低息或无息贷款指标，但是因为找不到合适的贷款项目而无法产生有效的信贷需求，使得银行的贷款无法真正进入相对贫困地区实体经济发展之中。与之相伴随的是，在相对贫困地区存在大量的有强烈信贷需求且有就业带动效应的新型农业经营主体，却因无法提供银行所需的抵押担保品而困扰，面临较大的融资难。因此，如何更好地利用政策福利型小额信贷发展生产促进反贫困，就成为福利型小额信用贷款面临的首要问题。为了提高福利型小额信用贷款的发放比例和使用效率，一些地区（如贵州、重庆等地）在精准扶贫期间相继探索出了分贷统还的福利型小额信贷扶贫模式。该模式可继续沿用到相对贫困治理阶段。

图 8-8 展示了在相对贫困治理阶段，分贷统还福利型小额信用贷款反贫困模式的运行流程：由信贷机构对本地区低收入农户核定由原扶贫办（现乡村振兴局）贴息的福利型信贷指标。如果低收入农户不使用贷款指标，就由该地区有借款需求的新型农业经营主体与不使用信贷指标的低收入农户和商业信贷机构协商，将部分低收入户闲置不用的贷款指标转让给新型农业经营主体，新型农业经营主体从金融机构获得多家低收入农户的福利型贷款（假定借款期限为 3 年）后，每年均按照商业贷款利率向低收入农户付息，借款到期由新型农业经营主体统一偿还给银行，银行获得的贷款利息来自财政补贴。该模式有较强的生命力，不仅盘活了闲置的福利型贷款指标，而且解决了新型农业经营主体缺乏抵押品融资的难题；不仅产生了贷款使用的规模经济效应，而且新型农业经营主体的能人经营使得信贷资金的边际使用效益提高。更为重要的是，还可以通过扩大新型农业经营主体的生产，解决低收入农户的就业难题，促进低收入农户工资性收入增长，有效实现政府的相对贫困治理目标。可见，这种模式能够达成多方共赢的激励相容目标，通过集中利用闲置的福利型信贷指标，对相对贫困地区新型农业经营主体的培育和特色产业的健康发展发挥了重要作用。不过需要指出的是，这种模式存在一定风险，主要来自新型农业经营主体经营不善或破产清算的风险，一旦出现这种情况，贷款偿还责任就会转移到低收入农户，可能会增加其返贫风险。所以，确保新型农业经营主体稳健持续经营至关重要。

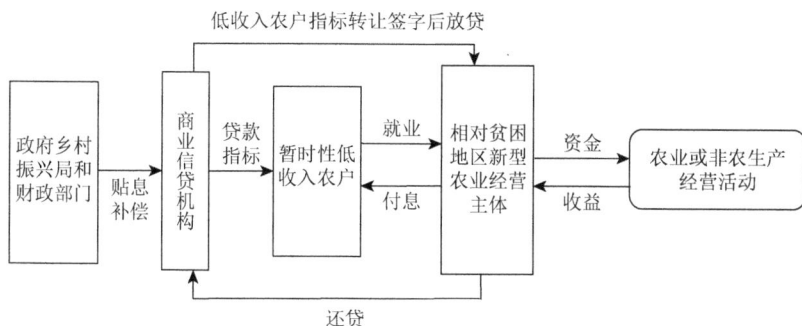

图 8-8　分贷统还福利型小额信用贷款反贫困模式

8.3.2　农村商业性金融反贫困模式

农村商业性金融反贫困模式主要是发挥市场机制在金融反贫困中的作用，政府在某些情形下只起诱导性作用，以激发商业性金融机构参与反贫困的积极性、创造性和主动性。总结我国精准扶贫期间的商业金融扶贫实践，结合我国当前脱贫成果巩固和相对贫困治理实践，可以采用下列几种商业金融反贫困开发模式。

1. 商业性小额信用贷款反贫困模式

相对贫困地区的部分小微经济主体具有资金需求量小、期限短的信贷需求，目的是解决生产中流动资金不足的问题，并且能通过其正常的生产经营活动，按时偿还银行贷款，其信用被金融机构评为优质的个体客户。像这类安全性较高的小额信贷需求，可以依靠农村商业信贷机构提供金额在 10 万元以下的小额信用贷款支持。这种商业性小额信用贷款反贫困的基本模式如图 8-9 所示。

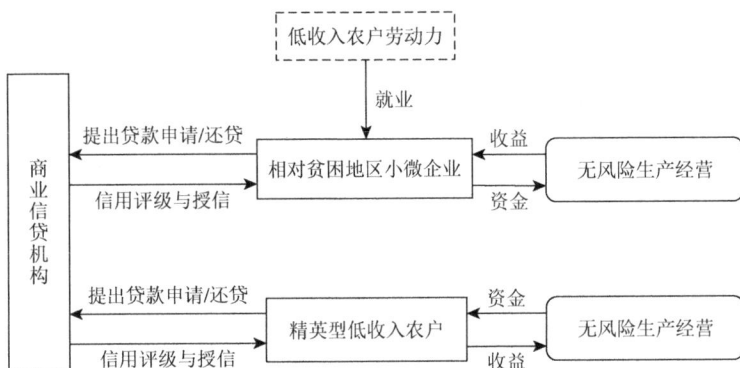

图 8-9 商业性小额信用贷款反贫困模式

图 8-9 中，商业信贷机构对精英型低收入农户①和小微企业提供小额信贷的基本流程是：首先由借款申请人根据自身资金需求情况向商业信贷机构提出贷款申请，然后由商业信贷机构对借款人进行信用评级。如果被评定为优质客户，就可以被纳为小额信用贷款授信对象。一般评定为优质客户，就是信用等级最高或次高水平的客户，这种客户可能与银行有长期的往来关系，同时贷款项目一般是无风险或低风险生产经营项目，能够获取稳定的收益；信贷机构按照风险定价的方式确定贷款利率并发放贷款，最后借款人将生产经营活动产生的收益作为还款资金来源和保障。商业性小额信用贷款反贫困模式采用的是市场利率，不仅不需要任何抵押担保，而且也没有政府提供贴息等补贴，纯属于商业信贷机构与借款人之间的商业借贷行为。这种模式在相对贫困地区经济发展中，对有明显经济效益的个体经营者、精英型低收入农户来说，是一种有效且可行的反贫困信贷模式。

_____

① 精英型低收入农户，是指暂时陷入相对贫困，但仍有较强的劳动能力，且有一定的市场意识和文化教育水平，在低收入农户中有一定社会影响力的低收入农户。

2. 农村产权抵押商业信贷反贫困模式

在相对贫困地区，只有那些具有显著经济效益的经营项目的客户群体才能获得商业信贷的支持。这些客户群体不仅包括工商企业，还可能包括新型农业经营主体和创业型低收入农户，这些主体如果经营的是特色效益农业项目，他们就会对信贷产生较大的需求。如果能够满足其信贷需求，促进其生产经营，不仅能够促进相对贫困地区特色产业培育和经济发展，而且可以通过带动就业促进低收入农户的工资性收入增长和反贫困致富。但是，在特色效益农业经营中，他们往往又缺乏传统的抵押物，无法满足传统商业信贷抵押条件。而他们拥有的资产主要是农房、林权、土地承包经营权、农业生产设施和农业生物性资产。如果这些资产要抵押，就需要满足产权明晰、价值稳定、容易交易变现等条件，需要政府采取产权界定、市场平台建设、法律法规修改和政策激励等措施来创造这些条件。

如果在政府的介入下，农村产权抵押物可抵押的条件得到显著改善，商业信贷机构就有动力选择部分优质农村产权资产进行商业信贷抵押，其运行模式如图8-10所示。新型农业经营主体或创业型低收入农户首先向商业信贷机构申请贷款，然后由商业信贷机构对两类借款主体进行产权抵押物评估，评估合格后进行商业授信，并按风险定价确定利率水平，发放短期贷款。借款人在获取资金后投入特色效益农业生产经营活动，通过获取稳定的收益形成还款保障。目前我国农村产权资产沉睡量巨大，农村产权抵押贷款具有较大的挖掘潜力，尤其在当前脱贫成果巩固提升与乡村振兴进程中急需予以推广，是缓解脱贫地区融资难的重要途径。

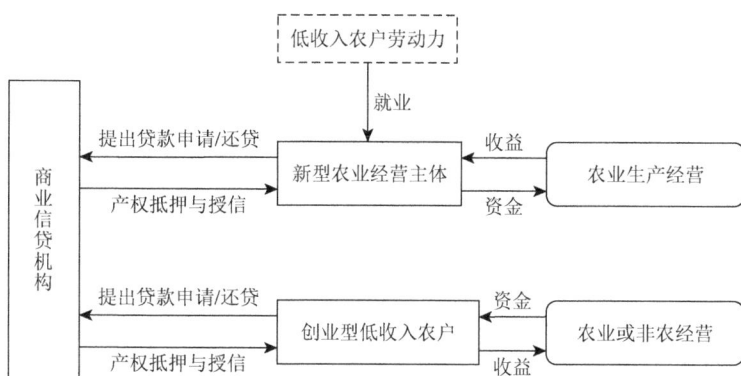

图8-10　农村产权抵押商业信贷反贫困模式

3. 有担保、保险介入的商业信贷反贫困模式

如果农村产权抵押物的抵押条件尚不能完全满足，或存在巨大的风险，相对

贫困地区新型农业经营主体或创业型低收入农户就可能无法通过农村产权资产直接向信贷机构进行抵押融资，出现营运资金困境。这时就需要引入担保融资，并在生产经营环节提供农业保险，以分担商业性信贷机构贷款风险。

图 8-11 展示了相对贫困地区有担保、保险介入的商业信贷反贫困模式。该模式的运行流程是：首先，新型农业经营主体或创业型低收入农户向商业信贷机构提出信贷申请，同时向农业担保机构提出担保申请并提供反担保物，商业信贷机构和农业担保机构达成担保协议后再向借款主体发放贷款；借款主体再将信贷资金投入生产经营过程。此时，农业保险机构可能会在政府的政策激励下推行农业保险，在生产经营环节帮助借款主体和信贷机构分散风险。一旦生产经营环节发生风险，农业保险机构首先对借款主体理赔，然后运用理赔资金偿还银行贷款，剩余的银行贷款由农业担保机构代为偿还，农业担保机构根据与借款人达成的担保协议处置全部或部分反担保物。可见，这种模式是将信贷风险在担保、保险和银行间进行分担，银行具有较高的积极性，对于我国脱贫地区发展特色支柱产业、培育效益农业具有广泛的适应性。

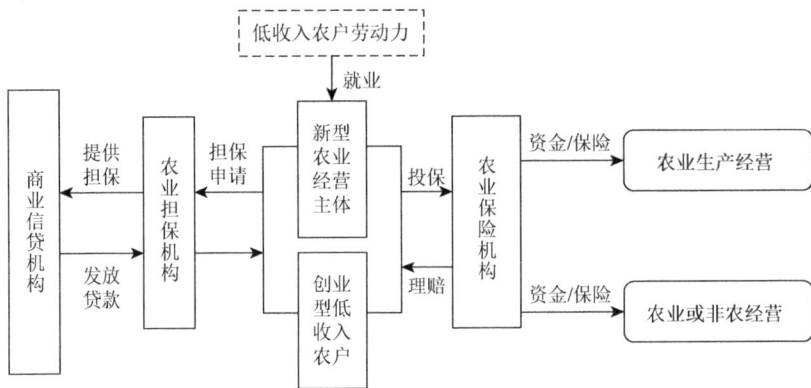

图 8-11　有担保、保险介入的商业信贷反贫困模式

4. 政府财政诱导的商业信贷反贫困模式

相对贫困地区新型农业经营主体和创业型低收入农户的信贷需求，如果无法通过纯市场机制主导的商业信贷，或有担保、保险介入的商业信贷反贫困模式得到满足，那么，还可以选择政府财政诱导的商业信贷反贫困模式。因为为了加快推进相对贫困地区支柱产业培育和特色效益农业发展，政府往往会出台财政贴息和信贷风险损失补偿政策，来激励商业信贷机构向相对贫困地区新型农业经营主体放贷。这种政府财政诱导的商业信贷反贫困模式如图 8-12 所示。

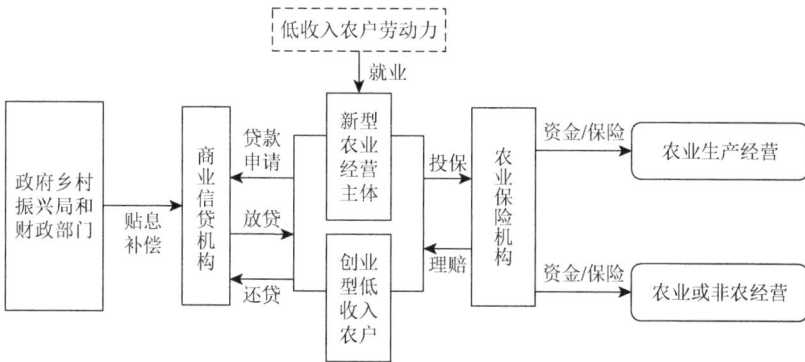

图 8-12 政府财政诱导的商业信贷反贫困模式

图 8-12 中，商业信贷机构在向新型农业经营主体和创业型低收入农户提供商业信贷中，不仅可能面临较大的信贷风险，而且借款主体的利率承受能力较低，无法维持商业信贷机构的财务可持续性。为了维护商业信贷机构合理的商业利益目标，同时又要降低相对贫困地区借款主体的融资成本和银行信贷风险，政府通常会采取财政贴息和建立信贷风险补偿基金两种手段，对商业信贷机构进行正向激励（吴本健等，2014），促进商业信贷机构为相对贫困地区新型农业经营主体和创业型低收入农户发放生产性商业信贷。这种模式仍需要农业保险在生产经营环节介入，属于政府与商业信贷、农业保险同时介入共担风险的运行模式，目前在我国部分地区脱贫成果巩固与乡村振兴中得到积极采用，具有较强的生命力。

5. 证券市场融资反贫困模式

相对贫困地区要加快经济发展，实现反贫困致富，除了要通过财政金融支持机制加强低收入农户自身的"造血"功能外，需要支持若干家具有明显带动效应的特色大中型企业，通过企业的发展来培育特色支柱产业，夯实相对贫困地区经济长期可持续发展的基础。由于大中型企业（包括农业和非农业企业）的发展需要大量的资金，如果仅仅依靠银行债务融资，不仅期限短，而且缺乏抵押担保品，面临融资难题，因而通过资本市场股权融资、股权的社会化，不仅可以迅速筹集发展资金，而且可以稀释股东的风险，促进企业更好地带动低收入农户反贫困致富。所以，积极推动相对贫困地区有条件的企业到证券市场上市融资必然会成为金融反贫困的一种有效模式。

该模式的运行流程如图 8-13 所示。首先由中国证券监督管理委员会出台入市优惠门槛政策，允许相对贫困地区反贫困能力强的农业企业或非农业企业上市融资。然后满足上市条件的企业向中国证券监督管理委员会及相关部门提出入市融资申请，申请获准可以在规定的市场发行股票债券融资；通过市场筹集的资金来收购低收入农户的农产品，并吸纳低收入农户就业，发展特色加工业、制造业等，实现相对贫困地区特色支柱产业的发展；低收入户不仅可以通过输送劳动力获得工资性收入，还可以通过农产品销售，实现农业收入的增长，解决相对贫困农户农产品出售难的问题，提高相对贫困地区农产品商品化程度。因此，证券市场反贫困本质上是金融支持企业带动低收入农户反贫困的间接反贫困模式，在当前我国脱贫成果巩固、相对贫困治理与乡村振兴中应该大力推广。令人欣慰的是，中国证券监督管理委员会已于2016年9月出台了证券市场支持农村精准扶贫的政策措施，标志着我国证券市场开始发挥反贫困的功能。

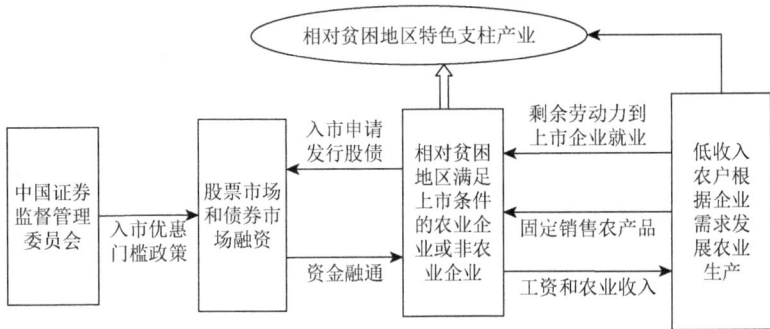

图 8-13　证券市场融资反贫困模式

8.3.3　农村信贷风险分担混合型金融反贫困模式

在金融反贫困中，政府和市场都不是万能的，也不是相互对立的，应当合理地确定它们在反贫困中的不同作用，综合扬长避短，探索一些"市场＋政府＋社会"有机结合的金融反贫困模式，实现可持续的"造血"式反贫困目标。本节所述的金融反贫困模式为各部门共同分担信贷风险的混合型金融反贫困模式。

1. 互助合作金融与非正规金融反贫困模式

该模式是指在商业性金融与政策性金融覆盖不到的反贫困领域，通过社会互助合作金融与非正规金融向低收入农户提供信贷服务的反贫困方式，其运行流程如图 8-14 所示。在老、少、边、穷等偏远相对贫困地区，由于正规金融机构营业网点少、营业成本高，金融服务空白区域较广，金融服务的长期缺失，导致发展资金不足，经济长期处于相对贫困之中。因此，为了解决这些地区的融资难问题，我国政府在精准扶贫期间，通过原扶贫办出资 15 万元成立了农村资金互助社，再加上社员出资 3 万~5 万元，共同构成了农村资金互助社的营业资金；同时，民间闲置资本也会适应偏远地区的金融需求而成立非正规金融组织，向当地提供民间金融服务。当低收入农户急需资金而无法向正规金融机构借款时，农村资金互助社的成立为其提供了较为便利的融资渠道，而在民间借贷中，低收入农户首先会选择向亲戚、朋友借款，然后选择向利率较高的非正规金融组织借款，将借款用于生产发展和流动性应急支出。如果资金使用得当，就可以获取超过利率水平的净收益从而逐步摆脱相对贫困。显然，农村资金互助社的成立和非正规金融组织的发展是一种典型的社会互助金融机制，当正规金融机构金融服务缺失时，它们对满足偏远相对贫困地区的金融需求、促进反贫困开发与脱贫成果巩固具有积极的意义。当前，应积极解决农村资金互助社的资金来源不足、专业人员缺失、风险管理意识淡薄、发展不可持续等问题；而非正规金融组织也急需要解决业务经营与管理非阳光化、不规范化等问题，只有这样才能有效发挥社会互助金融机制在脱贫成果巩固提升、相对贫困治理中的积极作用，形成对商业金融和政策金融扶持相对贫困地区经济发展的有益补充。

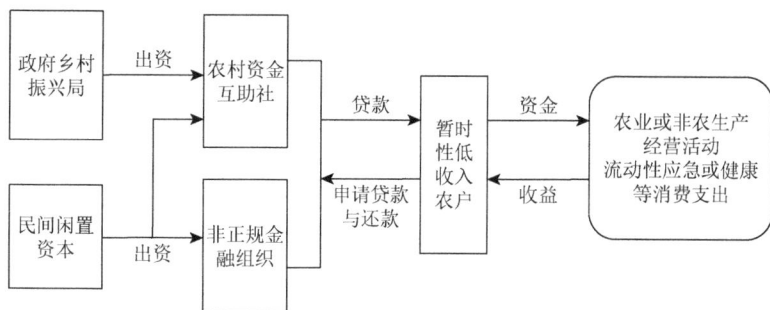

图 8-14　互助合作金融与非正规金融反贫困模式

2. 财政与社会反贫困基金 + 信贷反贫困模式

基金反贫困模式是国际反贫困通行的一种金融反贫困模式。它是利用政府和社会的力量成立的各种反贫困基金，例如，政府在反贫困产业发展环节专门成立反贫困产业发展基金，以按照基金运行规律支持反贫困产业的培育和发展；同时，为了引导和激发商业信贷机构反贫困，政府也可以成立财政风险补偿基金，当商业性信贷机构在反贫困贷款中发生了贷款风险损失，就可以由政府补偿基金按一定比例进行补偿，以减轻商业信贷机构反贫困的损失。而社会反贫困基金是指企业和富裕家庭通过出资成立基金，专门支持低收入农户适龄学生受教育，促进低收入农户人力资本积累，为低收入农户可持续脱贫储备必要的优质劳动力条件。图 8-15 展示了财政与社会反贫困基金 + 信贷反贫困模式。

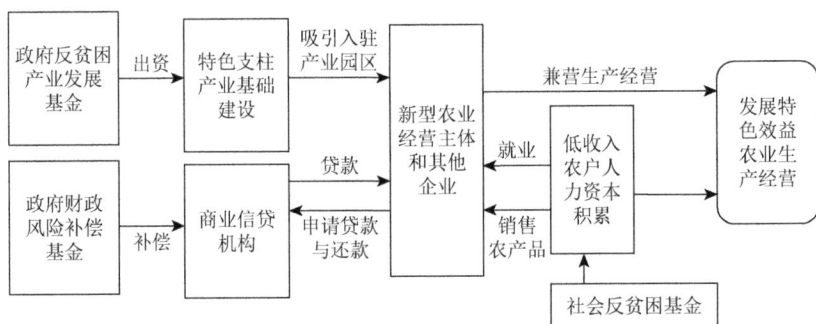

图 8-15 财政与社会反贫困基金 + 信贷反贫困模式

这种模式虽在我国各地已得到普遍采用，但仍需要不断强化。政府反贫困产业发展基金属于引导性基金，专门资助特色支柱产业的基础设施建设，通过产业园区建设吸引新型农业经营主体和其他企业入驻产业园区，或者资助片区产业开发，通过发展特色支柱产业带动低收入农户就业和发展生产实现反贫困致富。商业信贷机构在财政补偿基金的支持下，积极向该地区具有显著反贫困带动效应的新型农业经营主体和其他企业发放贷款，从而促进特色效益产业的发展。而社会反贫困基金着力从低收入农户教育、健康等人力资本角度予以支持，从而与政府基金和银行信贷在不同的反贫困环节形成合力，共同推进相对贫困地区经济发展、人力资本积累和社会进步。

3. 财政反贫困资金担保 + 银行信贷反贫困模式

财政反贫困资金担保 + 银行信贷反贫困模式将财政反贫困资金作为银行贷款的担保基金，以诱导商业信贷机构发放反贫困贷款，从而起到财政对信贷的杠杆诱导作用，其运行流程如图 8-16 所示。

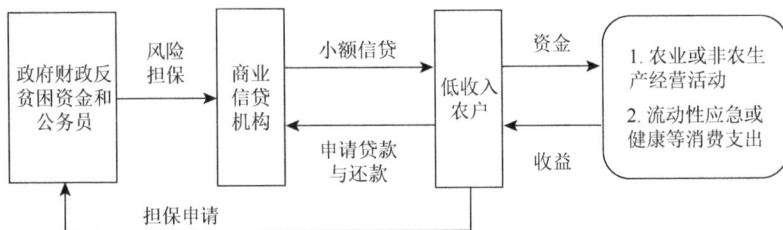

图 8-16 财政反贫困资金担保 + 银行信贷反贫困模式

该模式运行中，财政反贫困资金不再是直接投放到扶持对象手中，而是事先抵押给商业银行作为担保基金，银行在财政反贫困资金担保的基础上，将信贷资金放大 4～5 倍，为更多的低收入农户提供贷款支持。借款人在取得银行贷款后，将其用于生产发展，直到把银行贷款还完后，才能将用作担保的财政反贫困资金从银行取出来，再发放给低收入农户作为反贫困补贴。这种方式一方面解决了低收入农户抵押担保物不足的困难，扩展了家庭的资金来源渠道和获得金融服务的便利，另一方面也能有效预防财政反贫困资金被挪用，有效解决了低收入农户的道德风险，提高了财政反贫困资金的资源撬动杠杆效率。同时，还能有效降低银行贷款风险，增强商业银行为低收入群体提供金融服务的积极性。在农村精准扶贫期间，这种模式得到了较为广泛的运用。因为在财政反贫困资金投入不足的情况下，充分发挥财政反贫困资金的担保功能，可以动员数倍的金融资金投入反贫困开发进程，从而起到四两拨千斤的作用，因而反贫困效果较为明显。

4. 财政反贫困资金股份化 + 银行贷款 + 产业联合反贫困模式

由于在相对贫困地区，不少低收入农户文化教育水平、市场驾驭能力和经营管理水平不高，有效的经营项目缺乏，财政反贫困资金直接配置给低收入农户的边际使用效率很低。为了提高财政反贫困资金的反贫困带动效应，可以探索股权化分割托管与银行信贷协同支持反贫困产业，通过产业发展带动相对贫困农户就业和收入增长。具体说来，这种模式就是将财政反贫困资金进行股权化分割托管，将财政反贫困资金以股权的方式分配给低收入农户，低收入农户将获得的股权性财政反贫困资金（往往通过政府乡村振兴局）直接投入当地以某些大中型新型农业经营主体或其他企业为代表的反贫困特色产业之中；与此同时，在财政风险补偿基金的诱导下，激励商业信贷机构增加对反贫困产业的农村产权抵押信贷融资，从财政和银行两个角度合力解决新型农业经营主体的融资难题，政府和金融部门通过设置支持条件，引导这些产业经营组织积极吸纳低收入农户就业，促进低收入农户就近就业，以增加低收入农户的工资性收入。其运行模式详见图 8-17。

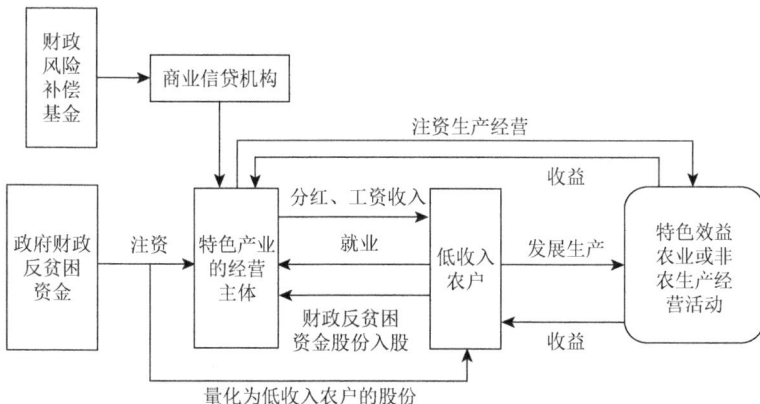

图 8-17　财政反贫困资金股份化 + 银行贷款 + 产业联合反贫困模式

该模式是一种典型的金融与财政有机结合的反贫困模式，财政反贫困资金通过股权化配置，使财政反贫困资金的使用者由原本的低收入者变成了现有的特色产业组织，由于特色产业经营组织严格进行企业化管理，其经营管理人员的文化素质、经营能力、技术水平都比较高，因而可以大幅度提高反贫困财政资金使用效率，而且低收入者以财政反贫困资金的股权从特色产业组织分得红利，从而形成财产性收入。同时，银行信贷的介入，为反贫困产业组织的培育壮大并最终解决低收入者的就业难题创造了条件，因而该模式以增加低收入者的工资性收入和财产性收入为特色，反贫困效果比较显著，适用于反贫困产业化发展比较突出，但低收入者自身创业和生产对资金需求不旺盛的地区。在当前我国脱贫成果巩固提升与乡村振兴中，仍然具有极大的推广价值。

5. 财政 + 银行 + 保险联合反贫困模式

保险具有明显的保障、托底功能，是社会持续健康发展的稳定器。财政 + 银行 + 保险联合反贫困模式是指政府贴息、银行低利率发放小额贷款、保险公司承保的"政府搭台、银行唱戏、保险配合"的三方合作、风险共担的反贫困模式。其运行模式详见图 8-18。

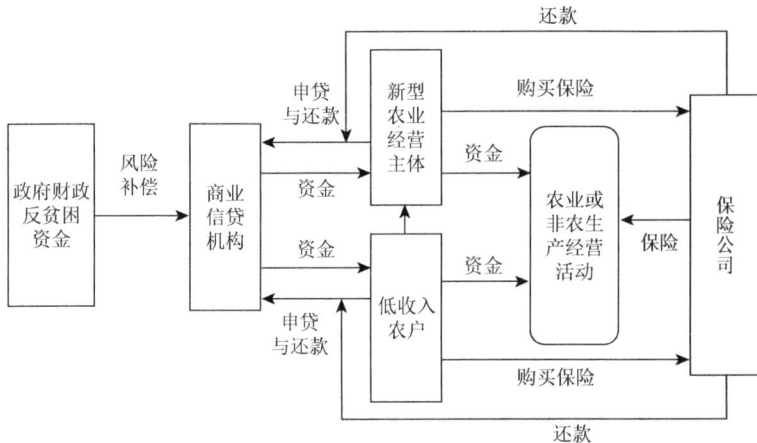

图 8-18　财政 + 银行 + 保险联合反贫困模式

这是一种典型的放大资金效应的"政府 + 金融"的有机反贫困模式。在这种模式中，财政以信贷风险补偿金的形式对商业信贷反贫困进行一定比例的风险损失补偿，保险以提供人身意外伤害保险和贷款保证保险等形式为银行放贷，以及为新型农业经营主体与低收入农户的生产经营、还贷做保障。一旦贷款收不回来，保险公司、政府、银行按照一定比例（常见的为 8∶1∶1）共同承担风险，实现了国家反贫困部门倡导的为低收入农户提供无抵押、无担保小额反贫困贷款的初衷。

并且当借款人发生意外伤残或身故，由保险公司按一定比例或全额代为偿还银行贷款（指本金），可有效化解贷款风险，避免因病返贫现象的发生。这种模式消除了银行放贷的顾虑，破解了农户贷款难与银行放款难并存的问题，提高了贷款额度，并以较小的财政投入，达到了最大的撬动效果，为低收入农户和新型农业经营主体提供了获取资金的新路径，成为农村金融反贫困的有益尝试。显然，银行业和保险业在支持脱贫攻坚和乡村振兴方面具有天然的互补性，银行业重在提供融资支持，保险业重在防止因病、因灾致贫返贫，为反贫困和乡村振兴项目提供"安全线"，银行业的资金支持和保险的托底保障相辅相成、相互补充。双方站在共同的利益出发点上发挥各自优势，设计差异化产品，建立信息共享机制，能够有效提升服务脱贫攻坚和乡村振兴的质效。在这种模式中，反贫困工作更加稳妥安全，更具保障性和可操作性，作为在精准扶贫期间便被普遍采用的反贫困模式，在相对贫困治理阶段依旧具有强大的适应能力。

8.3.4　农村多风险分担混合型金融反贫困模式

与上述大多为分担信贷风险的模式不同，多风险分担混合型金融反贫困模式更为全面，将"市场＋政府＋社会"有机结合，将信贷风险、生产风险、市场风险、经营风险等风险在多部门间进行分担。

1. 财政＋担保＋银行＋保险＋科技与市场服务联合反贫困模式

财政、担保、银行、保险和科技与市场服务联合反贫困模式是指以银行信贷资金反贫困为核心，通过财政、担保、保险和科技等多种金融和非金融手段来分散银行信贷风险和农业风险，从而激发银行贷款反贫困的积极性。其运行流程如图 8-19 所示。

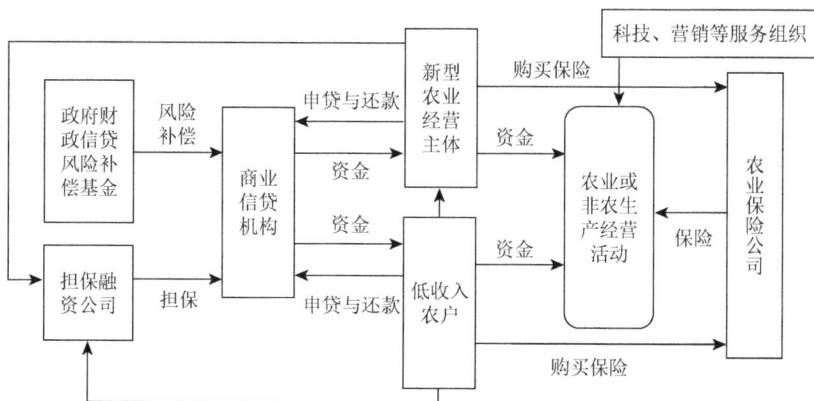

图 8-19　财政＋担保＋银行＋保险＋科技与市场服务联合反贫困模式

图 8-19 中，财政以风险补偿基金的形式对商业信贷机构给予一定比例的风险损失补偿。担保融资公司则为低收入农户和新型农业经营主体提供担保融资，一旦借款人无法还款，担保融资公司为银行承担不超过80%的信贷风险。农业保险公司可以在生产与市场端为新型农业经营主体和低收入农户提供风险保障，一旦新型农业经营主体和低收入农户遭遇灾害和市场风险带来的损失，则由农业保险公司进行理赔，这降低了借款人偿还贷款能力的下降速度，在一定程度上也保护了银行贷款的安全。科技和市场销售等农业社会化服务系统则为新型农业经营主体和低收入农户农业生产提供技术指导与市场营销服务，可以保障农业产出效率和水平得到提高，从而促进收入增长和持久脱贫致富，既降低了生产经营风险，也为降低银行信贷风险创造了条件。可见，该模式是金融与非金融部门协同反贫困的运行机制，不仅可以产生"1＋1＞2"的协同效应，而且可以使银行信贷风险和反贫困开发中的农业风险在各部门之间进行广泛分担，以减少低收入者和反贫困金融机构的损失，因而会产生显著的反贫困效果。在当前我国脱贫成果巩固、相对贫困治理与乡村振兴中，应该大力推广金融手段与非金融手段有机结合的多部门联合支持模式。

2. 财政＋金融＋科技＋销售联合反贫困模式

财政＋金融＋科技＋销售联合反贫困模式在低收入农户和新型农业经营主体生产经营的各个方面提供保障，既保证了其正常获取资金，又助力其农产品销售，从根本上帮助其增强"造血"能力，降低返贫风险。该模式能更好地实现金融反贫困，其运行模式详见图 8-20。

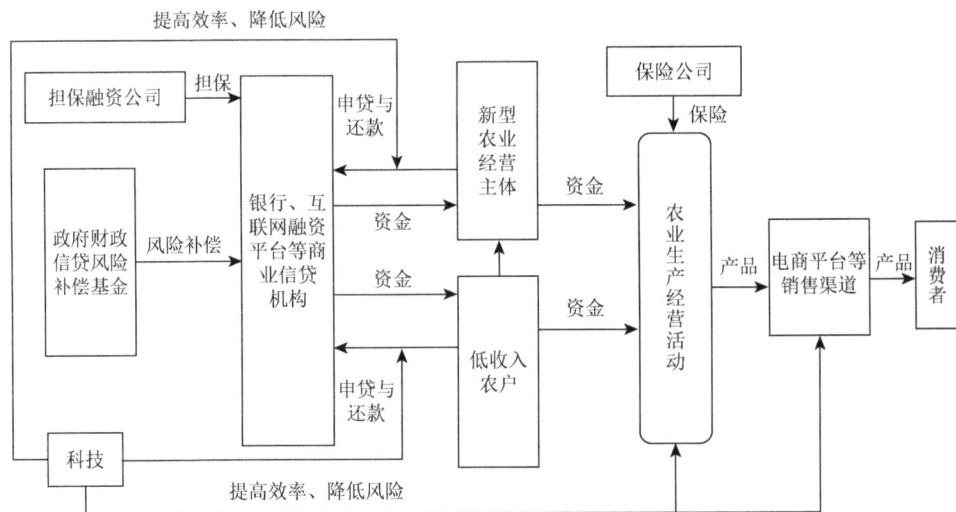

图 8-20　财政＋金融＋科技＋销售联合反贫困模式

在这种"风险共担、多方参与、合作共赢"的长效反贫困机制中，财政以风险补偿基金的形式对银行、互联网融资平台等商业信贷机构进行一定比例的风险损失补偿，担保融资公司、保险公司为低收入农户和新型农业经营主体贷款提供保障的同时减少信贷机构惜贷情况、降低放贷风险。科学技术在金融反贫困的多个环节发挥作用，首先，放贷环节，信贷机构能利用科技创新数字金融产品与服务，解决金融服务的普惠问题，促使资金提供者和借款人实现线下和线上联动，精准识别符合放贷条件的低收入农户和新型农业生产经营主体，实现相对贫困地区金融服务同金融需求的动态匹配。其次，在生产经营过程中，科技能为新型农业经营主体和低收入农户农业生产提供技术指导，实现机械化生产，提高生产效率进而降低生产成本、提高收入。最后，科技在产品销售端的利用如电商平台、物流网络能帮助新型农业经营主体和低收入农户售出产品，提高其还款能力。销售作为社会力量参与金融反贫困的重要一环，可借助线上的电商平台、撮合平台，与线下专区、专馆、专柜相结合，在金融反贫困的最后一环避免产品"无人买、卖不出"的问题，为相对贫困地区提供营销服务，疏通相对贫困地区农产品销售渠道，降低低收入农户生产风险和经营风险，帮助其增收和反贫困，避免无钱还贷情况。这种政府、金融、社会联动的反贫困机制能将信贷、生产和经营风险在各部门间进行分担，以风险分担、技术提升等方式实现长效"造血"，不仅是巩固脱贫成果、接续乡村振兴的有效方法，也是相对贫困治理的有效手段，更是对新时代反贫困模式的积极有益探索，值得大力推广。

8.4　本章小结

本章属于对策性研究的一部分，研究的主要内容包括在相对贫困治理中我国农村反贫困金融制度创新的目标、机制和模式三个核心内容。研究的具体结果如下。

（1）我国农村反贫困金融制度创新的基本目标是：农村反贫困金融制度结构要健全，要涵盖农村反贫困金融组织、反贫困金融资源开发、反贫困金融产品创新与交易、反贫困金融调控与监管等方面；农村反贫困金融制度的功能要互补，既要有融资和融智功能，也要有风险分担功能；农村反贫困金融制度运行要有效，有效的核心是既要做到金融机构财务可持续，又要实现反贫困的社会目标，既要体现金融效率，又要追求金融公平；农村反贫困金融制度运行要法治化，实现立法、执法与司法协同发展。

（2）在我国农村反贫困金融资源配置中，既需要政府机制发挥基础性作用，也需要市场机制发挥决定性作用，还需要社会互助机制发挥补充性作用。因此，我国农村反贫困金融制度创新，需要围绕政府金融反贫困、市场金融反贫困、社会金融反贫困三大机制展开，建立起政府、市场与社会互助机制协同运行的反贫困金融机制，最终形成反贫困金融组织多元、功能各异、相互补充的农村普惠金融服务体系。

（3）基于政府、市场与社会三大金融反贫困机制，我国农村反贫困金融制度创新体现的模式必然表现出多样性。结合我国的客观实际和多层次反贫困金融需求，总体上需要建立政策性金融反贫困、商业性金融反贫困、混合型金融反贫困等三类农村金融反贫困模式。其中，政策性金融反贫困模式可以发展政策性信贷支持基础设施、政策福利型小额信贷支持低收入农户、分贷统还福利型小额信贷支持反贫困产业等三种反贫困模式；商业性金融反贫困模式可以发展商业性小额信贷、农村产权抵押商业信贷、有担保/保险介入的商业信贷、政府财政诱导型商业信贷和证券市场融资等反贫困模式；混合型金融反贫困模式包括单风险分担混合型金融反贫困模式和多风险分担混合型金融反贫困模式，单风险分担混合型金融反贫困模式可以探索互助合作金融与非正规金融反贫困，财政与社会反贫困基金＋信贷反贫困，财政反贫困资金担保＋银行信贷反贫困，财政反贫困资金股份化、银行贷款与产业联合反贫困，以及财政＋银行＋保险联合反贫困等模式，多风险分担混合型金融反贫困模式可以探索财政＋担保＋银行＋保险＋科技与市场服务联合反贫困和财政＋金融＋科技＋销售联合反贫困等模式。尽管当前我国已进入脱贫成果巩固与乡村振兴有机衔接和相对贫困治理的阶段，但上述金融反贫困机制与模式仍具有重要的借鉴意义和推广价值。

第9章 相对贫困治理的中国农村反贫困金融创新战略

改革开放尤其是党的十八大以来，我国在减贫脱贫方面取得了举世瞩目的成就，全面实现了脱贫摘帽。然而，在实现共同富裕目标的新的征程中，我国仍然还有大量相对贫困人口，同时既有的脱贫成果仍然需要巩固提升，有必要进一步加大金融反贫困力度，以满足低收入农户对发展生产和人力资本积累等的金融需求。当前我国农村已进入脱贫成果巩固期、返贫风险阻断期、相对贫困治理期，应当引导政策性金融、商业性金融、合作性金融、小微金融积极参与相对贫困治理进程，坚持金融反贫困业务发展和风险防控并重，坚持履行必要的反贫困社会责任和金融机构财务可持续并举，创新反贫困金融产品和服务，改革金融反贫困经营的体制机制，多渠道、多层次、全方位满足脱贫地区金融服务需求，增强低收入农户自我发展能力，激活脱贫地区经济社会发展的内生动力。本章将结合我国农村脱贫成果巩固与相对贫困治理的实际需要，集中对未来中国农村反贫困金融制度创新战略进行研究。通过本章的研究，旨在为政府稳妥推进农村反贫困金融制度创新、更好地发挥金融反贫困在脱贫成果巩固与相对贫困治理中的作用提供决策参考。

9.1 农村反贫困金融组织创新战略

未来我国农村反贫困金融组织创新的基本目标应是"分工合理、资金充沛、科学管理、服务完善、安全运行、商业可持续性"。其基本要义是：应当根据我国当前脱贫成果巩固、相对贫困治理与乡村振兴有机衔接对反贫困金融的需求特征，合理建设健全的金融机构，避免金融供求因结构错位而无法匹配；应当有充足的资本来促进金融机构的反贫困金融业务接续开展，保障金融机构体系的运行安全；应当科学管理，在金融机构内部建立科学的微观治理与管理机制，提升金融机构的反贫困金融效率与效益；应当根据金融组织所承担的差异化反贫困金融职能，促使各机构按照各自的角色定位提供符合农村反贫困金融需求的金融服务；应当遵循金融运行基本规律，敦促各金融组织遵守国家相关政策、法律法规，坚持安全运营的原则，预防经营风险；应当有合理的顶层制度设计，努力实现各金融组织的商业可持续性。

9.1.1　健全农村反贫困金融组织体系

金融组织是一国金融体系[①]最重要的组成部分。从目前来看,农村反贫困金融组织体系在我国已经显现出多个供给层次、多种金融形式、多种所有制并存的特点,但无论是从各类金融机构的运行机制还是各种金融要素的配比关系来看,目前的反贫困金融组织体系尚不能满足农村低收入群体对金融的需求,健全农村反贫困金融组织体系已迫在眉睫,建议从以下几个方面着手努力。

1. 增强政策性或开发性金融机构反贫困功能

政策性反贫困金融机构包括信贷、担保和保险三种类型。目前我国政策性信贷反贫困主体是中国农业发展银行,国家开发银行已转变为开发性金融机构,二者反贫困信贷服务的主要客户群体均为脱贫地区政府平台和农业企业,反贫困功能定位还比较弱。政策性担保融资由于担保风险大,资金实力弱,反担保物变现能力弱,导致政策性担保公司反贫困担保积极性不高、功能不强;政策性保险反贫困的执行主体主要是商业保险公司代行政策性保险业务,并通过在脱贫地区开展政策性农业保险业务,体现其反贫困功能,但一直没有突破“政策性保险+商业化经营”框架,以“以险养险+政府补贴”的思路占据主导地位,政策性保险与商业性保险无明确的核算界限,导致商业保险公司的政策性农业保险反贫困增收绩效难以评价。在当前脱贫成果巩固和相对贫困治理中,为了增强政策性金融反贫困的基础性作用,建议从以下几个方面入手。

首先,建立健全政策性金融法律法规,从法律上明确政策性金融的反贫困功能定位。借鉴国际经验,结合我国实际,应研究制定“政策性金融促进法”,就政策性金融机构在脱贫成果巩固和相对贫困治理中的功能定位进行清晰的界定。具体说来,政策性金融在脱贫成果巩固和相对贫困治理中应当具有三个方面的功能,分别是基础性功能、引领性功能和调控性功能。基础性功能是指政策性金融在脱贫地区基础设施建设、基础产业培育、巨灾风险分担等准公共产品方面发挥基础性作用,处于反贫困金融服务的首端;引领性功能是指通过政策性金融资金流向,带动商业性反贫困金融机构积极参与脱贫成果巩固和相对贫困治理;调控性功能是指通过政策性担保、保险等手段,对商业性信贷、保险介入脱贫成果巩固与相对贫困治理发挥调控作用。在“政策性金融促进法”中,就应当对三类政策性金融机构如何在相对贫困治理中发挥基础性、引领性、调控性功能进行清楚的界定和明确,使三类政策性金融机构清楚自己在脱贫成果巩固提升和相对贫困治理中的责任和义务。

---

① 金融体系主要包括金融组织、金融市场和金融制度三大组成部分。

其次，加强政策性金融业务考核与管理，防止在反贫困功能发挥中出现商业化功能错位行为。在脱贫成果巩固和相对贫困治理中，政策性信贷、担保和保险属于公共反贫困金融制度，基本职责是在具有显著正外部性的项目和产业领域提供基础性支持，而这些领域具有建设周期长、综合效益明显的特点，这就决定了金融支持面临巨大的风险，甚至无法实现政策性金融支持的良性循环。一些政策性信贷、担保和保险金融机构由于其利润动机，可能不认真履行应有职责，而是将政策性反贫困金融资源进行商业化配置，从而影响政策性金融在脱贫成果巩固和相对贫困治理中基础性功能的发挥。为了抑制这种商业化错位配置行为的发生，应建立严格的政策性金融反贫困业务的专门核算、专门考核、专门管理机制，促使政策性反贫困金融职能切实落地。应加大政府与中国农业发展银行等政策性金融机构的合作，重点拓展商业金融不易发挥作用的领域，防止将"保本经营"演变为利润最大化、将"企业化管理"演变为商业经营的倾向。

最后，切实解决资金来源和风险补偿问题，促进政策性金融反贫困能够保本微利。政策性信贷、担保、保险反贫困的关键是要有足够的资金来源，同时其面临的风险损失要有合理高效的补偿机制，以实现政策性金融的保本微利目标。在脱贫成果巩固和相对贫困治理中，应加强政府财政反贫困资金与政策性金融反贫困的有机联系，使财政反贫困资金和财政风险补偿基金成为政策性金融机构资金的主要来源，以增强其基础性信贷、担保、保险功能。建议将政府反贫困信贷业务划归中国农业发展银行，将中国农业发展银行改造为财政反贫困资金信贷化配置的唯一渠道。改革后的中国农业发展银行的信贷资金主要来自财政拨款、国债资金和金融债券，上级主管部门为财政部，并接受国家金融监督管理总局的业务指导和监管。

2. 增强商业性金融机构反贫困的积极性、主动性和创造性

无论是过去攻坚绝对贫困还是现在推进相对贫困治理，商业性金融均是我国农村反贫困金融组织体系的主体，应当积极鼓励商业性金融机构参与反贫困开发。目前，我国商业性金融反贫困的执行主体主要有中国农业银行、中国邮政储蓄银行、农村信用社以及其他新型农村金融机构。在市场经济条件下，参与金融反贫困的商业金融机构的业务风险普遍较大，商业金融具有"保本逐利"的目标和"嫌贫爱富"的本性，要想商业金融介入反贫困，至少要能使金融机构"保住本金"，并稍有盈利，只有这样才能增强金融机构反贫困的积极性。正因为如此，在市场机制的作用下，商业性金融资金在反贫困类项目上投入较少，反贫困目标偏离严重。因此，在商业性金融反贫困中，应该充分考虑反贫困金融市场空间及商业银行经营的可行性，将有利可图的产业项目交由商业金融机构予以支持，使其在产业反贫困中充分发挥能动性；同时扩大商业性金融机构与政府、担保公司合作，

对脱贫地区的项目和产业主体进行合理的信用评级、创立风险共担机制，开发手机银行、互联网金融等线上线下相结合的金融服务模式，增加商业性金融机构投入反贫困类业务的积极性。另外，可以通过制度强制规定农村商业金融机构必须将一定比例的资金用于脱贫成果巩固和具有返贫风险的地区，该比例应该对中国农业银行、中国邮政储蓄银行和农村信用社形成强制性约束，并纳入扩大银行网点和增加新业务时的审批条件。

3. 积极发展具有反贫困功能的微型金融组织

脱贫地区的低收入农户往往因为缺乏有效抵押品而无法获得正规金融机构贷款，因此需要在农村反贫困金融组织体系中着力培育微型金融与非正式金融组织。相较于政策性、商业性反贫困金融组织，微型金融与非正式金融组织额度小、可操作性强、交易灵活，信用主体信息更详细，可在很大程度上填补政策性金融和商业性金融的空缺，解决低收入农户和小微企业贷款难问题。因此，建议从以下两个方面着手。

第一，巩固和发展农村商业性小额信贷机构。截至 2021 年，中国银行保险监督管理委员会共核准成立村镇银行 1643 家，机构已覆盖全国 31 个省份 1306 个县（市、区、旗），中西部占比 65.8%，县域覆盖率 71.2%[①]；2021 年末，全国共有小额贷款公司 6453 家，贷款余额 9415 亿元，全年增加 550 亿元，其中重庆市小额贷款公司的实收资本为 1175.62 亿元，贷款余额为 2407.23 亿元，均为全国第一[②]。这些微型金融机构建立的初衷就是为低收入农户、微型企业和弱势群体提供金融服务，具有反贫困的功能和性质。首先，对于已经建立起来的商业性信贷机构，应围绕反贫困功能弱化、服务目标和使命漂移严重、财务不可持续等问题，着力从考核机制、金融监管和风险补贴方式等方面进行改进，解决好小额贷款公司资金来源狭窄的问题。可以建立硬性的信贷考核指标，允许符合条件的小额贷款公司吸收部分社会资金，对完成反贫困信贷指标并且监管合格的商业性信贷公司，给予税收减免和补贴性奖励等政策。其次，积极探索小额贷款公司规范发展和做大做强的体制机制。应积极鼓励经济较发达的乡镇和民营经济活跃的农村地区发展小额贷款公司，加强对小额贷款公司的辅导和业务监管，改善微观治理结构，促进小额贷款公司规范治理，鼓励发展良好的小额贷款公司先行开展资产转让、票据业务创新等试点，积极增资扩股，提升反贫困服务的能力。对发展优良的小额贷款公司，应当允许其升级为企业控股、银行参股的新型村镇银行或专业贷款公司等，促进小额贷款公司稳健经营和做大做强。

---

① 参见融信云研究发布的《2021 年度村镇银行调研报告》。
② 参见中国人民银行发布的《2021 年小额贷款公司统计数据报告》。

第二，继续鼓励民间资本组建新的微型信贷机构。在我国脱贫地区，还有少许乡镇和村存在金融服务盲区，如果民间资本有建立小额信贷机构的意愿，应在目前的准入制度与政策基础上，进一步简化准入审批手续，延长税收减免期，在监管有效的前提下允许其适当吸收社会资本，解决资金来源问题，并建立有效的小额信贷监管评价指标体系和考核机制，对问题小贷公司要建立有效的退出机制。力争形成省、市、县、镇（乡）多级金融机构网络覆盖，减少基础金融服务空白乡镇，真正贯彻普惠金融理念。对于在农村"经营正常、遵纪守法"的各种合会等非正规金融，在符合营业条件要求的情况下允许其蜕变为正规金融机构，并纳入正规金融监管范围，以提高其反贫困能力，作为商业性小额信贷反贫困的重要补充。

总之，要实现我国脱贫地区的脱贫成果巩固与相对贫困治理，需要从金融的"机构观"向"功能观"转变（罗来武等，2004），必须健全政策性金融、商业性金融和微型金融协同配合的反贫困金融组织体系，充分发挥政策性金融的先导作用及政策优势，有效利用商业性金融的资金资源，并将微型金融的发展列为重点，形成多元化金融组织分工协作支持的格局。

9.1.2　改善农村反贫困金融组织微观治理机制

改善农村反贫困金融组织的微观治理机制，有利于提高反贫困金融资源配置效率，提高政策性、商业性、微型金融机构反贫困业务的有效性。结合我国的实际情况，建议从以下几个方面着手。

（1）健全正规金融机构普惠金融事业部制。由于正规金融机构的业务具有多样性，业务种类不同，盈利能力和风险管理方式有区别，同时反贫困金融属于普惠金融范畴，具有一定的外溢性，风险较高，同时又可能获得政府的补贴，而且对性质和风险不同的金融业务实行事业部制管理，更能体现金融机构在不同时期的金融服务实体经济的功能变化和专门功能的强化。因此，为了提升政策性金融、商业性金融和合作性金融反贫困的功能，就需要在各类金融机构内部建立专门的"普惠金融事业部"或"乡村振兴事业部"，推行事业部制管理，实行专门机构、专门人员、专门核算、专门风险控制、专门补贴和补偿、专门考核，有利于提高反贫困金融资源配置的功能和效率，促进脱贫成果巩固与乡村振兴有机衔接目标顺利完成。目前，中国农业发展银行、中国农业银行等多家银行均建立了普惠金融事业部制或乡村振兴事业部制，建议在农村信用社、中国邮政储蓄银行、农村商业银行、农业担保公司、农业保险公司等正规金融机构积极推行普惠金融与乡村振兴金融事业部制，进一步健全事业部的岗位设置、金融业务流程、风险管理规程、会计核算制度和方法、风险补偿管理办法和免责担责管理办法等，实现事业部的高效运转、风险可控、脱贫成果巩固和反贫困金融功能真正落到实处。

（2）加强微型金融机构治理机制创新。政府应当从法律层面规范农村微型金融机构的建立与运营机制，规范小额信贷市场；同时鼓励其引入现代企业管理模式，提升其管理品质与运行效率。具体包括：第一，建立有效的产权运作体系。农村微型金融组织往往股东人数比较少，股权比较集中，这会导致风险集中，管理缺乏民主，可通过适当增资扩股，扩充股东数量，增加资本实力，建立有效的股东大会、董事会和监事会等产权运作制衡体系。第二，实施权责对称的治理模式。明确行业监管与法人监管的界限，防止没有权益性投入的人成为事实上的管理者，让出资人的出资数量、控制权、收益分配权有机统一，对责任的确定与划分、亏损与经营者的责任、营利性与惠普制的矛盾等应有充分的依据和合理的行为规范。第三，建立恰当的激励制度。企业中参与者的成本和收益分配是由个人产权存在和安排形式差异决定的。不同的产权制度，委托人行使产权的路径各异。农村微型金融组织应效仿现代企业制度模式，在"三权分离"的基础上设计和实施一套有效的薪酬体系、用人机制、工作绩效考核奖励机制，以有效提高其反贫困效率，降低经营成本和监控成本。第四，实现适度规模经营。微型金融机构应根据实际情况，建立一套从设立到监管都适合自己的经营体系，逐步通过业务增长、规模扩张实现规模经济，摒弃一味跟随大型金融机构的"规范化"标准架构，凸显微型金融组织的成本优势。第五，创新人才储备机制。微型金融机构属于资金密集型和技术密集型行业，对从业人员有很高的要求，高端专业人才对其发展尤为重要。但微型金融组织由于一些客观原因，未能吸收到足够的优秀人才，因而其在人力资源方面的创新非常重要。应根据当地市场的实际情况，建立与之相符的人才管理、培训、选拔任用、激励评价制度；大力引荐相关的优秀人才，在同等条件下聘用对当地有所了解（增加贷款信息的透明度）的人才，完善人才管理系统。

9.2　农村反贫困金融资源开发战略

对于任何金融机构而言，充足的营运资本都是其开展金融服务最基本的要求。如何进一步加大反贫困金融资源开发力度，扩充营运资本实力，将直接影响相对贫困治理中政策性、商业性、微型金融机构反贫困金融功能的发挥。这就需要建立健全农村反贫困金融资源开发制度，确保农村反贫困金融机构有足够的营运资金来源。

9.2.1　完善反贫困储蓄资源开发制度

虽然我国农村脱贫地区整体经济发展水平依然不高，但随着脱贫产业的培育和发展，部分通过外出务工的富裕农户、一些农业大户和企业主仍然有较大的储蓄能力，即便是低收入农户也仍然具有一定的储蓄能力，这些储蓄资源就是脱贫地区宝贵的资金资源。脱贫地区在脱贫成果巩固与乡村振兴衔接中，除了需要财政资金、社会资金等外部资金的继续支持外，也需要借助当地的农村金融组织积极动员闲置资金，并通过贷款促进脱贫地区的产业投资、培育与发展。为了更好地动员脱贫地区储蓄资源支持本地区的经济发展，需要从以下两个方面加以完善。

（1）建立脱贫地区金融机构储蓄资金用于本地区的硬约束制度。为了防止脱贫地区储蓄资源通过金融渠道外流，政府应对脱贫地区金融组织在本地区吸收的存款使用方向做出硬性规定，明确要求将脱贫地区吸收的储蓄存款的 70%以上用于本地区支持脱贫成果巩固与发展，并建立相应的贷款考核奖励机制和较低的存款准备金率，使脱贫地区正规金融机构有更多的储蓄资源用于脱贫成果巩固与乡村产业振兴。

（2）在保证安全的前提下积极引导和鼓励脱贫地区新型金融机构开展储蓄业务。新型金融机构包括村镇银行、小额贷款公司和农村资金互助社等。目前除了村镇银行有动员吸收储蓄存款的法定权力外，小额贷款公司和农村资金互助社仍没有吸收存款的法定权力。它们的资金来源渠道十分狭窄，基本只有股东认缴的初始股金以及农民、农村小企业入"社"和村民入"社"缴纳的资金与社会捐赠的资金。由于缺乏后续资金来源，反贫困信贷投放能力受到严重的制约。因此，解决脱贫地区小额信贷公司和农村资金互助社的后续资金来源问题，就成为提升其反贫困服务功能的关键环节。建议在监管到位、安全标准明确的条件下，允许脱贫地区的小额贷款公司和农村资金互助社在社区或社员范围内有条件地吸收存款，并纳入存款保险制度的覆盖范围，一旦出现存款兑现风险，由存款保险制度进行兜底，据此力争将小额贷款公司和农村资金互助社建成脱贫地区真正具有社区性质的反贫困金融机构。

9.2.2　建立反贫困债券股票融资制度

储蓄资源虽然在反贫困金融资金来源中占据了较大的比重，但是脱贫成果巩固提升、相对贫困治理与乡村振兴对金融资金的需求是巨大的，应当创新建立反贫困债券股票融资制度，利用资本市场的流动性，引导更多的社会资金支持脱贫成果巩固、相对贫困治理与乡村产业振兴。建立反贫困债券股票融资制度，可以从以下三个方面展开。

（1）积极推行反贫困金融债券制度。由于中国农业发展银行、国家开发银行等政策性信贷机构不能广泛吸收存款，而只能吸收对公存款和客户存款，这就限制了其参与脱贫成果巩固提升与相对贫困治理支持的资金来源。资金来源不足就会制约政策性金融机构反贫困功能的正常发挥。因此，当来自财政资金、存款的资金不足时，应当鼓励中国农业发展银行、国家开发银行等政策性信贷机构积极利用债券市场，通过发行专项金融债券融资，形成资本市场通过政策性银行参与脱贫成果巩固提升与相对贫困治理的重要渠道。

（2）建立商业性反贫困专项金融债。中国农业银行、中国邮政储蓄银行、农村信用社等商业性、合作社性金融机构是我国脱贫成果巩固提升和金融反贫困支持的主力军，它们的反贫困金融资金来源主要是吸收存款和央行的反贫困再贷款。当计划用于脱贫地区的信贷资金来源不足时，也可以鼓励中国农业银行、农村信用社等实力较为雄厚的金融机构通过在银行间债券市场筹集乡村振兴专项债，使其来源方式更加多样化，资金投向更为精准。

（3）健全脱贫地区企业资本市场融资制度。解决脱贫地区企业融资难问题，不仅需要信贷渠道，还需要借助资本市场渠道。一方面，应当积极鼓励支持脱贫地区更多符合条件的涉农企业在债券市场通过发行公司债、中小企业私募债和资产证券化产品融资；另一方面，为了降低脱贫地区企业投资风险，应鼓励有上市条件且脱贫带动效应显著的企业积极利用二板市场、新三板市场进行股权融资，以拓宽融资渠道，保障生产经营正常进行；同时，创新期货市场服务"脱贫地区"的新方式、新方法，鼓励脱贫地区涉农企业进入期货市场开展套期保值业务，鼓励期货公司的子公司拓展业务，帮助脱贫地区涉农企业盘活资产，加快资金周转，防范生产经营风险。

9.2.3　健全农村反贫困产业基金制度

农村反贫困基金是依靠政府、企业或社会的力量，集聚闲置资金介入反贫困工作，以满足脱贫地区企业和农户发展生产的资金需要。农村反贫困基金的主要来源包括两个方面：一是政府部门资金的注入；二是其他组织和个人的资助，包括个人捐赠资金、企业捐赠资金、反贫困彩票资金以及机关、企事业单位捐赠的对口帮扶资金。但是，第二类反贫困资金力量弱小，具有不确定性。随着脱贫地区经济的不断发展，农民致富的愿望与日俱增，资金需求量高涨，而目前我国农村反贫困基金投入不足，急需健全农村反贫困基金运行制度。

（1）健全政府反贫困产业基金制度。反贫困产业基金制度是农村脱贫成果巩固与相对贫困治理中政府主导的重要的基金制度，是从年度财政反贫困资金中提取一定比例而形成的专项产业发展基金。它以风险投资的运行模式专门支持和培育脱贫地区的特色支柱产业，尤其是将自然资源优势转化为经济优势的地方优势产业。为了进一步发挥政府反贫困产业基金的作用，建议政府适当提高反贫困产业基金的计提比例，壮大基金的反贫困实力，健全基金使用的申报、运行、考评和追责制度，使反贫困产业基金能够高质、高效运行，建立反贫困产业基金适当的退出机制，当反贫困产业能够实现自我良性循环时，反贫困产业基金应逐步退出。

（2）积极动员企业和社会力量发展社会反贫困基金。除了依托政府建立反贫困产业投资基金外，应当动员实力雄厚的国有企业，为脱贫地区和相对贫困人群建立专门的反贫困产业投资基金、私募股权投资基金、科技创业投资基金，并积极引导社会名流出资建立反贫困天使基金，健全社会反贫困基金的宣传和奖励机制，为脱贫成果巩固、相对贫困治理和乡村振兴增添新的动力。

（3）引入反贫困彩票基金制度。为了解决农村资金互助社资金来源不足的问题，同时防止脱贫农户因教育、疾病、养老等制度返贫的问题，建议引入博彩机制融资，通过国家乡村振兴局专门发行乡村振兴彩票，扣除彩票奖金后而筹集的彩票基金既可以作为农村资金互助社的后续资金来源，也可以专门资助低收入农户家庭的人力资本积累和创业就业等，为阻止脱贫农户制度性返贫建立起长效支持机制。

9.3　农村反贫困金融产品创新战略

反贫困金融资源的开发是金融反贫困的前提，反贫困金融产品开发是金融反贫困的重要载体，反贫困金融资源的配置最终要通过各种金融产品的交易来实现。因此，建立农村反贫困金融产品开发制度，适应多样化的反贫困金融需求，因地制宜地推进农村反贫困金融产品的开发，对利用金融机制防止脱贫户返贫风险具有重要的战略意义。

9.3.1　构建功能互补的农村反贫困金融产品体系

当前，针对我国相对贫困治理中多样化的金融需求，需要加快开发多层次、多品类的农村反贫困金融产品。

（1）丰富支持基础设施金融产品。目前，我国反贫困工作已进入脱贫成果巩固与相对贫困治理期，脱贫区域基础设施仍较薄弱，城乡基本公共服务失衡，严重制约着该地区的经济发展。因而脱贫地区基础设施金融需求空间巨大，但由于其公益性、基础性的特点，趋利避险的商业性金融机构作为有限，因此需要通过政策性银行投放周期较长、利率较低的基础设施贷款。应动员中国农业发展银行和国家开发银行为当地政府（通过政府融资平台公司）提供多种金额不同、利率优惠、期限较长的基础建设贷款，专项用于脱贫地区基础设施建设，实现基本公共服务均等化。

（2）积极开发低收入农户金融产品。由于大多数低收入农户家庭劳动能力较强，有市场意识，获取收入的机会较多，只要能够给予短暂的外部财政金融支持，达到投资的门槛，其就能够抓住市场机会，获取收入，因而一般会成为商业性小额信贷的服务对象。就这类农户而言，目前信贷机构尤其是商业性小额信贷机构开办的信贷品种较少，基本上只有生产性贷款。从其脱贫致富的因素和途径来看，生产性贷款即便是在没有抵押担保的条件下，也可以直接形成收入，因而容易形成偿还能力，故商业性小额信贷机构一般愿意提供此类贷款。可是，从致贫返贫因素来看，教育、医疗、住房支出往往是重要因素。实际上，教育、医疗和住房支出都可以看作低收入农户的人力资本投入，人力资本素质提升也会带来潜在的收入，形成信贷偿还能力。因此，金融机构应当积极开发以下几类信贷品种。

首先是教育与技能培训贷款。如果遇到低收入农户子女上大学、家庭主要劳动力参加技术培训，所需经费除了财政和社会捐赠资助外，金融机构应当开发教育与技能培训贷款，贷款利率实行优惠利率、财政贴息，贷款额度提高到 5 万元，贷款期限延长到 5~8 年，待通过教育和劳动技能培训并参加劳动形成收入后，再偿还贷款，每年还款期间只支付利息，本金一次性偿还。

其次是健康反贫困贷款。较多脱贫农户之所以存在返贫风险，是因为主要劳动力身体素质差，疾病较多，没有资金看病，导致家庭陷入恶性贫困状态。如果有信贷支持，有些疾病是可以被治愈的，病人身体可以恢复健康。只要恢复了健康，就可以形成劳动生产能力，产生收入，具备了偿还贷款的条件。因此，金融机构可以开发健康反贫困贷款。开发此类贷款可以与农村合作医疗保险相互联系起来，如果脱贫农户要借健康贷款，可以由农村合作医疗保险部门提供担保，以降低金融机构的风险。同样，贷款利率实行优惠利率、财政贴息，贷款额度为 3 万~5 万元，贷款期限 1~3 年，待恢复健康并参加劳动形成收入后，再偿还贷款，每年还款期间只支付利息，本金一次性偿还。

再次是住房改造贷款。低收入农户的住房出现危房的比率较高，目前我国一些地方政府如重庆市，由财政出资将农村危房进行全面改造。住房条件也是为农户劳动力的再生产提供基础保障，有了良好的起居环境，会间接提高低收入农户生产和生活质量。在低收入农户住房改造资金不足的情况下，小额贷款机构应当开发此类贷款，允许凭借其宅基地使用权证进行抵押贷款，贷款利率实行优惠利率、财政贴息，贷款额度可设定为 1 万~3 万元，贷款期限 1~3 年，待家庭劳动力产生收入后再偿还贷款。

最后是外出务工与创业贷款。在劳动力比较富裕的低收入农户家庭，脱贫致富的愿望急切，因而一般会首先选择进入城市务工，从农村现实情况来看，凡是实现快速致富的农户，90%以上都是通过在外务工获得了非农收入，农业收入在其家庭收入中的比重显著下降。而低收入家庭的绝大部分收入都是农业收入，非农收入占比极低,在农业比较效益严重不足的情况下,低收入户只要有剩余劳动力,就会输出剩余劳动力到非农行业务工,或自行在农村创业。但是,有些务工与创业行为因为缺乏必要的资金而搁浅,小额信贷机构应该积极开发此类贷款,因为这类贷款可以直接产生收入,形成还款保障。这类贷款应实行商业银行贷款的基准利率水平,贷款期限 1～2 年,贷款额度 1 万～3 万元,可以实行抵押、担保贷款。

(3)积极开发易地搬迁再就业金融产品。在边远山区,如重庆武陵山区、秦巴山区等,通常聚集着大量群体性低收入农户,这些地区由于交通不便、信息不畅,农产品商品化程度较低,当地的自然生态环境在某些方面可能并不太适宜人居,因为距离人口集居地较远,使得交通、电网等基础设施的建设成本高昂。即便这些地方的农户有劳动力,也无法实现可持续致富。因此,对这类地区的农户,一般会采取易地搬迁阻断返贫风险。在实践中主要是由财政反贫困资金介入易地搬迁反贫困,通过异地集中修建住房,并在当地调整土地,实现再就业来安稳致富,而金融资金很少介入,导致财政金融无法在此类反贫困中形成协同力。在易地搬迁反贫困模式中,政府一般要移植一个反贫困项目,以吸收异地转来的农户再就业,或者在新居住地的专业种养大户、农业专业合作社、农业龙头企业实现就业。对此类反贫困模式,金融机构可以通过上述开发的教育与培训贷款、健康贷款、务工与创业反贫困贷款,来满足个别低收入农户的信贷需求。但是,对于集体反贫困项目的开发,金融机构应当主动开发项目贷款,通过建设单位、财政的联合担保,为反贫困项目提供必要的信贷资金支持。贷款利率实行商业银行的基准利率,贷款额度 50 万～100 万元,贷款期限 3～5 年,由反贫困项目营运收入来偿还贷款。

(4)积极开发连片脱贫农户金融产品。针对人口居住较为集中的革命老区和偏远山区,这类地区往往环境优美、自然资源丰富,但因为群居的农户一般都是少数民族家庭,受到该民族文化习俗和行为的影响,农户家庭的市场意识和行为淡薄,导致地方经济发展落后,反过来制约资本积累,使得当地缺乏足够的资金将地方的资源优势转化为经济优势。由于这类群体性致贫返贫风险主要集中于民族地区,因此其反贫困模式一般采取两种策略:一是通过外界资金的介入,集中开发几个反贫困项目,通过项目实现低收入家庭的非农就业带动农户致富;二是对低收入农户进行人力资本开发,通过教育和培训提高劳动者的技能和素质,提升其市场经济意识和驾驭市场的能力。如果有金融资金的参与,民族地区的脱贫成果巩固进程会显著加快,因为制约这些地区发展的因素主要是资金和人力要素。因此,金融机构的信贷产品开发应当主要集中在如下三个方面。

第一,项目培育贷款。如在贵州黔东南等民族地区,有丰富的矿产、旅游等资源,这些地区可以开发旅游项目、矿产项目等,而且也有人文文化产品(如少数民族歌舞)可以开发,并且在黔东南苗族侗族自治州已经取得成功。在反贫困项目培育期间,金融机构可以开发可持续的商业信贷,贷款利率以商业银行基准利率为准，期限 3~5 年，贷款额度 10 万~50 万元，以可开发的项目物权作为抵押，待项目形成收入后再偿还贷款。

第二，人力资本开发贷款。在我国，部分少数民族的文化习俗和传统习惯是制约当地经济发展的一个因素，要实现少数民族的低收入农户致富，关键在于提升其人力资本素质，即文化水平和劳动技能，灌输现代市场经济意识。因此，输送有条件的少数民族骨干劳动力集中到职业高中、大学学习，是相对贫困治理的有效方式。为了适应此类反贫困金融需求，金融机构应该与教育部门联合，重点推出教育与培训反贫困信贷产品，贷款利率实行优惠利率、财政贴息，贷款额度 1 万~3 万元，贷款期限 5~8 年，待参加工作有工资收入后再偿还贷款，每年还款期间只支付利息，本金一次性偿还。

第三，积极开发农业保险、融资担保等产品。连片脱贫地区是相对贫困治理的重点区域，不仅需要信贷支持，也需要保险和担保支持（胡秋明，2004），保险可以单独介入，担保需要和信贷进行捆绑支持。应加快连片脱贫地区农业保险、融资担保机构网点建设，大力推广农业保险和担保融资业务，适应该地区农业生产特点和农村产权资产禀赋特征，积极开发新的农业保险和融资担保品种，以满足脱贫成果巩固和乡村产业振兴中的农业保险与担保需求。

9.3.2 健全农村反贫困金融产品创新的激励机制

要调动农村金融机构开发农村反贫困金融产品的积极性，巩固脱贫攻坚成果，需要加快完善农村反贫困金融产品开发制度，建立足够的激励约束机制。

（1）激发基层银行创新反贫困金融产品的动力和活力。目前各类金融机构的金融创新权力都垄断集中在总行，基层银行没有任何创新权力，这使得金融产品无法做到因地制宜，体现差异化、个性化等，而金融需求千差万别。因此，中国农业银行、中国农业发展银行、农村信用社等金融机构，有必要适当将金融产品开发创新权力下放到基层银行，或者鼓励基层银行因地制宜地设计反贫困金融产品，上报总行批准备案并予以推广，这样可以调动全行员工创新的积极性。同时，可以设计差别激励合同，鼓励金融产品研发人员提升研发能力、创新优异的金融产品，支持脱贫成果巩固提升、相对贫困治理和乡村振兴。

（2）加强对反贫困金融产品创新的政策调控。综合运用差别存款准备金、再贷款、再贴现等货币政策工具，针对产品合理新颖、效益较好的金融机构可以适当放宽存款准备金率，同时乡村振兴局协调、整合各类财政资金，建立和完善贷款风险补偿、担保基金、贴息等配套政策，深入推进金融产品创新；适当放宽准入限制，在脱贫地区增加金融机构数量，通过有效的竞争机制迫使现有的金融机构展开金融创新；推行反贫困金融服务竞赛活动、竞赛考核，鼓励金融支持脱贫地区重点项目、小微企业和"三农"等领域,对各类金融机构的反贫困与服务乡村振兴工作进行科学、系统考评。激励银行机构不断提高金融服务水平,建立健全广覆盖、高效率、可持续的金融服务体系。为了确保农村金融服务创新产生稳定的收益预期,应将财税激励机制纳入法律制度框架,明确在未来反贫困金融创新中政府应当发挥的作用。

9.3.3 建立农村反贫困金融产品创新风险补偿机制

建立农村反贫困金融产品创新风险补偿机制,为金融机构贷款提供风险保障,需要从以下三个方面展开创新。

(1)完善政府层面的风险补偿机制。在政府层面,财政可以出资建立农村反贫困金融创新风险担保基金,对积极创新的农村金融机构给予一定的基金补偿或风险补偿,或者对农村金融机构创新的风险给予一定的财政补贴和税收减免。

(2)创新社会层面的风险补偿机制。在脱贫地区金融服务中,仅仅依赖财政贴息是远远不够的,可以引入彩票基金补贴机制,单独发行乡村振兴彩票,利用发行彩票扣除奖金后的资金来筹集脱贫成果巩固基金,或者将现在的福利彩票筹集的资金提留一定的比例,建立专门的反贫困与乡村振兴信贷基金,保障金融机构的财务可持续性。

(3)引入信用保险机制。在保险层面,将保险纳入各级脱贫成果巩固与乡村振兴的政策支持体系。引入金融产品保险机制,鼓励保险公司开发反贫困信贷保险。金融机构作为投保人向保险公司投保。同时保险机构加强对借款农户信贷资金的使用指导、监督,以提高信贷资金的使用效率和还款保障,当借款农户无法按期还本付息时,由保险公司承担一部分的偿还责任。保险监管部门和保险机构建立工作联动长效机制,实现低收入农户信息与保险信息对接,建立专项统计监测制度和政策实施成效评估制度,有效追踪保险反贫困工作进展。

9.4 农村反贫困金融制度创新战略

制度创新是金融创新的前提,只有具有完善的反贫困金融制度创新机制,才能保证反贫困金融产品创新的有效进行。适应相对贫困治理的金融制度创新主要包括金融产品交易制度创新、运行调控制度创新、运行监管制度创新三方面。反贫困金融产品交易制度创新是维持反贫困金融市场有序进行的前提条件;反贫困金融运行调控制度创新需要加强政府调控,避免反贫困金融市场失灵;反贫困金融运行监管制度创新是农村金融体系稳定运行的重要保障。健全这三种金融制度,能够促进相对贫困治理工作持续稳定地推进。

9.4.1　农村反贫困金融产品交易制度创新

交易制度是维护相对贫困治理的金融市场交易有序进行的先决条件，可以有效避免金融交易的盲目性、不公平性和欺诈性，促使农村金融交易价格合理形成。任何金融产品只有通过交易才能实现其自身的价值，因此，有必要建立健全农村反贫困金融产品的交易制度，促进金融反贫困持续推进。

1. 建立弹性的反贫困金融产品定价机制

信贷、担保和保险是农村反贫困金融最重要的三种产品，因而在农村反贫困金融产品交易中，关键是要完善这三种产品的定价机制。

一是健全信贷产品的利率定价机制。脱贫成果巩固与相对贫困治理的信贷需求主体往往是脱贫地区低收入农户和新型农业经营主体，新型农业经营主体往往有吸引低收入农户就业和发展生产的带动作用，因此，金融支持脱贫成果巩固与相对贫困治理，往往将新型农业经营主体作为重点客户群，通过扶持产业培育带动脱贫户发展，这是符合金融逻辑的。因而，未来相对贫困治理中信贷客户的需求必然具有多层次性，包括政策性信贷、商业性信贷和合作性信贷需求。政府应鼓励金融机构从实际出发，建立富有弹性的信贷产品定价机制，实行差别定价和风险定价政策，对低收入农户的小额贷款利率实行基准利率；对进入农业农村发展的城市下乡企业贷款实行低于城市信贷利率的优惠利率；对脱贫地区中长期贷款利率适当增加优惠空间；对采取质押、抵押和保证等不同担保方式的贷款利率也应有所区别。积极探索改变以抵押担保为前提的信贷管理模式，大力推行以收入为第一还款来源的信贷模式，因地制宜地探索反贫困信贷激励机制，建立有效管理条件下的信贷免责机制（吴红军，2007）。

二是建立反贫困信贷担保定价机制。反贫困信贷担保产品费率太高，将加重借款人的融资成本。目前多数担保机构的担保费率确定在2%的水平。在脱贫地区，由于信贷需求主体具有多样性，其反担保物的数量和质量也有明显的差异，担保机构在脱贫地区的推广主要面对的是涉农企业，脱贫农户由于信贷有效需求不足，小额信贷基本能得到满足。因此，担保费率的确定主要是针对信贷需求较大的新型农业经营主体客户群。为了增强这些企业的反贫困带动能力，应鼓励担保机构建立富有弹性的担保定价机制，对反贫困效果较大的乡村企业实行优惠的担保费率，而对一般的企业实行市场化担保费率，根据风险状况定价。

三是完善保险产品定价机制。反贫困保险产品主要有反贫困信贷保险、农业保险和人寿财产保险等三种商业保险类型。反贫困信贷保险的投保人是信贷机构，农业保险和人寿财产保险的投保人是脱贫地区农户和农业企业。为了实现保险反贫困目标，应当鼓励保险机构对信贷保险和人寿财产等商业保险实行低于发达地区的保险定价，确定更加优惠的保费率；对农业保险费率的确定应当比发达地区更优惠，相较于发达地区的农业保险费率差价需由财政补贴，以提高脱贫地区农业保险购买者的积极性，扩大农业保险覆盖面。

2. 创新农村反贫困金融产品交易担保机制

担保机制是增强借款人信用的重要手段，在脱贫地区信贷支持中，引入担保机制，可以有效缓解标准抵押资产不足带来的融资困境。

一是完善农村资产评估与流转体系，促进农村可抵押产品的多样化。针对农村可抵押资产少的特点，应当尽快出台"反贫困信贷担保条例"，扩大信贷抵押品的适用范围。在固定资产方面，对于脱贫地区农户的宅基地使用权、房屋所有权、土地承包权及土地附着物，政府应当予以明确的产权界定，允许其流转和变更。在流动资产方面，应当积极配合金融机构对低收入农户家庭中价值较大的农用生产资料等进行有效的价值评估。

二是健全农村担保中介机构体系。一方面鼓励现有和新成立的机构开展创业型农户贷款担保业务，如鼓励现有商业性担保机构开展农户贷款担保业务；鼓励有条件的专业合作社、涉农企业和协会组织为符合条件的低收入农户提供担保；鼓励创业型农户建立具有互助性质的担保合作社，利用协作机制为农户提供信用担保。另一方面通过政府支持建立农村信贷担保基金，在低收入农户缴纳一定比例的担保金时，为农户提供一定额度的贷款担保。

三是降低低收入农户的担保要求，构建灵活多样的担保机制。大部分低收入农户一般不敢轻易违反政府部门的规定，更不敢触及法律。一旦从正规金融机构获得贷款，他们就会尽自己最大的努力按时偿还贷款本金和利息，这也是尤努斯教授认为贫困型农户具有较高还款信用的一个重要原因。因此，基于低收入农户家庭固定资产种类少、价值低，难以有效满足正规金融机构对抵押品要求的现实，正规金融机构应努力降低低收入农户的抵押要求，构建灵活多样的担保机制，把更多的创业型农户纳入其服务范围。同时，根据我国脱贫地区实际和金融反贫困的需要，鼓励涉农金融机构不断创新信贷担保机制，积极探索土地经营权抵押、动产质押、种养场地使用权抵押、经济林权抵押、商标专用权/专利权质押、保险单质押等抵质押贷款模式，继续鼓励龙头企业、农业专业合作社、公务员为低收入农户提供担保，有条件的地方积极探索农户联保模式，努力解决低收入农户贷款担保难的问题。

9.4.2　农村反贫困金融运行调控制度创新

构建金融调控制度，加强政府调控，引导更多金融资金参与脱贫成果巩固、相对贫困治理和乡村振兴，是我国现实反贫困金融制度建设的重要内容。

（1）完善中国人民银行调控反贫困金融运行的制度。中国人民银行是农村反贫困金融调控的核心主体，是在制定和执行货币政策基础上，通过加大货币政策支持力度和实施倾斜的信贷政策，对农村金融反贫困进行定向调控，利用多种政策工具，积极推动反贫困信贷产品和服务方式创新，进一步完善信贷反贫困机制，巩固脱贫攻坚成果。中国人民银行信贷支农政策应根据不同的特色品种农业生产和反贫困项目做出不同的政策规定。例如2016年中国人民银行设立的扶贫再贷款规定期限为最长不超过12个月，这只适合传统的粮食种植业。事实上，农业结构不同，生产周期就不同，对融资期限要求也不同。养殖业、林果业、农产品加工业、储运业等的贷款时间需要长达数年，如林果业需3~5年期限，养殖业需要1~3年期限，农产品加工业、储运业、农民住房与子女助学等的贷款需求时间在5年以内。因此，央行应对支农再贷款和反贫困再贷款项目做出合理调整，根据不同的特色品种农业生产和反贫困项目，采取有区别的再贷款业务，防止"一刀切"。同时，应对脱贫地区金融机构适时采取定向降准政策，对经考核后符合要求的金融机构，可以相应下调其存款准备金率，扩大资本容量，并通过窗口指导提升其反贫困金融业务能力以及抗风险能力，从而推进信贷反贫困工作的开展。

（2）健全金融监管部门的调控制度。国家金融监督管理总局、中国证券监督管理委员会等金融监管部门主要从行业角度对金融反贫困业务进行引导，以扩大反贫困信贷、担保、保险和证券覆盖面，促进金融支持脱贫成果巩固提升、相对贫困治理与乡村振兴。目前，国家金融监督管理总局、中国证券监督管理委员会都相继出台了行业反贫困促进政策，以引导业内金融机构加大反贫困支持力度，但保险和证券反贫困的效果还不够明显，这不仅需要监管部门从市场准入、风险容忍度、窗口指导等方面加大优惠政策力度，还需要各监管部门与中国人民银行建立调控政策协调机制，在反贫困金融服务价值链上协同发力，促进各类金融机构在反贫困产业链上协同支持、共担风险。

9.4.3 农村反贫困金融运行监管制度创新

加强农村反贫困金融的运行监管是确保农村金融体系稳定运行的重要保障。针对目前我国农村多主体、多层次和多种所有制并存的金融组织体系，推进农村反贫困金融运行监管制度创新有助于引导更多金融机构参与脱贫成果巩固提升与乡村产业振兴进程。

（1）建立农村反贫困金融运行的风险监测与预警制度。在实际开展巩固脱贫成果和相对贫困治理的工作中，由于农村金融业务的自身特点，其风险性较其他金融业务高，因此有必要建立农村反贫困金融运行的风险监测与预警制度。对于风险预警系统，至少应该包括三个子系统：警兆识别系统，用于根据反贫困金融运行内部和外部的信息，对风险类型和原因进行分析，发现风险存在的基本状况；预警分析系统，对风险具体状况进行评估，制定预警指标变量及相应的预警阈值；预警处理系统，即根据预警分析系统对风险进行分析和预测，及时采取适当的风险防范对策。结合当前我国农村脱贫成果巩固与乡村振兴衔接的实际，应建立和完善脱贫地区脱贫成果巩固提升的统计分析制度，及时掌握各金融机构在脱贫成果巩固中面临的客户群体返贫风险状况。根据统计分析的数据，并结合实地考察的结果，针对不同的脱贫户、新型农业经营主体、龙头企业的状况调整再贷款、再贴现限额，同时实行差别存款准备金动态调整、差别化监管等，最大程度上做好农村反贫困金融运行的风险监测与预警。同时，在金融机构方面，建立金融反贫困数量、质量和风险暴露的专项统计监测机制，统计各个脱贫地区的金融机构网点、融资规模、不良贷款以及信贷投放进度等情况，定期发布数据，对数据进行监测分析以及时了解扶贫金融运行情况，并因此制定和调整相关政策。

（2）健全农村反贫困金融运行的监管主体权责和义务。目前我国农村金融监管体系建设遵循"一行一局一会"的金融监管构架，并结合农村金融发展特点进行了必要调整。其中存款类银行货币监管由中国人民银行负责，审慎监管主要由国家金融监督管理总局及其下属机构负责；对农信社、农合行、农商行实行省级政府、中国人民银行、国家金融监督管理总局分工监管的模式；而对小贷公司和融资性担保机构，则由省级政府负责监管。总的来看，这样的权责分工基本能满足当前农村金融市场发展的要求，但仍有可以改善的地方。国家金融监督管理总局主要负责存款类金融机构的监管，但省级政府却承担了一些对农信社的审慎监管工作，而对新型农村金融机构的监管则需要根据具体情况及时调整。因此，在监管的分工方面，中国人民银行应负责所有金融机构的货币监管；国家金融监督管理总局负责存款类金融机构和保险机构的审慎监管；中国证券监督管理委员会负责证券机构的监管工作；省级政府负责小额信贷公司、担保机构的非审慎监管。只有这样，才能避免金融业务监管交叉和监管盲区，从而提高金融监管效率，降低反贫困金融运行风险。

（3）建立农村反贫困金融运行危机救助制度。由于脱贫地区的主导产业往往以农业及其附属产业为主，工业和服务业发展起步较晚，缺乏核心技术和专业化的管理，导致金融反贫困的对象主要集中在农业生产领域，而农业生产的效益在很大程度上依赖于自然环境，正是农业生产本身所存在的先天性自然风险引发了金融反贫困的巨大风险，因此很容易造成贷款逾期不还的现象，这对金融机构财务可持续性构成极大的威胁。因此，有必要建立农村反贫困金融运行的危机救助机制，为反贫困金融的正常运营保驾护航。首先，对于反贫困业务中不良贷款率较高的金融机构，通过合理分析其具体原因，政府应当出资建立农村反贫困金融运行危机救助基金池，根据其面临的风险状况有差别地注入政府资金，帮助金融机构渡过难关。其次，应当成立专门的风险资产或不良资产的处置机构，对金融机构的风险资产进行收购、剥离、处置或证券化，以化解反贫困金融机构因持有风险资产而可能面临的倒闭、破产的风险。

9.5 农村金融反贫困法制化战略

要发挥金融机制在巩固农村脱贫成果和相对贫困治理工作中的积极作用，需要通过顶层制度设计，将金融反贫困性质、目标，金融机构组织形式，金融机构权利与义务，金融反贫困手段和机制，金融反贫困利益分配关系、政府支持方式，金融反贫困司法与法律解释等内容固定下来。这一方面是为了避免反贫困金融机构功能异化，即将信贷资金配置到发达地区，发生服务对象偏移以追求商业利润，从而不利于国家巩固脱贫成果与相对贫困治理的目标实现；另一方面是为了避免反贫困金融机构之间功能趋同而出现恶性竞争，导致反贫困金融的市场秩序混乱。此外，农村反贫困金融顶层制度设计会让金融反贫困建立在国家战略和国家意志层面，这不仅能给农村脱贫群体提供一个稳定的利用金融手段求发展的预期，而且还可以明确反贫困金融机构的目标与功能定位，建立有效的反贫困金融运行机制。显然，我国要学习和借鉴国外先进做法，在巩固农村脱贫成果的现实情况下，让金融与财政和社会帮扶机制发挥协同作用，就需要制定实施"现代农村金融促进法"。在这部法律中，至少需要界定清楚以下四个主要内容。

9.5.1 确立农村金融反贫困的性质与目标

脱贫成果巩固提升、相对贫困治理与乡村振兴具有准公共产品性质，因而反贫困投资一是需要受益人自己承担一部分资金，二是需要外界尤其是政府出资一部分。据此，财政帮扶是国际通用的反贫困模式。在财政资金诱导下，受益人自己承担的这部分资金可以通过金融渠道筹集一部分，而金融介入反贫困需要维持基本的财务可持续目标。并且，反贫困型金融不同于普通商业金融的性质，普通商业金融是纯市场机制主导，而反贫困金融是政府机制、市场机制、社会互助机制联合发挥作用，所以，反贫困金融的性质可从法律上界定为准公共金融制度。它与纯公共金融制度相对应，纯公共金融制度只有政府的参与，属于财政资金信贷化配置模式，而且免息，金融的最大特点是必须收回本金，所以，区别于财政资金无偿划拨配置，财政资金信贷化有偿配置制度就是纯公共金融制度，如传统的政策性金融就属于此类。而反贫困金融的准公共金融制度既有政府财政介入成分，也有市场介入成分，还有社会互助介入成分，是混合性的金融制度，与商业金融、合作金融、政策金融相区别。未来我国反贫困金融制度的根本目标是促进金融在脱贫攻坚成果巩固提升与相对贫困治理中发挥更大的作用，确保金融组织与扶助对象实现激励相容。

9.5.2　明确界定反贫困金融机构类型和功能划分

从法律角度看，反贫困金融机构可以有以下几种类型。一是政府机制主导的反贫困信贷机构，即公共反贫困信贷机构，如我国的中国农业发展银行、政策性担保、政策性保险就可以界定为此类机构。二是市场机制主导的商业性信贷机构，如农村信用社、小额贷款公司、村镇银行、保险公司等。三是社会互助机制主导下的农村资金互助社、信贷协会等。并可以在脱贫对象上做出适当的功能区分，如有商业成长前景和明确效益边界的反贫困项目，主要借助商业性信贷机构来支持；有共同经济效益前景的准公共信贷项目由互助金融机构给予支持；对创造公共生产条件的反贫困项目可以采取财政无偿和有偿相结合的扶助模式，对于能够形成经济效益的事业性反贫困项目，可以采取政府财政扶助信贷模式。

9.5.3　界定反贫困金融机构的权利、义务和与政府的关系

"现代农村金融促进法"的重要内容之一是清晰地界定反贫困金融机构的权利、义务和与政府的关系。反贫困金融机构在农村相对贫困治理中享有哪些法定权利、需要履行哪些义务、在推进金融反贫困治理中政府如何帮助金融机构分担部分风险等，这些问题都需要有清晰的法律界定，以便让反贫困金融机构既能够有效减缓脱贫户返贫风险，支持乡村振兴，又能够实现财务可持续性目标。一旦发生法律风险、法律纠纷，金融机构不仅有法可依，而且要有诉讼机制和诉讼渠道，有相应的金融仲裁机制，帮助金融机构维权，在良好的农村反贫困金融生态环境中实现规范化发展。

9.5.4　明晰反贫困金融的法律仲裁范围和秩序

反贫困金融机构在深化改革、防控风险的过程中，客观上需要利用仲裁高效、便捷地解决反贫困金融纠纷，仲裁方式是解决多元化纠纷的重要组成部分，在解决金融纠纷中具有快捷性、专业性、灵活性、保密性、经济性的优势。明晰反贫困金融的法律仲裁范围和秩序对解决农村反贫困金融纠纷起着至关重要的作用。随着金融交易手段越来越复杂、交易次数越来越频繁，金融案件的争议内容也越发复杂，比如没有银行牌照就进行信贷业务的合同是有效还是无效，目前为止尚

没有明确意见，这说明金融和投资领域中的交易与传统的交易规则、制度都有很多不同之处，尚需进一步研究。在反贫困金融法制化建设中，应充分认识仲裁手段在解决反贫困金融纠纷中的独特优势，协商、调解、诉讼也是解决反贫困金融纠纷的有效手段。随着反贫困金融行业类型不断推陈出新，反贫困金融纠纷会呈现出难以预料的复杂性与多变性，推进反贫困金融行业和仲裁机构的深度合作必然是一种共赢的纠纷解决方法。然而，推进农村反贫困金融行业和法律仲裁深度合作并不简单，需要多方做出积极努力：以仲裁机构、法院、监管者的对接为引导，以金融行业与仲裁机构的对接为中心，以金融业务与仲裁制度的恰当衔接为重点研究方向。既需要学习国外成熟的金融法律仲裁制度理念，破解当下反贫困金融行业不善于运用仲裁渠道的困难之处，也需要从自身出发开拓对金融仲裁的前沿思考，克服仲裁规则的限制因素，突破反贫困金融模式对法律仲裁制度的桎梏。

9.6 本 章 小 结

本章主要基于我国巩固拓展脱贫攻坚成果同乡村振兴有效衔接以及未来相对贫困治理中农村反贫困金融创新战略进行了研究。本书认为，巩固拓展脱贫攻坚成果同乡村振兴有效衔接，并积极参与相对贫困治理，是未来中国农村反贫困金融制度面临的重要使命。满足脱贫成果巩固提升同乡村振兴有效衔接和相对贫困治理的巨大金融需求，需要加快推进中国农村反贫困金融创新战略，具体包括农村反贫困金融组织创新、农村反贫困金融资源开发、农村反贫困金融产品创新、农村反贫困金融制度创新、农村金融反贫困法制化等战略。

参 考 文 献

巴德汉 P, 尤迪 C. 2002. 发展微观经济学. 陶然, 等译. 北京: 北京大学出版社.

巴曙松, 栾雪剑. 2009. 农村小额信贷可获得性问题分析与对策. 经济学家, (4): 37-43.

巴曙松, 韦勇凤, 孙兴亮. 2012. 中国小额信贷机构的现状和改革趋势. 金融论坛, 17 (6): 18-25.

白钦先, 文豪. 2013. 论三维金融架构: 哲学的人文的历史的与经济社会综合视角的研究. 东岳
    论丛, 34 (6): 42-54.

曹洪民. 2007. 扶贫互助社: 农村扶贫的重要制度创新: 四川省仪陇县 "搞好扶贫开发, 构建社
    会主义和谐社会" 试点案例分析. 中国农村经济, (9): 72-76.

曹少杰, 李胜连, 张丽颖. 2020. 金融扶贫成果的巩固和完善: 可行能力视角下金融扶贫的路径
    分析. 金融理论探索, (6): 50-58.

陈标平, 胡传明. 2009. 建国 60 年中国农村反贫困模式演进与基本经验. 求实, (7): 82-86.

陈岱孙, 厉以宁. 1991. 国际金融学说史. 北京: 中国金融出版社.

陈军, 曹远征. 2008. 农村金融深化与发展评析. 北京: 中国人民大学出版社.

陈明文, 王林萍. 2007. 美国、日本、法国农业保险比较及其借鉴. 台湾农业探索, (1): 75-77, 62.

陈野华. 2001. 西方货币金融学说的新发展. 成都: 西南财经大学出版社.

陈银娥, 师文明. 2011. 微型金融对贫困减少的影响研究述评. 经济学动态, (4): 130-135.

陈宗胜, 沈扬扬, 周云波. 2013. 中国农村贫困状况的绝对与相对变动: 兼论相对贫困线的设定.
    管理世界, (1): 67-75, 77, 76, 187-188.

程丹峰. 2000. 中国反贫困: 经济分析与机制设计. 北京: 经济科学出版社.

程恩江, Ahmed A D. 2008. 信贷需求: 小额信贷覆盖率的决定因素之一: 来自中国北方四县调
    查的证据. 经济学 (季刊), (4): 1391-1414.

程恩江, 刘西川. 2010. 小额信贷缓解农户正规信贷配给了吗? ——来自三个非政府小额信贷项
    目区的经验证据. 金融研究, (12): 190-206.

褚保金, 卢亚娟, 张龙耀. 2009. 信贷配给下农户借贷的福利效果分析. 中国农村经济, (6): 51-61.

崔凌云, 张建峰. 2013. 印度小额信贷危机的监管策略及对中国的启示. 经济研究导刊, (3): 97-98.

戴维斯 L E, 诺思 D C. 2019. 制度变迁与美国经济增长. 张志华, 译. 上海: 格致出版社.

邓晶. 2007. 农村扶弱金融的外部效应与市场化运作的制度选择. 农业经济问题, (12): 50-54.

邓路, 谢志华, 李무飞. 2014. 民间金融、制度环境与地区经济增长. 管理世界, (3): 31-40, 187.

邓晓霞. 2011. 中印农村金融体系比较. 成都: 西南财经大学出版社.

丁军, 陈标平. 2009. 新中国农村反贫困行动的制度变迁与前景展望. 毛泽东邓小平理论研究,
    (6): 34-39, 85.

丁汝俊, 段亚威. 2014. 农村金融体系构建: 加快我国城镇化发展的重要推动力. 财经科学, (1):
    10-18.

丁志国, 谭伶俐, 赵晶. 2011. 农村金融对减少贫困的作用研究. 农业经济问题, 32 (11): 72-77, 112.

董晓林, 徐虹. 2012. 我国农村金融排斥影响因素的实证分析: 基于县域金融机构网点分布的视角. 金融研究, (9): 115-126.

杜彪. 2007. 关于我国农村金融制度变迁的思考: 基于诺思的国家与制度变迁的理论视角. 农业经济问题, (10): 45-49.

杜晓山. 2004. 中国农村小额信贷的实践尝试. 中国农村经济, (8): 12-19, 30.

杜晓山. 2005. 中国小额信贷十年. 北京: 社会科学文献出版社.

杜晓山. 2006. 小额信贷的发展与普惠性金融体系框架. 中国农村经济, (8): 70-73, 78.

杜晓山. 2007. 小额信贷的发展和模式: 演讲摘要. 金融与经济, (8): 23-26.

杜晓山. 2008. 非政府组织小额信贷机构可能的发展前景. 中国农村经济, (5): 4-10, 55.

杜晓山. 2010. 小额信贷与普惠金融体系. 中国金融, (10): 14-15.

杜晓山. 2012. 小额信贷发展概况国际研究. 北京: 中国财政经济出版社.

杜晓山, 宁爱照. 2013. 对商业银行参与金融扶贫的思考. 农村金融研究, (5): 5-11.

杜晓山, 孙若梅. 2000. 中国小额信贷的实践和政策思考. 财贸经济, (7): 32-37.

范静. 2006. 农村合作金融产权制度创新研究: 以农村信用社为例. 北京: 中国农业出版社.

方黎明, 张秀兰. 2007. 中国农村扶贫的政策效应分析: 基于能力贫困理论的考察. 财经研究, (12): 47-57.

高艳. 2007. 我国农村非正规金融的绩效分析. 金融研究, (12): 242-246.

高艳云. 2012. 中国城乡多维贫困的测度及比较. 统计研究, 29 (11): 61-66.

高杨, 薛兴利. 2013. 扶贫互助资金合作社试点运行状况分析: 以山东省为例. 农业经济问题, 34 (6): 43-49, 111.

高远东, 张卫国. 2014. 中国农村非正规金融发展的减贫效应研究. 西南民族大学学报 (人文社会科学版), 35 (12): 116-120.

宫留记. 2016. 政府主导下市场化扶贫机制的构建与创新模式研究: 基于精准扶贫视角. 中国软科学, (5): 154-162.

谷慎, 岑磊, 吴国平. 2016. 论我国西部农村金融激励约束制度的完善. 农村经济, (4): 62-67.

郭庆平. 2014. 发展普惠金融 服务扶贫开发. https://www.doc88.com/p-9963639498146.html [2014-10-16].

郭威. 2013. 农村金融扶贫的经验、困境与对策: 以广西富川县为例. 理论探索, (5): 98-102.

韩建华. 2010. 中国农村政府主导型扶贫运作模式的缺陷及其改进. 经济研究导刊, (36): 36-38.

韩俊, 罗丹, 程郁. 2009. 中国农村金融调查. 上海: 上海远东出版社.

何广文. 2007. 农村资金互助合作机制及其绩效阐释. 金融理论与实践, (4): 3-8.

何广文. 2011. 构建化解县域经济微观主体融资困境的金融机制. 中国农村金融, (8): 4.

何广文, 冯兴元, 林万龙, 等. 2005. 农户信贷、农村中小企业融资与农村金融市场. 北京: 中国财政经济出版社.

胡海鸥, 贾德奎. 2012. 货币理论与货币政策. 3 版. 上海: 上海人民出版社: 139.

胡金焱, 袁力. 2016. 小额信贷实现支农目标了么?. 经济与管理研究, 37 (2): 61-69.

胡秋明. 2004. 论我国农业保险发展的制度创新. 财经科学, (5): 112-116.

华东, 何巍. 2012. 美国农村金融体系的特点与启示. 南方金融, (5): 47-50.

黄承伟. 2002. 中国反贫困: 理论·方法·战略. 北京: 中国财政经济出版社.

黄承伟, 陆汉文, 刘金海. 2009. 微型金融与农村扶贫开发: 中国农村微型金融扶贫模式培训与研讨会综述. 中国农村经济, (9): 93-96.

黄达. 2003. 金融学. 北京: 中国人民大学出版社.

焦瑾璞. 2007. 农村金融体制和政府扶持政策国际比较. 北京: 中国财政经济出版社.

焦瑾璞. 2010. 构建普惠金融体系的重要性. 中国金融, (10): 12-13.

金永丽. 2007. 印度农业保险发展状况简析. 南亚研究季刊, (2): 79-81, 4.

金运, 韩喜平. 2014. 扶贫开发的金融制度安排. 中共中央党校学报, 18 (6): 94-97.

李东荣. 2011. 拉美小额信贷监管经验及对我国的启示. 金融研究, (5): 1-12.

李飞, 孙东升. 2007. 巴西的农业支持政策及对中国的借鉴. 中国农机化, (5): 20-24.

李伶俐, 苏婉茹. 2018. 金融精准扶贫创新实践的典型案例研究. 农村金融研究, (6): 71-76.

李伶俐, 周灿, 王定祥. 2018a. 中国农村扶贫金融制度: 沿革、经验与趋向. 农村经济, (1): 61-68.

李伶俐, 周灿, 王定祥. 2018b. 金融精准扶贫的现实困境与破解机制: 重庆个案. 农村金融研究, (1): 70-74.

李明贤, 叶慧敏. 2012. 普惠金融与小额信贷的比较研究. 农业经济问题, 33 (9): 44-49, 111.

李朋. 2014. 基于区域金融创新的农村贫困地区扶贫策略探析. 农业经济, (4): 46-47.

李善民. 2014. 普惠制金融视角下金融扶贫模式构建: 一个理论分析框架. 改革与战略, 30(11): 35-38.

李万峰. 2016-05-25. 发挥保险业精准扶贫精准脱贫作用. 人民日报, (15).

李勇, 孙晓霞, 陈景耀, 等. 2005. 关于完善农村金融制度加大对三农金融支持若干问题的思考. 金融研究, (11): 1-10.

李云燕. 2007. 论市场机制在循环经济发展中的地位和作用. 中央财经大学学报, (10): 65-70.

李昭楠, 李钰婷, 刘树梁, 等. 2021. 数字普惠金融对农村家庭相对贫困影响效应: 基于宁夏的农户调研数据. 农业现代化研究, 42 (6): 1104-1113.

联合国开发计划署. 1997. 1997年中国人类发展报告: 《人类发展与减贫》. https://www.undp.org/zh/china/publications/1997nianzhongguorenleifazhanbaogao-renleifazhanyujianpin[2013-10-09].

梁骞, 朱博文. 2014. 普惠金融的国外研究现状与启示: 基于小额信贷的视角. 中央财经大学学报, (6): 38-44.

梁巧慧, 胡金焱. 2015. 小额信贷机构: 一个国外研究理论述评. 山东社会科学, (1): 125-130.

梁玉. 2008. 国外农村金融支持状况对改善我国农村金融支持的启示. 农业经济, (9): 78-79.

廖富洲. 2011. 中国特色反贫困的基本特点及完善思路. 学习论坛, 27 (2): 37-41.

林恩 S R. 2009. 发展经济学. 王乃辉, 倪凤佳, 范静, 等译. 上海: 格致出版社.

林卡, 范晓光. 2006. 贫困、制度和国家的反贫困战略: 一项关于转型中国贫困问题的研究. 北京: 第二届社会政策国际论坛.

林万龙, 杨丛丛. 2012. 贫困农户能有效利用扶贫型小额信贷服务吗? ——对四川省仪陇县贫困村互助资金试点的案例分析. 中国农村经济, (2): 35-45.

林毅夫. 1994. 关于制度变迁的经济学理论：诱致性变迁与强制性变迁//科斯 R，阿尔钦 A，诺斯 D，等. 财产权利与制度变迁：产权学派与新制度学派译文集. 刘守英，等译. 上海：上海人民出版社：371-418.

刘家强，唐代盛，蒋华. 2005. 中国新贫困人口及其社会保障体系构建的思考. 人口研究，（5）：10-18.

刘娟. 2006. 探析家庭规模与农村家庭贫困的关系. 安徽农业科学，（11）：2539，2541.

刘立民，卫刚华，陈参军. 2014. 农村金融供给与需求的非均衡性研究. 浙江金融，（9）：22-25.

刘明宇. 2004. 分工抑制与农民的制度性贫困. 农业经济问题，（2）：53-57，80.

刘庆丰. 2011. 不同类型贫困农户借贷行为比较：基于湖南邵阳县农户信贷行为调查. 安徽农业科学，39（26）：16300-16302，16304.

刘仁武. 2006. 构建多层次的新型农村金融体系. 金融博览，（1）：37.

刘魏. 2021. 数字普惠金融对居民相对贫困的影响效应. 华南农业大学学报（社会科学版），20（6）：65-77.

刘西川，黄祖辉，程恩江. 2007. 小额信贷的目标上移：现象描述与理论解释：基于三省（区）小额信贷项目区的农户调查. 中国农村经济，（8）：23-34.

刘西川，杨奇明，陈立辉. 2014. 农户信贷市场的正规部门与非正规部门：替代还是互补？. 经济研究，49（11）：145-158，188.

刘小微. 2016-03-02. 农险转型升级助力农业现代化. 金融时报，（9）.

刘晓欣，周弘. 2012. 家庭个体特征对居民借款行为的影响：来自中国家庭的经验证据. 金融研究，（1）：154-166.

龙文军. 2003. 法国农业保险制度及经验. 世界农业，（5）：35-37.

鲁克俭. 2001. 西方制度创新理论中的制度设计理论. 马克思主义与现实，（1）：65-70.

罗来武，刘玉平，卢宇荣. 2004. 从"机构观"到"功能观"：中国农村金融制度创新的路径选择. 中国农村经济，（8）：20-25.

马光荣，杨恩艳. 2011. 社会网络、非正规金融与创业. 经济研究，46（3）：83-94.

茅于轼. 2007. 为什么小额贷款必须是高利率的？. 农村金融研究，（3）：61.

米运生，戴文浪，董丽. 2013. 农村金融的新范式：金融联结：比较优势与市场微观结构. 财经研究，39（5）：112-122.

缪尔达尔 G. 1991. 世界贫困的挑战：世界反贫困大纲. 顾朝阳，张海红，高晓宇，等译. 北京：北京经济学院出版社.

讷克斯 R. 1966. 不发达国家的资本形成问题. 谨斋，译. 北京：商务印书馆.

宁爱照，杜晓山. 2013. 新时期的中国金融扶贫. 中国金融，（16）：80-81.

牛娟娟. 2015-12-03. 湖南扶贫开发进入"精准时代". 金融时报，（3）.

农村金融研究课题组. 2000. 农民金融需求及金融服务供给. 中国农村经济，（7）：55-62.

诺思 D C. 1994. 经济史中的结构与变迁. 陈郁，罗华平，等译. 上海：上海三联书店.

人民日报国际部. 2006. 中国记者眼中的外国农村建设. 北京：中共中央党校出版社.

人民银行商洛中支课题组. 2016-02-01. 金融支持特困连片地区扶贫开发的对策. 金融时报，（10）.

阮红新，杨海军，雷春柱. 2003. 信贷资产分散条件下的风险与收益：对农户小额信用贷款的实证研究. 管理世界, (9): 95-102.

森 A. 2004. 集体选择与社会福利. 胡的的, 胡毓达, 译. 上海: 上海科学技术出版社.

森 A. 2012. 以自由看待发展. 任赜, 于真, 译. 北京: 中国人民大学出版社.

邵传林. 2007. 西方金融创新理论演变综述. 山东工商学院学报, (5): 80-84, 107.

邵传林. 2011. 农村非正规金融的微观机理与政策测度: 国外文献评述. 经济评论, (4): 150-160.

师荣蓉, 徐璋勇, 赵彦嘉. 2013. 金融减贫的门槛效应及其实证检验: 基于中国西部省际面板数据的研究. 中国软科学, (3): 32-41.

石俊志. 2007. 小额信贷发展模式的国际比较及其对我国的启示. 国际金融研究, (10): 4-9.

史晋川, 沈国兵. 2002. 论制度变迁理论与制度变迁方式划分标准. 经济学家, (1): 41-46.

斯密 A. 2011. 国民财富的性质和原因的研究. 上卷. 郭大力, 王亚南, 译. 上海: 商务印书馆.

宋志辉. 2011. 印度农村反贫困研究. 成都: 巴蜀书社.

苏存, 李杨. 2001. 微观金融的困境: 对农村信用社定位问题的思考. 金融研究, (9): 123-127.

苏静, 胡宗义, 唐李伟, 等. 2013. 农村非正规金融发展减贫效应的门槛特征与地区差异: 基于面板平滑转换模型的分析. 中国农村经济, (7): 58-71.

苏志鑫. 2008. 我国农村扶贫性金融的构建策略. 农村经济, (12): 68-71.

隋艳颖, 马晓河. 2011. 西部农牧户受金融排斥的影响因素分析: 基于内蒙古自治区 7 个旗 (县) 338 户农牧户的调查数据. 中国农村观察, (3): 50-60.

孙久文, 夏添. 2019. 中国扶贫战略与 2020 年后相对贫困线划定: 基于理论、政策和数据的分析. 中国农村经济, (10): 98-113.

孙凌燕, 李倩. 2010-08-03. 吴晓灵: 构建普惠金融体系, 促进社会和谐发展. 金融时报, (3).

孙若梅. 2006. 小额信贷在农村信贷市场中作用的探讨. 中国农村经济, (8): 34-43.

孙少岩, 许丹丹. 2013. 浅析日本农村金融体系. 现代日本经济, (3): 21-28.

孙涌. 2015. 开展金融精准扶贫. 中国金融, (20): 69-71.

谭江华. 2021. 后脱贫时代推动金融扶贫高质量发展研究. 理论探讨, (1): 99-104.

汤敏. 2007. 小额信贷为什么要有高利率? . 经济界, (3): 14-16.

汤敏, 姚先斌. 1996. 孟加拉 "乡村银行" 的小额信贷扶贫模式. 改革, (4): 51-58, 73.

唐任伍, 肖彦博, 唐常. 2020. 后精准扶贫时代的贫困治理: 制度安排和路径选择. 北京师范大学学报 (社会科学版), (1): 133-139.

唐文浩, 张震. 2022. 共同富裕导向下低收入人口帮扶的长效治理: 理论逻辑与实践路径. 江苏社会科学, (1): 150-158.

田野. 2015. 美国扶贫 50 年收效如何. https://finance.sina.com.cn/money/roll/20151207/175323953010. shtml[2024-05-06].

田野, 胡迁, 马明华. 2005. 法国农业互助保险及对中国的启示. 农村经济, (10): 119-122.

童星, 林闽钢. 1994. 我国农村贫困标准线研究. 中国社会科学, (3): 86-98.

汪三贵. 1994. 反贫困与政府干预. 管理世界, (3): 40-46.

汪三贵, 李文, 李芸. 2004. 我国扶贫资金投向及效果分析. 农业技术经济, (5): 45-49.

王定祥, 等. 2011b. 农村金融市场成长论. 北京: 科学出版社.

王定祥, 等. 2021. 财政金融服务创新与新型农业经营体系构建. 北京: 科学出版社.

王定祥, 李虹. 2016. 新型农业社会化服务体系的构建与配套政策研究. 上海经济研究, (6): 93-102.

王定祥, 李伶俐, 王小华. 2010. 中国农村金融制度演化逻辑与改革启示. 上海经济研究, (11): 20-27.

王定祥, 田庆刚, 李伶俐, 等. 2011a. 贫困型农户信贷需求与信贷行为实证研究. 金融研究, (5): 124-138.

王昊. 2015. 金融减贫机理综述及实证研究. 甘肃金融, (1): 30-32.

王景富. 2002. 农村信用社推广农户小额信用贷款的实证研究. 金融研究, (9): 118-123.

王静, 吴海霞, 霍学喜. 2014. 信贷约束、农户融资困境及金融排斥影响因素分析. 西北农林科技大学学报(社会科学版), 14 (3): 62-70, 75.

王俊文. 2010. 当代中国农村贫困与反贫困问题研究. 长沙: 湖南师范大学出版社: 33-41.

王丽华. 2012. 就业援助与地缘性贫困的破解: 以湖南省湘西土家族苗族自治州 8 个贫困县为例. 中南民族大学学报(人文社会科学版), 32 (5): 114-118.

王鸾凤, 朱小梅, 吴秋实. 2012. 农村金融扶贫的困境与对策: 以湖北省为例. 国家行政学院学报, (6): 99-103.

王韧, 何正达, 郭晓鸣, 等. 2021. 相对贫困治理中的金融扶贫创新研究. 农业经济问题, (4): 59-70.

王曙光. 2011. 中国的贫困与反贫困. 农村经济, (3): 3-8.

王曙光, 王东宾. 2011. 双重二元金融结构、农户信贷需求与农村金融改革: 基于 11 省 14 县市的田野调查. 财贸经济, (5): 38-44, 136.

王伟, 李钧. 2011. 农村政策性金融功能结构的国际比较. 学习与探索, (6): 169-170.

王伟, 刘子赫. 2011. 农村合作性金融与政策性金融耦合机制国际比较与借鉴. 武汉金融, (3): 9-12.

王小林. 2012. 贫困标准及全球贫困状况. 经济研究参考, (55): 41-50.

王小林, Alkire S. 2009. 中国多维贫困测量: 估计和政策含义. 中国农村经济, (12): 4-10, 23.

王修华. 2009. 新农村建设中的金融排斥与破解思路. 农业经济问题, 30 (7): 42-48, 111.

王兆生. 2016-01-18. 以金融精准扶贫促全面小康社会的建成. 金融时报, (10).

温涛, 王汉杰, 王小华, 等. 2018. "一带一路"沿线国家的金融扶贫: 模式比较、经验共享与中国选择. 农业经济问题, (5): 114-129.

文秋良. 2006. 中国的信贷扶贫政策与管理方式的改革. 农业经济问题, (4): 15-18, 79.

吴本健, 马九杰, 丁冬. 2014. 扶贫贴息制度改革与"贫困瞄准": 理论框架和经验证据. 财经研究, 40 (8): 106-118.

吴本健, 石雪, 肖时花. 2022. 数字普惠金融发展能否缓解农村多维相对贫困. 华南师范大学学报(社会科学版), (3): 26-41, 205.

吴红军. 2007-11-15. 农村金融服务亟待提升. 金融时报, (9).

吴晓灵. 2010. 建立现代农村金融制度的若干问题. 中国金融, (10): 8-9.

武翔宇, 高凌云. 2009. 印度的小额信贷: 自助小组-银行联结. 农业经济问题, (1): 104-109.

希克斯 J. 1987. 经济史理论. 厉以平, 译. 北京: 商务印书馆.

肖彬. 2009. 大型商业银行服务"三农"新模式探讨. 金融研究, (4): 172-179.

谢培秀. 2001. 中国扶贫战略讨论及"十五"对策思考. 中国软科学，（7）：12-16.

谢平，徐忠. 2006. 公共财政、金融支农与农村金融改革：基于贵州省及其样本县的调查分析. 经济研究，（4）：106-114.

信瑶瑶. 2019. 中国农村金融扶贫的制度变迁与生成逻辑. 甘肃社会科学，（3）：151-156.

徐少君，金雪军. 2009. 农户金融排除的影响因素分析：以浙江省为例. 中国农村经济，（6）：62-72.

徐映梅，张提. 2016. 基于国际比较的中国消费视角贫困标准构建研究. 中南财经政法大学学报，（1）：12-20，29.

徐忠，程恩江. 2004. 利率政策、农村金融机构行为与农村信贷短缺. 金融研究，（12）：34-44.

许圣道，田霖. 2008. 我国农村地区金融排斥研究. 金融研究，（7）：195-206.

杨国涛. 2009. 中国西部农村贫困演进与分布研究. 北京：中国财政经济出版社：18-58.

杨丽萍. 2008. 新农村建设中农村金融制度的效率激励研究. 财贸经济，（5）：46-51.

杨瑞龙. 1998. 我国制度变迁方式转换的三阶段论：兼论地方政府的制度创新行为. 经济研究，（1）：3-10.

杨小凯. 1998. 经济学原理. 北京：中国社会科学出版社.

杨育民，罗拥华，梁阿莉. 2006. 农村金融制度缺失及其补偿. 中国农村观察，（2）：57-63.

姚仕萍，王万山. 2012. 我国小额信贷利率机制研究：基于小额信贷的准公共产品视角. 江西社会科学，32（3）：62-65.

叶普万. 2004. 中国扶贫战略的偏差及其修正. 兰州大学学报，（5）：85-89.

尹彬. 2014. 印度农村金融体系的管理模式与经验. 世界农业，（7）：147-150.

尹龙. 2005. 金融创新理论的发展与金融监管体制演进. 金融研究，（3）：7-15.

游俊，冷志明，丁建军. 2013. 中国连片特困区发展报告：2013：武陵山片区多维减贫与自我发展能力构建. 北京：社会科学文献出版社.

于洋，戴蓬军. 2004. 新时期农村反贫困战略的制度化建设. 农业经济，（6）：9-11.

岳意定. 2008. 改革和完善农村金融服务体系. 北京：中国财政经济出版社.

曾福生. 2021. 后扶贫时代相对贫困治理的长效机制构建. 求索，（1）：116-121.

曾康霖. 2007. 再论扶贫性金融. 金融研究，（3）：1-9.

曾琼芳. 2014. 日本农村金融制度演变、特征与经验借鉴. 世界农业，（12）：79-82.

张兵，张宁. 2012. 农村非正规金融是否提高了农户的信贷可获性？——基于江苏 1202 户农户的调查. 中国农村经济，（10）：58-68，90.

张海峰. 2010. 商业银行在普惠金融体系中的角色和作用. 农村金融研究，（5）：18-24.

张建杰. 2008. 农户社会资本及对其信贷行为的影响：基于河南省 397 户农户调查的实证分析. 农业经济问题，（9）：28-34，111.

张杰. 2003. 中国农村金融制度：结构、变迁与政策. 北京：中国人民大学出版社.

张杰. 2007. 中国农村金融制度调整的绩效：金融需求视角. 北京：中国人民大学出版社.

张立承. 2006. 新型农村合作医疗制度的公共政策分析. 中国农村经济，（5）：49-55，80.

张全红，张建华. 2010. 中国农村贫困变动：1981—2005：基于不同贫困线标准和指数的对比分析. 统计研究，27（2）：28-35.

张新伟. 1999. 市场化：反贫困制度创新讨论. 生产力研究，（1/2）：15-17.

张扬. 2008. 美国农村金融体系构建的经验及其启示. 世界农业，（3）：41-43.

张永亮，肖毅敏. 2014. 农村扶贫开发的金融支持创新. 湖南社会科学，（3）：162-164.

张正平，夏玉洁，杨丹丹. 2016. 小额信贷机构的双重目标相互冲突吗：基于联立方程模型的检验与比较. 农业技术经济，（4）：16-27.

赵冬缓，兰徐民. 1994. 我国测贫指标体系及其量化研究. 中国农村经济，（3）：45-49，59.

赵曦. 2009. 中国西部农村反贫困模式研究. 北京：商务印书馆.

中共中央马克思恩格斯列宁斯大林著作编译局. 2012. 马克思恩格斯选集. 第4卷. 北京：人民出版社.

中国农村扶贫金融体系建设调研组. 2016. 中国农村扶贫金融体系建设研究：基于甘黔贵金融扶贫案例. 财政科学，（1）：84-97.

中国农村金融学会课题组. 1995. 法国农村金融体制特点及其启示. 农村金融研究，（7）：58-62.

周才云. 2013. 农村微型金融机构风险的生成机理及其防范. 经济问题探索，（2）：115-120.

周立. 2005. 农村金融供求失衡与政策调整：广东东莞、惠州、梅州调查. 农业经济问题，（7）：15-20，79.

周立，周向阳. 2009. 中国农村金融体系的形成与发展逻辑. 经济学家，（8）：22-30.

周孟亮，李明贤. 2009. 小额信贷扶贫与财务可持续性：作用机制与协调发展研究. 上海经济研究，（9）：53-60.

周孟亮，李明贤，孙良顺. 2012. "资金"与"机制"：中国小额信贷发展的关键. 经济学家，（11）：94-101.

周孟亮，彭雅婷. 2015. 我国金融扶贫的理论与对策：基于普惠金融视角. 改革与战略，31（12）：40-44.

周振，伍振军，孔祥智. 2015. 中国农村资金净流出的机理、规模与趋势：1978—2012年. 管理世界，（1）：63-74.

朱喜，李子奈. 2006. 改革以来我国农村信贷的效率分析. 管理世界，（7）：68-76.

朱英刚. 2003. 巴西的农业政策与金融支持. 农业发展与金融，（5）：40-41.

祝晓平. 2003. 论商业性农村金融机构的适度规模. 金融研究，（9）：121-129.

庄晋财，程李梅. 1997. 孟加拉"乡村银行"扶贫模式及其启示. 农业经济问题，（7）：61-63.

宗义湘，闫琰，李先德. 2011. 巴西农业支持水平及支持政策分析：基于OECD最新农业政策分析框架. 财贸研究，22（2）：51-58.

邹薇，方迎风. 2011. 关于中国贫困的动态多维度研究. 中国人口科学，（6）：49-59，111.

Adams D W. 2002. Filling the deposit gap in microfinance. Notes for the WOCCU Conference，Best Practices in Savings Mobilization.

Adams D W，Graham D H，von Pischke J D. 1984. Undermining Rural Development with Cheap Credit. Boulder：Westview Press.

Alkire S，Foster J. 2011a. Counting and multidimensional poverty measurement. Journal of Public Economics，95（7/8）：476-487.

Alkire S，Foster J. 2011b. Understandings and misunderstandings of multidimensional poverty measurement. The Journal of Economic Inequality, 9 (2): 289-314.

Allen F, Gale D. 1991. Arbitrage, short sales, and financial innovation. Econometrica, 59 (4): 1041-1068.

Angelucci M, Karlan D, Zinman J. 2015. Microcredit impacts: evidence from a randomized microcredit program placement experiment by Compartamos Banco. American Economic Journal: Applied Economics, 7 (1): 151-182.

Aubert C, de Janvry A, Sadoulet E. 2009. Designing credit agent incentives to prevent mission drift in pro-poor microfinance institutions. Journal of Development Economics, 90 (1): 153-162.

Bakhtiari S. 2006. Microfinance and poverty reduction: some international evidence. International Business & Economics Research Journal, 5 (12): 65-71.

Banerjee A, Duflo E, Glennerster R, et al. 2015. The miracle of microfinance? Evidence from a randomized evaluation. American Economic Journal: Applied Economics, 7 (1): 22-53.

Banks J S. 1995. The design of institutions: an agency theory perspective//Weimer D L. Institutional Design. Recent Economic Thought Series, volume 43. Dordrecht: Springer: 17-36.

Bansal H. 2003. SHG-Bank linkage program in India: an overview. Journal of Micro Finance, 5 (1): 21-49.

Basu S. 1997.Why institutional credit agencies are reluctant to lend to the rural poor: a theoretical analysis of the Indian rural credit market. World Development, 25 (2): 267-280.

Bendig M, Giesbert L, Steiner S. 2009. Savings, credit, and insurance: household demand for formal financial services in rural Ghana. Manchester: Brooks World Poverty Institute.

Berger A N, Udell G F. 1995. Relationship lending and lines of credit in small firm finance. The Journal of Business, 68 (3): 351-382.

Besley T, Coate S. 1995. Group lending, repayment incentives and social collateral. Journal of Development Economics, 46 (1): 1-18.

Binswanger H P, Rutten V W. 1978. Induced Innovation: Technology, Innovation, Institutions, and Development. Baltiomre: The Johns Hopkins University Press.

Bourguignon F, Chakravarty S R. 2003. The measurement of multidimensional poverty. The Journal of Economic Inequality, 1: 25-49.

Brennan G. 1996. Selection and the currency of reward//Goodin R E. The Theory of Institutional Design. Cambridge: Cambridge University Press: 256-276.

Cardak B A, Wilkins R. 2009. The determinants of household risky asset holdings: Australian evidence on background risk and other factors. Journal of Banking & Finance, 33 (5): 850-860.

Chenery H B. 1971. Studies in Development Planning. Harward: Harward University Press.

Christen R P, Lyman T R, Rosenberg R. 2003. Microfinance consensus guidelines: guiding principles on regulation and supervision of microfinance. Washington DC: The World Bank.

D'Espallier B, Hudon M, Szafarz A. 2013. Unsubsidized microfinance institutions. Economics Letters, 120 (2): 174-176.

Davis L E, North D C. 1971. Institutional Change and American Economic Growth. Cambridge:

Cambridge University Press.

Devaney M，Weber B. 1995. Local characteristics，contestability，and the dynamic structure of rural banking：a market study. The Quarterly Review of Economics and Finance，35（3）：271-287.

Dewan I，Somanathan R. 2004. Poverty targeting in public programs：a comparison of some nonparametric tests and their application to Indian microfinance. Centre for Development Economics Department of Economics, Delhi School of Economics.

Djankov S，Miranda P，Seira E，et al. 2008. Who Are the Unbanked?. Washington：The World Bank.

Dowla A. 2006. In credit we trust：building social capital by Grameen Bank in Bangladesh. The Journal of Socio-Economics，35（1）：102-122.

Drabenstott M，Meeker L. 1997. Financing rural America: a conference summary. Economic Review，82：89-98.

Duclos J Y. 2009. What is "pro-poor"?. Social Choice and Welfare，32（1）：37-58.

Fernando N A. 2006. Understanding and dealing with high interest rates on microcredit：a note to policy makersin the Asia and Pacific Region. Manila：Asian Development Bank.

Fernando N A. 2007. Managing microfinance risks: some observations and suggestions. Asian Journal of Agriculture and Development，4（2）：1-21.

Field E，Pande R，Papp J，et al. 2013. Does the classic microfinance model discourage entrepreneurship among the poor? Experimental evidence from India. The American Economic Review，103（6）：2196-2226.

Fuior E，Mirzac V. 2009. Managing foreign exchange risk in microfinance industry. Revista Economica，44（1）：65-74.

Ghatak M. 2000. Screening by the company you keep：joint liability lending and the peer selection effect. The Economic Journal，110（465）：601-631.

Ghatak M，Guinnane T W. 1999. The economics of lending with joint liability：theory and practice. Journal of Development Economics，60（1）：195-228.

Gonzalez-Vega C. 1994. Stages in the evolution of thought on rural finance：a vision from the Ohio State University. Economics and Sociology Occasional Paper No.2134.

Gonzalez-Vega C. 2003. Deepening rural financial market：macroeconomic，policy and political dimensions. Washington DC：Paving the Way Forward：An International Conference on Best Practices in Rural Finance.

Graham D H，Nagarajan G，Quattara K. 1997. Financial liberalization，bank restructuring and the implications for non-bank intermediaries in the financial markets fo Africa：lessons from the Gambia. http://purl.umn.edu/198180[2024-05-06].

Guiso L，Sapienza P，Zingales L. 2008. Trusting the stock market. The Journal of Finance，63（6）：2557-2600.

Hardy D C，Holden P，Prokopenko V. 2003. Microfinance institutions and public policy. Journal of Economic Policy Reform，6（3）：147-158.

Hayek F A. 1945. The use of knowledge in society. The American Economic Review，（4）：519-530.

Hayek F A. 1948. Individualism and Economic Order. Chicago: The University of Chicago Press.

Hicks J R. 1935. A suggestion for simplifying the theory of money. Economica, 2 (5): 1-19.

Hicks S J. 1969. A Theory of Economic History. Oxford: Clarendon Press.

Imai K S, Arun T, Annim S K. 2010. Microfinance and household poverty reduction: new evidence from India. World Development, 38 (12): 1760-1774.

Imai K S, Gaiha R, Thapa G, et al. 2012. Microfinance and poverty: a macro perspective. World Development, 40 (8): 1675-1689.

Ivatury G. 2009. Using technology to build inclusive financial systems//Pischke J D, Matthäus-Maier I. New Partnerships for Innovation in Microfinance. Berlin: Springer: 140-164.

Kane E J. 1984. Regulatory structure in futures markets: Jurisdictional competition between the sec, the cftc, and other agencies. Journal of Futures Markets, 4 (3): 367-384.

King R G, Levine R. 1993. Finance, entrepreneurship and growth: theory and evidence. Journal of Monetary Economics, 32 (3): 513-542.

Kloeppinger-Todd R, Sharma M P. 2010. Innovations in rural and agriculture finance. Washington: The World Bank.

Laffont J J, N'Guessan T. 1999. Competition and corruption in an agency relationship. Journal of Development Economics, 60 (2): 271-295.

Leibenstein H. 1957. Economic Backwardness and Economic Growth: Studies in the Theory of Economic Development. New York: John Wiley.

Lewis W A.1954. Economic development with unlimited supplies of labour. The Manchester School, 22 (2): 139-191.

Leyshon A, Thrift N. 1993. The restructuring of the U.K. financial services industry in the 1990s: a reversal of fortune?. Journal of Rural Studies, 9 (3): 223-241.

Leyshon A, Thrift N. 1994. Access to financial services and financial infrastructure withdrawal: problems and policies. Area, 26 (3): 268-275.

Llanto G M. 2004. Rural finance and developments in Philippine rural financial markets: issues and policy research challenges. Makati: Philippine Institute for Development Studies.

Lyman T, Ivatury G, Staschen S. 2006. Use of agents in branchless banking for the poor: rewards, risks and regulation. CGAP Focus Note, 38: 1-16.

Mahjabeen R. 2008. Microfinancing in Bangladesh: impact on households, consumption and welfare. Journal of Policy Modeling, 30 (6): 1083-1092.

Mata R S. 2012. Microfinance and remittances//De Boeck Supérieur. Reflets et Perspectives de la Vie Économique. Brussels: De Boeck Supérieur: 115-127.

Morduch J. 2000. The microfinance schism. World Development, 28 (4): 617-629.

Myrdal G. 1957. Rich Lands Andpoor: The Road to World Prosperity. New York: Harper & Row.

Myrdal G. 1968. Asian Drama: An Inquiry Into The Poverty of Nations. London: Penguin Press.

Myrdal G. 1970. The challenge of world poverty: a world anti-poverty program in outline. New York: Pantheon Books.

Navajas S，Conning J，Gonzalez-Vega C. 2003. Lending technologies，competition and consolidation in the market for microfinance in Bolivia. Journal of International Development，15（6）: 747-770.

Navajas S，Schreiner M，Meyer R L，et al. 2000. Microcredit and the poorest of the poor: theory and evidence from Bolivia. World Development，28（2）: 333-346.

Nelson R R. 1956. A theory of the low-level equilibrium trap in underdeveloped economies. The American Economic Review，46（5）: 894-908.

Niehans J. 1983. Financial innovation，multinational banking，and monetary policy. Journal of Banking & Finance，7（4）: 537-551.

North D C. 1990. Institutions，Institutional Change and Economic Performance. Cambridge: Cambridge University Press.

Nurkse R. 1953. Problems of Capital Formation in Underdeveloped Countries. New York: Oxford University Press.

Osei-Assibey E，Bokpin G A，Twerefou D K. 2012. Microenterprise financing preference: testing POH within the context of Ghana's rural financial market. Journal of Economic Studies，39（1）: 84-105.

Panigyrakis G G，Theodoridis P K，Veloutsou C A. 2002. All customers are not treated equally: financial exclusion in isolated Greek Islands. Journal of Financial Services Marketing，7（1）: 54-66.

Papias M M，Ganesan P. 2009. Repayment behaviour in credit and savings cooperative societies: empirical and theoretical evidence from rural Rwanda. International Journal of Social Economics，36（5）: 608-625.

Pettit P. 1996. Institutional design and rational choice//Goodin R E. The Theory of Institutional Design. Cambridge: Cambridge University Press: 54-89.

Pitt M，Khandker S. 1998. The impact of group-based credit programs on poor households in Bangladesh: does the gender of participants matter?. Journal of Political Economy，106（5）: 958-996.

Ray D，Ghosh P，Mookherjee D. 2002. Credit rationing in developing countries: an overview of the theory//Mookherjee D，Ray D. A Reader in Development Economics. London: Blackwell: 283-301.

Robinson M S. 2001. The microfinance revolution: sustainable finance for the poor. Washington DC: The World Bank.

Schumpeter J A. 1912. The Theory of Economic Development. Cambridge: Harvard University Press.

Seibel H D. 2001. Mainstreaming informal financial institutions. Journal of Developmental Entrepreneurship，6（1）: 83-95.

Silber W. 1983. The process of financial innovation. The American Economic Review，73（2）: 89-95.

Stiglitz J E. 1990. Peer monitoring and credit markets. The World Bank Economic Review，4（3）: 351-366.

Stiglitz J E，Weiss A. 1981. Credit rationing in markets with imperfect information. The American

Economic Review，71：393-410.

Swain R B，Floro M. 2008. Effect of microfinance on vulnerability，poverty and risk in low income households. Uppsala University Working Papers.

Townsend P. 1979. Poverty in the United Kingdom：A Survey of household Resources and Standards of Living. Berkeley：University of California Press.

Tsai K S. 2004. Imperfect substitutes：the local political economy of informal finance and microfinance in rural China and India. World Development，32（9）：1487-1507.

van Tassel E. 1999. Group lending under asymmetric information. Journal of Development Economics，60（1）：3-25.

von Pischke J D，Adams D W，Donald G. 1984. Rural financial markets in developing countries. Journal of Policy Analysis and Management，3（4）：634.

Weiss J，Montgomery H. 2005. Great expectations：microfinance and poverty reduction in Asia and Latin America. Oxford Development Studies，（3/4）：391-416.

Wright D，Alamgir D. 2004. Microcredit interest rates in Bangladesh "capping vs competition". Donors' Local Consultative Group.

WTO Secretariat. 2013. Trade Policy Review：Brazil. Geneva：WTO.

Yaron J，Benjamin M，Charitonenko S.1998. Promoting efficient rural financial intermediation. The World Bank Research Observer，13（2）：147-170.